北京出版史

马建农 ◎ 著

中国书店

图书在版编目（CIP）数据

北京出版史／马建农著．—北京：中国书店，
2021.9

ISBN 978-7-5149-2849-5

Ⅰ．①北…　Ⅱ．①马…　Ⅲ．①出版事业－文化史－
北京　Ⅳ．① G239.271

中国版本图书馆 CIP 数据核字（2021）第 194636 号

北京出版史

马建农　著

封面题字　徐　俊

责任编辑　赵文杰

出版发行：中国书店

地　　址：北京市西城区琉璃厂东街 115 号
邮　　编：100050
印　　刷：北京鑫益晖印刷有限公司
开　　本：710 mm×1000 mm　1/16
版　　次：2021 年 9 月第 1 版第 1 次印刷
印　　张：24.5
字　　数：300 千字
书　　号：ISBN 978-7-5149-2849-5
定　　价：96.00 元

目　录

上篇
北京古代出版史（605—1911 年）

第一章　北京古代出版的早期发展 ················· 3

第一节　中国古代图书的发展历程················· 3
　一、中国古书起源及古籍文献发展 ················· 3
　二、中国古籍的文化意义 ················· 9

第二节　北京古代出版发展肇始················· 21
　一、北京早期文字记载痕迹及手写书的出现 ················· 21
　二、北京出版活动肇始——房山石经的整理雕刻 ················· 25
　三、北京图书贸易之始——唐末五代初幽州书市 ················· 29

第二章　北京古代出版兴起 ················· 31

第一节　辽南京城的建立及北京城市地位的转变················· 31
　一、辽南京城建立 ················· 31
　二、辽朝契丹人的汉化 ················· 32

第二节　辽代南京城的图书出版················· 35
　一、辽代南京城的图书典籍流通 ················· 35
　二、辽南京典籍雕刻的兴起 ················· 36

第三章　北京古代出版的成熟化发展　·····47

　第一节　金中都时期的图书刊行及流通·····47
　　一、金中都的建立及女真人对北宋典籍的北掠　·····47
　　二、金中都的主要雕版印书活动　·····49

　第二节　元大都的出版和北京书肆业初步规模化·····55
　　一、元大都的确立及北京第一次大规模南北文化融合　·····55
　　二、元大都的出版发展及专业书肆、图书交易市场的出现　·····64

　第三节　明代北京出版发展及聚书之地的形成·····73
　　一、明朝前期的宽松经济、文化政策及明北京城的建立　·····73
　　二、明代北京中央机构、顺天府等图书出版刊行的发展　·····76
　　三、明代北京书肆的刊印活动及"聚书之地"的形成　·····85

第四章　清代北京出版的兴盛发展　·····95

　第一节　清王朝建立及北京城全国政治文化中心地位的确定·····95
　　一、满族的兴起与清王朝的建立　·····95
　　二、满洲人入关前的满族文化发展　·····100
　　三、满族入关与清王朝全国统治地位的确立　·····104

　第二节　清前期北京文化发展·····105
　　一、清代北京全国文化中心的形成　·····105
　　二、清代前期学术发展与北京文化主导地位的确立　·····112

　第三节　清代整理文化典籍及在北京的雕版刊行·····114
　　一、清初对传统文化典籍的整理和刊行　·····114
　　二、乾隆时期典籍整理出版带来北京古代出版发展的高峰　·····121
　　三、乾隆年间《乾隆大藏经》《满文大藏经》的刊行　·····128

第五章　清代北京书肆发展及琉璃厂文化街兴起 ……… 131

第一节　琉璃厂及其文化街的兴起 ……… 131
　　一、琉璃厂早期历史变迁 ……… 131
　　二、清代初年的旗民分城而居与宣南文化形成 ……… 134
　　三、琉璃厂书肆的集中发展及文化街的兴起 ……… 138

第二节　清代北京书肆及代表性图书的刊行传播 ……… 143
　　一、清代北京主要书肆 ……… 143
　　二、清代北京书肆代表性图书的刊行和传播 ……… 163

第六章　清后期北京近代出版发展 ……… 177

第一节　晚清北京中西文化交锋及传统文化的裂变 ……… 177
　　一、清中期的衰败与外国侵略者第一次占领北京 ……… 177
　　二、清后期北京史上第一次中西文化的交锋 ……… 185
　　三、晚清时代京城传统文化体系的裂变 ……… 191

第二节　现代印刷技术引进与北京近代出版发行业崛起 ……… 195
　　一、西方文化及西式图书大量涌入北京 ……… 195
　　二、晚清时期西方印刷技术传入京城 ……… 197
　　三、晚清北京新书业与古旧书业格局形成 ……… 202

下篇
北京现当代出版史（1912—2000 年）

第七章　民国时期北京出版发展 ……… 207

第一节　北京城现代化进程中的文化发展 ……… 207

一、民国期间北京城近现代化带来的城市变化 …………… 207

二、民国期间北京教育及研究机构发展带来北京文化
需求大增长 ………………………………………… 211

三、新文化运动兴起，北京学术文化发展进入新阶段 …… 214

第二节　民国时期北京出版发行业的发展 ………………… 217

一、民国期间北京的出版发展 ……………………………… 217

二、民国时期北京书业的发展 ……………………………… 223

第八章　新中国初期北京国营出版发行业初创 …………… 241

第一节　新中国初期北京国营图书业的初创 ……………… 241

一、新中国成立后我国出版发行业的演变及发展分期 …… 241

二、北平和平解放后我党对北平旧出版机构的接管和私营
出版的管理 ………………………………………… 245

三、新中国初期国营图书出版发行业初创 ………………… 250

四、新中国初期北京书业的整合发展 ……………………… 258

第二节　新中国初期北京图书阅读的新面貌 ……………… 260

一、新中国建立初期政治理论图书的出版与阅读 ………… 260

二、新中国建立初期北京出版的代表性文学作品的
积极影响 …………………………………………… 267

第九章　1956—1965 年当代北京出版第一次发展高峰 …… 279

第一节　新中国建设与北京文化发展新环境的形成 ……… 279

一、北京社会快速发展及文化发展新环境的形成 ………… 279

二、第一个"五年计划"的制定带来的社会经济快速发展 … 283

三、重视发挥知识分子作用与"科学技术发展远景规划"
的制定 ……………………………………………… 285

四、社会主义工商业改造，北京进入社会主义建设阶段 …… 289

第二节　当代北京出版第一次发展高峰……………………… 292

一、以苏联文学作品为引领的外国文学名著出版和阅读 …… 292

二、革命题材的"红色经典名著"出版带来京城文学
阅读时尚 ………………………………………………… 304

三、"学技术、学科学"读书热潮下的出版发展 ………… 318

四、连环画的出版及"小人儿书"情缘的形成 ………… 323

五、北京国营书店举办第一次北京书市活动 ………… 325

第十章　1966—1976 年北京出版发展的破折与徘徊 ……… 327

第一节　"文化大革命"对北京出版秩序的打击和影响……… 327

一、"评海瑞罢官"引发的京城书业灾难 ………… 327

二、"红宝书"的出版热潮及"样板戏"图书出版 ………… 329

第二节　"文革"后期的出版工作部分恢复……………… 337

一、"评法批儒"带来出版工作部分恢复 ………… 337

二、"评《水浒》、批宋江"带来的古典文学名著的
重新出版 ……………………………………………… 340

第十一章　北京出版快速恢复带来的出版热潮 ……………… 343

第一节　"文革"结束后的北京出版快速恢复……………… 343

一、"文革"结束后京城"书荒"影响下的图书抢购 ……… 343

二、"书荒"后的读书热带来北京出版的"春天" ……… 347

三、恢复高考及解放思想拉动北京图书的求知热、外语热 … 349

第二节　改革开放带来的北京出版发展高峰……………… 353

一、从"伤痕"到"改革"的新时期文学图书带来北京
出版崛起 ……………………………………………… 353

二、"解放思想"带来的读书反思进一步推动出版发展 …… 357

三、改革开放的大潮带来北京出版、发行全面繁荣发展 …… 360

第十二章　北京出版多元化时代 ················· 367

第一节　北京开启出版多元化时代················· 367
一、改革开放和经济快速发展开启北京图书出版多元化
　　时代 ················· 367
二、京城波澜起伏的读书热潮留下的历史记忆 ············· 370

第二节　图书阅读热潮下北京出版全面市场化开启············· 375
一、多元化、个性化阅读下图书出版"热风" ············· 375
二、世纪之交的新纪元让北京出版开始迎合市场快速发展 ··· 380

上 篇

北京古代出版史（605—1911 年）

北京古代出版活动最早出现在隋唐时期，兴起于辽金时代，发展在元明阶段，兴盛于清代。北京出版发展进程是伴随着北京城市发展的步伐同步发展的文化形态，是北京古代文化史的重要组成部分。北京最早的出版活动始于隋唐时期静琬整理和雕刻石经，虽然不能算是传统意义的出版，但是具有古代文献整理、刊布的文化积累和传承功能，所以应该视为北京地区最早的出版活动。北京地区目前能见到的最早的图书贸易，是唐后期到五代初年的幽州城的书市流通活动。目前我们可以看到北京地区存世最早的刊行出版物，是辽南京城雕版的佛经等印刷品和《蒙求》等幼儿启蒙读物。到了金代，中都城已经有了发展到一定规模的书肆，除了突破宋朝书禁政策贩卖中原地区刊刻的图书之外，还在中都城翻刻宋朝名士的诗集作品。元朝的大都城作为全国的政治中心和文化统治中心，开始出现文籍市，并有专门刊布医学图书的"专业"书肆。明代以后，北京作为全国的都城，书肆发展和图书刊刻更为发达，有定期的图书贸易集市、专业分工明细的图书刊刻店肆，虽然并不是全国的图书出版中心，却是全国图书流通的中心之一。清王朝统治的二百六十余年中，北京作为全国的文化中心，文化影响力明显得到提高。清康熙年到雍正年编修《古今图书集成》、乾隆年编修《四库全书》等文化出版活动，让北京在全国的出版地位明显提高。而除了皇家和官府的出版行为之外，众多的书肆刊刻也颇为活跃，尤其是木活字摆印本《红楼梦》的刊行，更是把清代北京的出版活动推上一个新的高度。清代北京的出版活动一直持续到1911年清王朝灭亡。

北京古代出版史，实际上从另一个侧面展现出北京从一个中原地区防御北方游牧民族的军事重镇，经过历史变迁和逐渐发展，变成辽金两代统治下的中国北部政治中心城市。再到元、明、清三代，北京作为全国政治文化中心，文化影响力逐步增强，图书出版也从一个地域性城市的图书刊行和书肆行业经营，逐渐发展到清代，变成全国官家出版行为之引领、图书刊行和书肆经营高度发展的局面。北京古代出版史，就是一部北京古代城市发展史的"文化写照"。

第一章　北京古代出版的早期发展

第一节　中国古代图书的发展历程

一、中国古书起源及古籍文献发展

中国古代图书的起源和发展，既是中国古代文明的重要标志，也是中华文明的组成部分。无论是中国远古时期的图书早期发展形式，还是雕版刷印工艺广泛推广之前的诸多图书载体形式，都对我国古代图书的形成、刊布和传播有着极为重要的影响，并且直接促成了我国古代图书雕版刷印和图书流通行业的兴起和发展。因此，在探讨和阐述北京古代图书的发展历史之前，有必要对我国古代书籍发展历程进行简要的回顾。

中国古代典籍文献可谓"浩如烟海，汗牛充栋"，是中华文明重要的传承形式和中国传统文化发展进程的具体表现。中国古代图书的起源和发展，是我国古代历史文化发展到一定阶段的必然产物，也是中国传统文化的重要组成部分。中国古代典籍，既是高台教化、传播知识的工具，也是中华文明积淀的载体。中国古代典籍承载着中华文明的传播，也极大地推动了中国传统文化的兴盛。五千余年的中华文明之所以绵绵不断地传承下来，与我国古代典籍传播有着极为直接的关联，中国古代的历史文化依托丰富的典籍文献、历史档案得以较为完整、系统地保存和传承下来。随着古代典籍文献不断地深入人心，渐渐地被人们简称为"古籍文献"。

我们所说的"古籍"，实际上是"古代典籍"的简称，也就是人们通常所说古书。古籍代表着中国古代不同历史时期先贤智者的文化成就和智慧高度，是各个历史时期文化发展的物化标志。

"籍"，最早是登记人的隶属关系的簿册，《说文解字》解释"籍"字称："籍，簿书也。""书"，也就是我们说的"书籍"，古代称之为典籍、经籍、载籍，是以记载历史、总结经验、传播知识、阐述思想、宣言主张为基本目的而进行创作的文字编写成果。《隋书·经籍志》称："夫经籍者也，机神之妙旨、圣贤之能事，所以经天地、纬阴阳、正纲纪、弘道德。"[①] 这段文字把中国古代书籍创作、刊布的基本功效表述得淋漓尽致。

当然，古代典籍文献的创作及传播的方式，也是我们的祖先在长期的社会生产生活以及文化传播、传承中逐渐探索而形成的。

早在我国远古时期，远古先民在极其原始的状态下就开始用各种方式帮助记忆，其中使用较多的是"结绳记事"和"契刻记事"。

结绳记事作为原始时代人们记录事件的一种主要的方式，以最为简陋的形式将人们印象中应该记录和传递的事件保留下来。这种对事件进行记忆的方式被称之为"结绳记事"。公元前 8 世纪，中国春秋时期的著作《周易·系辞下》中记载："上古结绳而治，后世圣人易

---

① 《隋书·经籍志》，北京：中华书局 1997 年版。

之以书契。"① 公元 2 世纪，《春秋左传》记载："古者无文字，其有约誓之事，事大，大结其绳，事小，小其绳。"②

在结绳记事的同时，还出现过契刻记事。远古时代，人们在订立契约关系时，数目是最重要的，也是最容易引起争端的因素，于是人们就将数目用一定线条作符号，刻在竹片或木片上，作为双方的议定，这就是古时的"契"。我们以后常说的"契约"，便由此而来。公元 2 世纪，汉朝刘熙在《释名·释书契》中说："契，刻也，列识其数也。"说明契刻的目的主要是用来记录数目。

但是，无论是结绳记事，还是契刻记事，这只是我国远古时期先民对生产生活中需要记忆或者约定事项所形成的最原始的记忆方法。结绳记事、契刻记事的内容只能通过极个别掌握了话语权的"贤人"口口相传的形式加以传诵，一旦掌握口口相传的"贤人"离去，这些记忆也往往就会出现中断或者含义的变化，并不能为更多的人共同接受和记忆。随着远古时期人们的社会生产生活范围的扩大和更加丰富，客观上需要有一种能够被更多人共同掌握，并且便于传播和传承的记载方式出现，在这样的需求下，文字符号开始出现。

文字是记录和传达语言的书写符号。实际上，从人类发展起源上看，不管是中国的远古文化，还是世界其他地区的远古文化，远古的先民都曾经创造过象形文字。比如早于中国远古文化的古埃及文化、古巴比伦文化，都出现过象形文字。

中国的汉字经过刻画符号和图画阶段后，逐步演变而发展成今天

---

① 《周易》，北京：中华书局 2006 年版。
② 《春秋左传集解》，南京：凤凰出版社 2010 年版。

的方块字。在公元前 4000 多年的仰韶文化遗址和稍后的龙山文化遗址中，都曾经发现过在陶器物上的刻划符号。这些在陶器上刻画简单的符号，是一种象形文字，亦是中国迄今为止发现的最早的文字，后世称之为"陶文"。尽管这些文字无法辨认出来，很可能是一种消逝的文字，但由此可以证明在远古时代陶器是已知最早的人工制造的文字载体。而这些刻画的符号，应该说是汉字早期起源的开端。

中国文字的起源是华夏先人长期积累创造的。文字出现之初，殊体异形，并无相对一致的定制。但是伴随着人们交流和文化传播的需要，对文字的统一和一体化便成为文化发展的一种客观的需要，先民们开始对不同的文字符号进行整理，力求逐渐形成相对一致且便于传承的文化记载符号，文字符号的定制便成为一种客观的必然。相传在 5000 多年前的上古黄帝时代，史官仓颉在前人的基础上对文字进行了整齐划一的整理，《荀子·解蔽》一书中记载着："好书者众矣，而仓颉独传者一也。"[①] 于是，人们在传说中把仓颉视为文字的创造者。这也就是我们古代传诵的"仓颉造字"。当然，"仓颉造字"只是传说，人们目前看到的中国最早的文字符号，是我国殷商时期的"甲骨文"。

公元前 14 世纪至公元前 12 世纪的殷商王朝，开始出现契刻在龟甲或兽骨上的文字，称之为甲骨文，这些甲骨文字是发现在盘庚迁都的殷地（今河南安阳小屯村）废墟遗址上，所以也称为"殷墟甲骨"。它是殷商王朝占卜凶吉时写刻的卜辞和与占卜有关的记事文字，故又被称作契文、卜辞。

清代光绪年间，内阁大学士王懿荣在一次偶然的机会中发现了用

---

① 《荀子》，北京：中华书局 2007 年版。

于入药的"龙骨"上有文字的刻痕，便开始进行在药铺中收罗"龙骨"，经过研究，确认为其是远古时代的历史遗存物。后经过孙诒让、罗振玉、王国维等人的研究，判定这些刻画在龟甲、兽骨上的刻痕是殷商的一种文字。甲骨上记载的内容并不是为了传播知识，它仅仅是一种记录在案的"史实"内容，甚至包含着很浓的占卜色彩。但是这些甲骨成为中国古代历史上最早的文字载体。由此所形成的"甲骨文"也成为中国最古老的文字，是我们目前可以看到的中国最早的文字符号。

早在公元前 2070 年到公元前 1600 年的夏朝，我国就开始出现青铜器铸造技术。到公元前 1600 年至公元前 256 年的商周时代，青铜器铸造技术日渐成熟。商周时期的诸侯贵族往往在重大历史节点要铸造青铜器，作为永久性的纪念。在铸造过程中，诸侯贵族往往要把自己铸器缘由铭记在青铜器上，由此出现了铸在青铜器上的文字，也就是我们所说的"金文"，也称之为"钟鼎文"。而这一阶段的青铜器便成为中国古代文字载体的又一种表现形式。

应该看到，不管是刻画在龟甲、兽骨上甲骨文，还是铸造在青铜器上的钟鼎文，都是在特定的物质载体上形成的历史文化痕迹，按照我们所说的"书"的概念而言，甲骨文、金文都只是在甲骨或青铜器上留下的记载符号，并没有完整系统地记载历史过程和系统的文化信息。这些载体形式，只能说是中国早期"书"的雏形。中国古代形成正式意义上的图书，是在我国春秋战国时代。

据文献记载，殷商时期开始出现在竹简和木牍上书写文字，《尚书·多士》记载："惟殷先人，有册有典。"[①] 所以才有人们传说的《三坟》《五

---

① 《尚书正义》，北京：中华书局 1957 年版。

典》。但是这只是见于文献记载，我们现在能看到的是春秋后期孔夫子整理的典籍。西汉时期孔安国记载说孔子"睹史籍之烦文，惧览之者不一，遂乃定《礼》《乐》，明旧章。删《诗》为三百篇，约史记而修《春秋》。"①应该说，从春秋末年就已经有了我们后来概念上的"书"，也就是我们所说的"古籍"。中国古籍，是上始自春秋战国时期编定撰写的经、传、说、记以及诸子百家之言，下至清王朝灭亡的1911年，两千余年期间讲布、书写、刊刻及传播的各种典籍文献。古籍图书，往往代表着中国古代不同历史时期先贤智者的文化成就和智慧高度，是各个历史时期文化发展的物化标志，是中国传统文化的重要内容。

"文献"，指的是用文字或符号，在不同的传播载体上通过一定的方式和手段记载和保留有一定的历史价值、文化遗存价值或反映人类活动状态的文化信息。"文献"一词最早包含两个意思，"文"自然指的是见诸于文字的丰富信息，"献"则指的是能够记载和掌握这些丰富信息的人。所以南宋朱熹在《四书章句集注》说："文，典籍也。献，贤也。"②

按照百科全书的概念，能称之为"文献"的应该有以下四个基本要素，即：（1）有历史价值和研究价值的知识。（2）有一定的载体形式。（3）采取一定的方式方法。（4）采用一定的意义表达和记录体系。"文献"是记录、记载和传承人类活动、人类知识和思想的最有效的手段，是人们获取各种丰富的信息的基本来源和重要的方式。

从上述"文献"的定义来看，我们今天所说的"文献"，通常包含了图书、报刊以及所有的记载着历史文化信息的知识和文化信息的总和。

---

① 《尚书》，北京：中华书局2010年版。
② 《四书章句集注》，北京：中华书局1986年版。

但是，在长期的古籍整理出版领域，人们习惯于用"古籍文献"这个词组，作为描述记载中华文明的指代词。因此，我们今天也延续这样的一种称谓。

二、中国古籍的文化意义

回顾和总结我国古代典籍文化的发展和中国悠久的历史文化传承过程，古籍文献在中华优秀传统文化传承中的影响和促进作用，大体上可以从以下五个方面展示出来：

第一，古籍文献是中华文明绵延不绝传承五千余年的直接传承载体。

我们大家都知道，谈到世界人类文明发展，有四大文明古国，即：古埃及、古巴比伦、古印度和古代中国。这四个文明古国都拥有自己精彩的文化形态和丰厚的文明发展史。古埃及曾经拥有过从公元前5000多年到公元7世纪的塔萨文化，我们今天看到的金字塔和卢克索的神庙就是古埃及文化的重要标志。公元前2000多年兴盛于美索不达米亚平原的古巴比伦，拥有着精彩纷呈的古巴比伦文明，今天我们在法国卢浮宫看到的刻有《汉谟拉比法典》的石柱以及"楔形文字"，就是古巴比伦文明的象征。而公元前2500多年兴盛于印度河流域的哈拉巴文化，是古印度文明的标志。

然而，古埃及、古巴比伦、古印度三个文明古国随着外族的入侵而灭亡，其所创造的古代文明也随之彻底消亡。相比之下，中华文明兴起之后，伴随着文明的进步，特别是中国古代典籍的出现，使得中华文明以古代典籍的形式传承下来。虽然中国古代历史上也曾经有过外族的进入，甚至建立了以入主中原的少数民族统治的政权，比如鲜卑拓跋氏建立的北魏政权、契丹人建立的辽王朝、女真人建立的金朝、蒙古人建立的元朝以及满洲人建立的清王朝。但是这些入主中原的少数民族都在中华文明的体系中逐渐被同化，汇入中华文明这条历史长河之中。而中华优秀传统文化也伴随着这些入主中原的少数民族进入，在逐渐同化的过程中，也吸纳和融合了其文化中的精华养分，让中华优秀传统文化得到进一步的丰富。这其中，中国古代的典籍作为中华文化的直接传承载体，对延续和传承中华文化起着极其重要的作用。

第二，古籍文献的不断发展和传播载体形式的不断创新，使得中国大地上出现并形成了一个掌握中华传统文化知识内容的群体——知识分子，其成为中国传统优秀文化的创作者和传播者。

我们前面谈到，文字的起源和早期"书"的雏形，是龟甲、牛肩胛骨上的甲骨文和青铜器上的金文。那个时代，能够掌握和使用文字的只是极个别的巫师、卜者及少数诸侯贵族。虽然青铜器时代，在青铜器上开始出现大量的金文文字，比如毛公鼎、散氏盘铸有大量的文字。但是当时能够使用和掌握文字，并记载历史重大节点之人，主要是诸侯贵族。随着以简册书写记载文字的形式出现，用文字书写于简牍之上的传承形式，成为当时社会主要的文化传播方式。由此而形成一批掌握文字书写和记载于简牍之上的群体，这个群体是中国最早的知识分子。当这样的一批具有文字书写能力群体的出现和逐渐增加，特别是简册形式的逐渐成熟和广泛使用，让人们可以比青铜器铸造文字更为便利的进行记载，记载数量明显大幅度提高，相比于青铜器铸造铭文，有了一个飞跃式的变化。在这样的历史背景下，文字的掌握和使用已经不再是诸侯贵族的特权，而是由一个相对固定的群体来进行记述。由此，中国古代文字记载和传播开始发生质的跨越，所以才有《尚书·多士》记载的"有册有典"。当这个群体发展到一定规模并逐渐固定化时，中国的早期知识分子群体也就伴之而形成。中国千百年来的士大夫阶层就是由此而逐渐生成。

当这些掌握文字书写且可以在简牍上大量用文字进行表述的知识群体产生以后，自然就开启了中国古代文化的又一次大规模的发展。我们以孔子为例，孔子生活在春秋末年，他是中国私人讲学的开创者，被誉为"万世师表"，并创立了儒家学说。其思想对中国历史乃至世界文明发展都有着巨大的贡献。他晚年对《诗》《书》《礼》《乐》《易》《春秋》等上古典籍进行修订，成为对人类典籍进行整理编撰的首创者。孔子的弟子将其言行语录记录下来，整理编撰成《论语》，这部书奠定了儒家思想的基本内核，也成为后世尊奉的儒家经典。

正是由于春秋战国时期简牍的广泛使用，让人们阐述主张、传布观点、诠释思想并使之见诸文字更为便利，由此出现了春秋战国时期的诸子百家竞相鸣放的文化发展高峰期。孔子、老子、庄子、孟子、荀子、墨子等中国古代哲人竞相涌现，纷纷创立了儒家、道家、墨家、名家、法家、兵家、纵横家等思想学术流派，中国古代主要的学术思想皆起源于这一阶段。而诸子百家每每创立自己的思想学术流派，必然要系统地阐释自己的主张、观点，并从更深层次诠释自己提出的学术思想体系。诸子百家的论著成果成为我们目前可以看到的中国最早的一批文化财富，这使得中国传统优秀文化第一次较为完整、规模化地形成体系。而这样的文化体系的构筑，所依托的恰恰是掌握和使用文字书写、传布一方思想的知识分子群体，他们是中国文化体系的创立主体，是中国传统优秀文化的主要创造者和传播者。

第三，古籍文献传播、制作形式的发展和日趋成熟化的表现，促进了中国学术文化的规模化、体系化，中国传统文化形成了完备的文化体系。

我们从文字传播载体形式的发展上看，简牍时代，一片片竹简，带来的绝非只是记载工具的改变，而是一场思想革命、一个时代的到来。人们对历史、对早期哲人的思想记载，大大突破了春秋时代以前的束缚，而进入了战国时期。也正是在这样的一个大时代背景下，中国古代历史上开始出现传播思想文化的知识分子，涌现出先秦诸子的深邃哲学思想。

魏晋以后逐步推广使用纸张，逐渐替代了竹简、帛书，成为新的文字信息的传载体。宋代成熟的雕版印刷工艺，让图书的刊行技术条件完全具备，由此中国古代开启了纸介图书的时代。先秦诸子留下的文化成就，在字数上受到简帛形式的制约，比如《论语》原文大约 11000 余字、《道德经》5000 余字、《孟子》34000 余字、《诗经》39000 余字、《楚辞》约 34000 余字。而到南宋时期的朱熹，留下了二十五部著作，六百余卷，字数据不完全统计，接近于 2000 万字。之所以出现如此巨大的成果，使用纸介载体形式书写、刊印，是直接的促进因素。

纸介载体图书的出现，也带来了以传播为主导的图书刊行及流通、经营模式，由此形成了中国古代的出版及图书发行的概念，图书出版以及图书发行逐渐成为一种行业。

当然，从中国古代图书内容上的演变和传承，更能看出古代典籍对中国古代文化学术体系发展的影响和贡献。

春秋战国时期诸子百家，特别是儒家学派的产生，出现了一批较为系统的思想学术成果，并形成了"四书五经"，即：《大学》《中庸》《论语》《孟子》和《诗经》《尚书》《礼记》《周易》《春秋》。这些经典著作，被称之为"经"。

随着时代的推移，后世学人在学习、领会古代经典著作中，难免有诸多困惑。为了更为深刻地理解和掌握这些经典，便出现了对这些经典内容进行解释的"传"。所谓"传"就是对经典作品的传述，对经文内容进行解释。孔子修订《春秋》，并作为儒家学派经典之一传授。但是《春秋》语词隐晦艰涩，表述也往往较为简单，到战国时期人们研习《春秋》就开始有一定的障碍。为更为清晰地了解和掌握《春秋》的内容大义，战国时便开始有学者对孔子修订的《春秋》内容进行诠释，所以才出现了《春秋公羊传》①《春秋穀梁传》②《春秋左氏传》③。

再例如，古人对前人的成果进行注解而形成的"注"，这些"注"除了对经文内容进行解释、阐释之外，也对其具体的文字进行解释，以解除后人对前人经文文字理解的困惑。随着中国学术思想的深入发展，人们又对"注"的内容进一步用"注"的形式加以阐释，由此形成了"疏"。以后的文化发展进程中，人们逐渐形成了"注"是训诂文字、"疏"是诠释文意的基本典籍整理概念。之后代代更迭，"注疏"便成为对古书内容进行注解的代名词。包括"正义""集解""训诂"等古籍整理编撰形式。"正义"，指的是解释经传内容而得义之正，曰"正义"。"集解"，指的是在汇辑众家之说基础上再进行注释，诸如"集注""集传""集释"等方式。"训诂"，训者，以通俗语言解释经典原著词义者称为"训"；诂者，以当时的话语解释古代语言者曰"诂"。

凡此种种，自诸子百家形成百家争鸣的文化发展高潮之后，中国历朝各代学人不断地对前人先贤著作进行进一步阐释、集解、发微，将先秦诸子百家创立的各个学术思想流派光大发扬，逐渐形成了以儒

---

① 公羊高，战国齐国人，其玄孙公羊寿辑录成《春秋公羊传》。
② 子夏弟子穀梁赤所作，西汉时成书。
③ 春秋末年左丘明做注解。

家思想为主体，融合其他诸子百家以及后来的佛家思想内容，构架起体系完备、博大精深的中国文化体系。正是由于中国古代文字记载、书籍表现形式的不断革命，使得中国古代思想得以广泛地传播，历朝各代的历史文明得以详尽地记录下来，不同的学术文化内容得以丰富和发展，由此带来的是中国古代学术文化体系的构建和完善。这是中国传统文化发展的思想核心，也是中国传统优秀文化的主体内容，标志着中国传统文化成熟发展和形成了完备的文化体系。

第四，中国古籍的载体表现形式及丰富多彩的刊行形态，使之本身成为中国传统优秀文化的重要组成部分。

中国古代书籍的发展，经历了漫长历史过程，其载体的表现形式和具体的形态也经历了一个漫长的变化轨迹，从早期在陶器、甲骨、青铜器、雕石、简策、缣帛、纸等不同介质上记载着相应的文字，到逐步形成以册为单位的图书形式，以风采各异的传承方式记载了中华文明演化历程。在记述文明方法上也经过了写刻、手抄、拓印、雕版印刷和活字印刷等不同的阶段。每一种不同的记载介质的变化和表现形式的改进，都标志着中华民族在文明的传承形式上的重大提高和对人类文化的积极贡献。中国古籍文化的演化历程，既包含了我国古代的印刷术的发明和使用，又显示出中国造纸术的悠久和领先。同时，记录其具体内容的文字又充分显示了中国方块字的独特魅力。中国古代的四大发明中有两项都被古书这一载体所包含，这在文化发展史上是极为少见的。中国古籍的起源、发展以及其每一个阶段的载体表现形式，都是建立在当时的社会文化发展状态和经济发展水平的基础之上，它一方面是华夏历史不同时期社会经济水平和文明程度的具体的反映，另一方面也显示出历朝各代文化的需求及其文化发展的基本走向。

需要特别强调的是，中国古代图书历经千年演变而来的纸介书籍装帧形式，从装帧工艺手段到装帧表现形式，都具有鲜明的中国典籍文化特征，更能凸显中国古代典籍的艺术美。中国古代纸介典籍的装帧形式主要有卷轴装、旋风装、经折装、蝴蝶装、包背装、四眼线装等。

卷轴装始于春秋战国时期的简策和帛书，由简策、帛书卷成一束的形式演变而成。到隋唐纸书盛行时这种形式应用于纸书，以后历代均沿用，主要用于经卷的装帧形式。其方法是在长卷文章的末端粘连一根轴，将一张张写有文字的纸，依次粘连在长卷之上。卷轴装的卷首一般都粘接一张叫作"裱"的纸或丝织品。裱头再系以丝带，用以捆缚书卷。丝带末端穿一签，捆缚后固定丝带。阅读时，将长卷打开，阅毕再将书卷随轴卷起，用卷首丝带捆缚，置于插架之上。唐代玄奘翻译传布的佛经，就是采用卷轴装的装帧形式。韩愈诗《送诸葛觉往随州读书》有"邺侯家多书，插架三万轴"句，这里所说的"三万轴"就是指的卷轴装的典籍。

旋风装由卷轴装演变而来。它形同卷轴，由一长纸做底，首页全幅裱贴在底上，从第二页右侧无字处用一纸条粘连在底上，其余书页逐页向左粘在上一页的底下。书页鳞次相积，这种装订形式卷起时从外表看与卷轴装无异，但内部的书页宛如自然界的旋风，故名旋风装。同时又因展开时书页犹如鳞状有序排列，故又称龙鳞装。旋风装是中国古书由卷轴装向册页装发展的早期过渡形式，但是这种装帧形式遗留下来的实物极少，目前我们能够看到的只有故宫博物院所藏唐代写本《刊谬补缺切韵》为旋风装的装帧形式。

经折装是最先用于佛经的一种典籍装帧形式，这种装帧形式起始于公元 10 世纪的唐代末年。通常认为经折装是由卷轴装改造而来。

佛家僧侣诵经时为便于翻阅，将长卷经文左右连续折叠起来，形成长方形的一叠。也有人认为是受印度贝叶经装订形式的影响而产生的。之后一些拓本碑帖、纸本奏疏也经常采用这种形式。经折装已完全脱离卷轴，近似于后来的册页书籍，是卷轴装向册页装过渡的中间形式。

蝴蝶装简称"蝶装"，是早期的册页古书的装帧形式。它出现在经折装之后，由经折装演化而来，大约出现在公元 10 世纪的五代后期，盛行于公元 10 至 12 世纪的宋朝。蝴蝶装是伴随着雕版印刷工艺的成熟发展，为将一块块木版刷印而形成的一张张书页装订成册而形成的装帧形式。其操作上将书页沿中缝将印有文字的一面朝里对折起来，再以折缝为准，将全书各页对齐，用一包背纸将一叠折缝的背面粘在一起，最后裁齐成册。蝴蝶装书籍，翻阅起来犹如蝴蝶两翼翻飞飘舞，故名"蝴蝶装"。《明史·艺文志》记载："秘阁书籍皆宋元所遗，无不精美，装用倒折，四周向外，虫鼠不能损。"[①] 这里所记载的宋元时期所遗书籍，"装用倒折，四周向外"，指的就是蝴蝶装图书。

包背装是中国古书装帧中一种较为常见的装帧形式。这种装帧是将书页正折，版心向外，书页左右两边朝向书脊订口处，集数页为叠，排好顺序，以版口处为基准用纸捻穿订固定，天头、地脚、订口处裁齐，形成书背。外粘裱一张比书页略宽略硬的纸作为封面、封底。此装帧形式源自包裹书背，所以称其为包背装。包背装出现在南宋时期，流行于元代，到明代中叶逐渐被淘汰，明后期到清代虽然还有使用者，但是已经不是主要的装帧形式了。我们所能见到的明代的《永乐大典》、清代《四库全书》等典籍就使用包背装的装帧形式。

---

① 《明史·艺文志》卷一，北京：中华书局 1997 年版。

四眼线装是我国古书最为典型、装帧技术史上最为成熟的装帧形式，具有典雅的中国民族风格的装帧特征。四眼线装形式的出现，让我国古代书籍形成了中国特有的图书装帧艺术形式，具有极强的民族风格，至今在国际上享有很高的声誉，是"中国书"的象征。线装的装帧形式与包背装近似，书页正折，版心外向，封面、封底各一张，与书背戳齐，打眼钉线。线装书的封面及封底多用瓷青纸、粟壳色纸或织物等材料。封面左边有白色签条，上题有书名并加盖朱红印章，右边订口处以清水丝线缝缀。线装书既便于翻阅，又不易散破，是中国迄今为止依然大量采用的古籍图书装帧方式。

可以这样说，中国古籍文化的发展历程及其成就，折射出中华传统文化发展的主要过程，是承载中华文明的主要形式。作为世界四大古代文明之一的中华文化，之所以绵延数千年而未中断，古书对文化的传播和继承有着至为关键的作用。所以，中国的古书就是浓缩在册页上的中国优秀传统文化。

第五，古代大型图书编纂刊行带来了中国传统文化的繁荣。

对我国各个不同时期传播、积累下来的典籍进行大规模整理，是历朝各代官府及文人雅士极为重视的文化工程，是中国古籍得以不断传承、传播和积淀的重要方式，也是中国传统文化不断丰富的历史过程。

对以往传承下来的古籍文献进行整理，最早可以追溯到春秋时期的孔子。前面我们谈到，春秋时期，孔子晚年对《诗经》《尚书》《仪礼》《乐经》《周易》《春秋》等上古典籍进行修订，成为我国对典籍文献进行整理编撰的首创者。

公元前1世纪西汉成帝时期，刘向、刘歆父子开始了中国历史上第一次官府主导下的大规模整理古书工作。据《汉书·艺文志》记载，汉成帝曾"诏光禄大夫刘向校经传诸子诗赋，步兵校尉任宏校兵书，太史令尹咸校数术，侍医李柱国校方技。每一书已，向辄条其篇目，撮其指意，录而奏之。会向卒，哀帝复使向子侍中奉车都尉歆卒父业。歆于是总群书而奏其《七略》……"①。我国古籍校勘的基本原则和方式，就是这时候初步确立起来的。

东汉熹平年间，由于儒家经典作品传播中多有差异，往往形成学人对儒家经典的阐释多有分歧。蔡邕等奏请校正儒家经典。于是蔡邕等参校诸体文字经书，用八年的时间将儒家经典《鲁诗》《尚书》《周易》《春秋》《公羊传》《仪礼》《论语》等校正后刻于石碑之上，立于京师洛阳太学门前。这就是著名的"熹平石经"。"熹平石经"摹刻之后，各地学子纷纷前往观摩学习，《后汉书》记载："及碑始立，其观视及摹写者，车乘日千余两，填塞街陌。"②

之后各朝各代都对古籍文献进行过大规模系统整理。北宋时期的《太平广记》《太平御览》《文苑英华》《册府元龟》，明代的《永乐大典》，清代的《古今图书集成》《四库全书》等等，都是对前人典籍的系统性整理。其中，以清代《四库全书》的整理和乾嘉学派形成后对我国古籍的校勘整理最为突出。

清王朝发展前期，对汉文化典籍整理极为重视。从清顺治朝就开始着手进行汉文典籍的整理。到康熙十九年（1680 年），为加强对典籍的整理，康熙皇帝下令设立"武英殿造办处"，后改为"武英殿修书处"，承担皇家整理刊行典籍的任务，先后刊行了《佩文韵府》《骈

---

① 《汉书·艺文志》，北京：中华书局 1997 年版。
② 《后汉书·蔡邕传》，北京：中华书局 1997 年版。

字类编》《渊鉴类函》《古今图书集成》等，到乾隆三十八年（1773年）开"四库馆"编修《四库全书》，将中国古代时期系统整理典籍工作推向高潮，是我国古代传统文化大发展的鼎盛阶段。而清廷的一系列修书活动，基本上都是在北京进行，这就无形中让北京的出版与全国的出版发展融为一体。尤其是有清一代满族统治者对江南士子的诸多矛盾的心态，更使得满洲统治者刻意将其吸引到北京来。这样的文化统治政策客观上让北京成为全国的学术交流中心，从而使得北京在出版上成为全国出版活动的引领、示范之地。

回顾我国古代纸介图书的发展历程，文字传播载体形式的改变往往带来的是对既往文字传播、传承的方式乃至阅读方式的巨大的冲击和转变。每一次传播载体形式的改变，往往带来的是一次文化传播的革命。

中国典籍的传播载体形式大体上经历了两大演变阶段，即：早期的文字传承时期、纸介图书的发展时期。早期的文字传承阶段，我们前面谈到甲骨、青铜器，以及竹简、帛书甚至石刻的"书"，甲骨、青铜器毕竟还不算是真正意义上的书，我们可以忽略不计。但是从简牍时代，以及与之同期出现的帛书、侯马盟书那样的玉册图书、石刻的"书"，或者是因为体积过大而过于笨重难以携带，且书写并不是非常便利；或者因为价格昂贵，一般文人难以承受，比如帛书、玉册等。我们今天能够看到数量较多的帛书，是湖南长沙马王堆汉墓出土的帛书。从帛的织造到文字的书写都极其精美。这样的帛书别说在西汉时期，就是今天进行复制，也是造价不菲。从这个意义上讲，无论是历史上的帛书，还是玉册，都面临着造价昂贵的窘况。而这样的诸多不便，伴随着造纸技术的出现，轻便、价廉的纸张再加之毛笔的成熟发展，使得在纸张上抄写传播典籍更为便利，带来我国文化的一次迅猛的发展和繁荣。所以从魏晋南北朝，到隋唐五代时期，中国曾经有过一段很长时间的"手写书"时代。大家经常看到的"敦煌遗书"就是"手写书"时代的经典代表。这里可以看出，造纸技术的成熟发展以及纸张的广泛使用，是一次中国典籍传播的革命性发展。

隋唐时期，雕版印刷技术的出现，到两宋时期雕版印刷技术的广泛使用，简便快捷复制手段使得图书的大量刊行成为可能。我们前面谈到的先秦诸子的著作字数与南宋时期朱熹的著作数量的比较，就能够充分地反映传播载体形式的改变和复制手段的发展带来的文化传播的变革。

实际上，晚清西方平版印刷技术的传入，又带来一次图书典籍传播的革命。从两宋时期雕版印刷技术广泛使用开始，不管是雕版刷印，还是活字印刷，从生产工艺和制作手段上看，还是存在着诸多局限性。比如雕版工艺的使用及木版雕刻、刷印、装订等，相对于西方平版印刷技术而言费工费时、造价成本较高。古时因刻书而败家者大有人在。而西方的平版印刷技术，用照相制版，采用平版印制。以后又出现了凸版印刷工艺和装订形式上的西洋装订法，图书的生产速度加快、刊行成本大幅度降低，由此出现了我们国家现代意义上的"出版"。

综上所述，中国古典文献的文化传承作用，再加之北京从辽代南京、金代中都城成为中国北部重要的政治中心，元、明、清三代，北京又是全国的政治中心，这就客观上让北京出版成为全国文化传播、文化继承的重要阵地之一。虽然北京在我国古代历史上从来没有成为出版中心，但由于北京特殊的都城地位，使得北京的出版在中国古代出版发展史上发挥着重要的示范性作用。

第二节　北京古代出版发展肇始

一、北京早期文字记载痕迹及手写书的出现

北京地区的出版发展与我国其他地域的出版发展的历史轨迹基本相同。我们谈中国古代出版史，可以追溯到我国古代甲骨文和钟鼎文的出现，甲骨文、钟鼎文被视为我国远古时代图书的雏形。实际上，在北京地区也能够找到远古时代甲骨文、钟鼎文的历史痕迹。

1975 年，北京文物考古部门在北京昌平白浮村曾发掘三座西周时期古燕国墓葬。在该墓葬 M2 号椁室中发现有甲骨，经清理这些甲骨上有的刻有文字，如："其祀""其尚上下韦驭"以及"贞""不止"等。1986 年在房山江营村遗址发掘中，发现一片残存的卜骨。该遗址经过土层分析为西周早期。所出土的残存卜骨刻有两行字，每行六个字。1996 年，在北京房山琉璃河西周燕国都城遗址发掘时，也发现了数十片甲骨。其中有三片刻有文字，如"成周"等。在北京房山、昌平等地发掘出土的甲骨文是北京地区最早有文字记载的历史痕迹，对研究北京史有着重要的意义，也是北京地区远古时期文字记载的表现。

北京地区不仅有零星的甲骨出土，还有许多西周以来的青铜器出土，其中的铭文对研究北京史和北京出版变迁及其发展历程有着重要的帮助。

公元前 1045 年，周武王灭商纣王，建立西周王朝。在周武王征商伐纣过程中，燕召公与齐太公、鲁周公皆为重臣，是周初"三公"之一，故周武王分封天下时封召公于燕，《史记·周本纪》记载：周武王伐商纣王之后，"封召公奭于燕"[①]。《史记·燕召公世家》也

---

① 《史记》，北京：中华书局 1973 年版。

记载："周武王之灭纣，封召公于北燕。"[①]周武王分封召公奭的燕国国都在今天的北京房山琉璃河，房山琉璃河董家林西周燕国遗址，是北京城城市的发祥地。琉璃河董家林西周遗址包括古城遗址和生活区、墓葬区三个部分，是距今3000多年西周时期燕国的始封都邑，被人们称之为"北京城的发源地"。北京房山琉璃河西周遗址最早发现于20世纪40年代，新中国成立后又多次在这里进行考古发掘，20世纪50年代确定房山琉璃河是西周古燕国国都遗址。随后，在20世纪70年代、80年代又数次发掘。1986年在琉璃河遗址1193号墓葬中出土了克盉、克罍两件青铜器，这两件青铜器的发现，被视为确定北京古都地位的重要物证。克盉、克罍均为西周时期祭祀用的酒具。克盉，通高26.8厘米，口径为14厘米，在克盉圆顶盖内以及器口内壁上铸有铭文四十三字。克罍，通高32.7厘米，口径14厘米，在克罍的器盖和器物内壁上也同样铸有铭文四十三字。克盉、克罍铸造的铭文记载了西周初年分封燕侯及封授疆土的历史过程，印证了《史记》记载的"封召公奭于燕"的史实。这是北京地区可以看到的早期文字记载的历史。

据史籍记载，北京地区最早的志书是《燕十事》，为"燕王定国狱事"。这可以说是北京历史上较早的图籍编撰历史。缪荃孙在编纂《[光绪]顺天府志》时曾在《纪录顺天事之书》一文谈到："纪录顺天事见于史书者以《燕十事》为始。"[②]但是这部书早已散佚，只能通过史籍记载知道早在古燕国时期有过这样的一部书籍。

---

① 《史记》，北京：中华书局1973年版。
② 《[光绪]顺天府志》，北京：北京古籍出版社1987年版。

另外，1973 年在湖南长沙马王堆三号汉墓中曾经出土帛书《战国纵横家书》，其中有苏秦写给燕国燕昭王、齐湣王的书信，所谈论的都是古燕国的历史内容。当然，《战国纵横家书》并不是北京地区的出版历史痕迹。但是通过这些帛书，能够看到北京地区古燕国的历史面貌，从另一个角度可以考察北京地区早期历史及相关的文化活动。

与帛书同期比较广泛使用的文字传承载体是竹简。我国很多地区都曾经出土过大量竹简，比如：山东银雀山出土的竹简、河北正定出土的竹简、湖北云梦睡虎地出土的竹简、湖北曾侯乙墓出土的竹简、安徽阜阳双古堆出土的竹简以及近些年的清华竹简、江西南昌海昏侯墓出土的竹简等。这些出土的竹简，真实地再现了我国古代竹简时代典籍传播的形式和内容。然而，北京地区新中国成立以后的出土文物中，竹简极为罕见，只是在 1975 年丰台大葆台汉墓中发现了一枚竹简，上面刻有"樵中格吴子运"六个汉隶墨字，没有其他更多的文化信息。

秦汉以后，曾经有过一段时间采取刻石的方式记载文字，在我国古代版本史上被称之为"石头书"。比如熹平石经、开明石经等。在北京地区拥有大量的石刻文字载体，诸如 1962 年在北京石景山发现的汉代石阙石刻，就有明确的纪文。再比如西晋《王浚妻华芳墓志》，唐代《王郅夫妻合葬墓墓志》等，至于元、明、清几代的石刻就更是数不胜数。这些石刻所记录的历史文献资料都是北京地区不同历史阶段的写照。

我国古代曾经有很长一段时间是处在手写书时代，当时的典籍文献依据手写书籍传播。北京地区也同样以这样的图籍载体形式传播历史文化成就。

北魏拓跋珪天赐元年（404 年），蓟城人平恒曾撰写《略注》一书。

平恒，字继叔，北魏时期蓟城人，其祖父、父亲均在北魏燕郡任职，拥有家学底蕴。平恒年少时便博览群书，被誉为"博通经籍"。北魏年间曾先后任中书博士、幽州别驾、著作佐郎、秘书丞等官职。他所撰写的《略注》，记载自周朝以来一直到北魏时期的诸代帝王将相的历史历程及得失功过，《北史》在其传记中对所著《略注》记载："自周以降，暨于魏世，帝王传代之由，贵臣升降之绪，皆撰品第，商略是非，号曰《略注》，合百余篇。"①

北魏时期与平恒相交甚密的梁祚，也在北京地区有过诸多著述，其中较为著名的是《魏国统》。梁祚，北魏时期泥阳人（今陕西铜川耀州），曾长期在蓟城居住，历任幽州秘书令、中书博士等官职。梁祚为当时北方地区大儒，史籍载梁祚"笃志好学，历治诸经，尤善《公羊春秋》、郑氏《易》，常以教授。有儒者风，而无当世之才……虽羁旅贫窘而著述不倦"。②他经常与平恒谈史论经，仿效陈寿的《三国志》作《魏国统》二十卷，在当时影响很大。《魏国统》后来还是散佚，但是在其他史籍文献中有该书的痕迹，如《太平御览》中就有对梁祚《魏国统》的记载。

此外，渔阳郡雍奴（今天津武清）人高闾也曾经撰写《燕志》十卷。《燕志》记录北燕冯跋之事，已佚，清汤球辑本一卷收入《广雅书局丛书》。20世纪30年代商务印书馆出版《丛书集成初编》，也曾将《燕志》收录其中。

目前我们可以看到北京地区最早的手写典籍是收藏于法国巴黎的

---

① 《二十四史·北史》，北京：中华书局1997年版。
② 《二十四史·魏书·列传》，北京：中华书局1997年版。

《诸经要集》卷十二至二十，是唐开元二十三年（735 年）在幽州抄录的历史典籍，发现于敦煌莫高窟藏经洞内，被伯希和盗至法国，收藏于法国国家图书馆，编号为 P.2163 号。

我国古代手写书的时期，诸多手写图籍随着时间的推移已经大多散佚，能够保存下来的寥寥无几。隋唐时期在幽州抄录的《诸经要集》卷十二至二十也成为唯一存世的北京地区最早手写纸质典籍。因此，我们研究北京古代出版发展，更多的还是着眼于古代留存的石刻及雕版刷印的图籍。

二、北京出版活动肇始——房山石经的整理雕刻

北京地区最早大规模的典籍整理出版活动，是南北朝后期到隋唐时期高僧静琬在北京市房山石经山整理、雕刻佛教经卷。

南北朝时期，相对于中原地区，北京属于较为边远的城市。北魏太武帝拓跋焘太平真君五年（444 年），拓跋焘曾经下令全国王公大臣及黎民百姓一律禁止私养沙门（沙门也就是佛教僧侣）。太平真君七年（446 年）拓跋焘在长安期间又下令诛杀佛教僧侣，禁毁经卷佛像。这就是历史上的"三武灭佛"的第一次。到了北周建德二年（573 年）十二月，北周武帝宇文邕曾经召集诸位儒臣及道士、僧侣等进行辩论，据《周书·武帝上》记载，宇文邕曾经"集群臣及沙门、道士等，帝升高座，辨释三教先后，以儒教为先，道教为次，佛教最后"[①]。次年五月，北周武帝宇文邕下诏："初断佛、道二教，经像悉毁，罢沙门、道士，并令还民。并禁诸淫祀，礼典所不载者，尽除之"[②]，这就是历史上"三武灭佛"的第二次。北魏太武帝拓跋焘和北周武帝宇文邕的两次灭佛，对当时中

---

①② 《周书》卷五《武帝上》，北京：中华书局 1974 年版。

原一带的佛教传播及其佛教寺院、僧侣是两次重大的打击，特别是对佛教典籍的传播产生了重大的影响。相对于当时的长安、洛阳等城市，北京地区还属于中原政权在北方边陲的军事重镇，两次灭佛对北京地区而言相对要平和一些，甚至有的僧侣逃亡到北京地区落脚。为了确保佛教经卷典籍不因世俗统治者的打击、摧残而中断传播，一些高僧想尽一切办法来对佛教经典的传播进行保护。在北京地区，隋唐时期的高僧静琬就是这样一个着眼于长期保存和传播佛教经卷的僧侣。

静琬，又称智菀，隋唐时期高僧，原为北齐天台宗二祖南岳慧思的弟子。北周武帝的灭佛，让静琬记忆犹新，也心生恐惧，于是发愿，要用石雕刊刻佛教经书十二部以弘扬佛法，使之永久传之后世。于是，他选择幽州白带山为其刻经之地。由于静琬在白带山雕刻石刻佛经，并收藏于白带山上洞窟之内，后来人们把白带山称为石经山。

隋大业年间，隋炀帝东征高丽，途经北京。隋炀帝的内弟萧瑀笃信佛教，于是静琬通过萧瑀走皇后的门路，呈请在今北京房山白带山雕刻石经。隋炀帝帝后萧氏闻听，"施绢千匹，（萧）瑀施绢五百匹。朝野闻之，争共舍施。"[1] 有帝后以及朝廷重要大臣的支持和舍施，静琬雕刻石经颇为顺利，到唐代初年，便初见规模，先后雕刻有《涅槃经》《华严经》《金刚经》《佛遗教经》《弥勒上生经》《维摩经》等。他在白带山崖壁山凿出石室，把刻好的石经经版一一藏入石室，"每一室满，即以石塞门，用铁锢之"[2]。为了便于雕刻石经，静琬还在贞观五年（631年）于白带山下创建云居寺，一方面便于他不间断地雕刻石经，另一方面也供养僧侣、研习佛法。唐贞观十三年（639

---

① ② 《冥报记》卷上《隋释智菀》，北京：中华书局 1992 年版。

年）静琬坐化于云居寺，此时他主持的雕刻的佛教石经已经有七个石室。静琬以后，他的弟子玄导、玄法、僧仪等人继续雕刻石经。玄导主持雕刻的有《大品般若经》《楞伽阿跋多罗宝经》《僧羯磨经》《四分比丘尼羯磨法》《四分比丘戒本》等。僧仪主持雕刻的有《金刚经》《佛说当来变经》《施食获五福报经》等。

由于唐代以来云居寺的僧侣一直坚持雕刻石经，其对佛教的传播和保护也继续得到中央政权以及皇家贵族的支持和赞助。唐开元十八年（730 年）唐玄宗的妹妹金仙长公主特意奏请，赏赐云居寺唐代译经新旧不同版本四千余卷。这无疑对云居寺高僧们持续雕刻石经有着积极的推动作用，更体现出唐代统治阶层对云居寺石经雕刻的充分肯定。

唐代后期，云居寺主持石经雕刻的僧侣主要有真性等人，真性高僧等人的雕刻石经的举措，得到当时幽州地方官吏的大力支持，当时的幽州节度使刘济就曾经出资，雕刻《大般若经》。唐元和四年（809 年），其所出资雕刻的《大般若经》雕刻完成，他还"亲与道、俗齐会石经峰下"[①]，参与经版入藏仪式。

从隋朝静琬发愿雕刻石经，到唐朝末年的三百余年之中，云居寺雕刻经版四千余块，各种佛经一百余部。

五代时期，白带山雕刻石经活动逐渐进入低潮阶段，甚至几乎没有太多的雕刻历史记载。辽圣宗统和年间，云居寺又重新开始雕刻石经。今天的云居寺还保存有"统和十三年（995 年）岁次乙未"题记的《般若心经》残石四块，说明辽统和年间已经开始重新进行石经的雕刻。

---

① 《涿鹿山石经堂记》，刘济撰，见《房山石经题记汇编》，北京：书目文献出版社 1987 年版。

辽太平七年（1027年），幽州知州韩绍芳奏请辽圣宗，续刻白带山石经。辽圣宗首肯，由韩绍芳筹划，并委任高僧可玄主持。辽兴宗即位以后，因为经济的原因，没有太多的实力投入云居寺雕刻石经，于是"出御府钱"放贷取息，以此筹集雕版资金。辽道宗年间，道宗皇帝亲自过问，继续进行石经的雕刻，并委任当时高僧通理大师主持云居寺，开戒坛，雕经版。到辽保大年间，白带山石室已被经版塞满，不得已将后来雕刻的经版存于云居寺西南隅地穴之中，并且在地穴之上构筑佛塔一座。这也就是后来云居寺在塔基下发现的那部分经版。

房山石经山的石经，对我们今天研究北京历史以及北京出版发展史，都有着重要的价值。首先，房山石经山石经发起之始就是为了避免佛教典籍再遭世俗政治势力的打击和摧残，所以其以石版雕刻的方式保存佛教典籍，且校勘精准，是佛教典籍文献传承的重要方式，这些石经也成为佛教文献在北京地区传承的主要载体。另外，在房山石经山石经的雕刻过程中有意无意地留下来的题记，是我们研究隋唐到辽代以来北京史的重要依据，尤其是研究隋唐以来北京地区职官变化、政区管辖变化以及当时的佛教发展状态。其三，房山石经山的石经，不管是雕刻组织者，还是整理佛经的主持人等记录，是研究北京早期出版发展的重要来源。

我们之所以把北京房山石经山隋唐到辽代的雕刻石经这么显著地进行介绍，一是我们在讲述古代典籍出版活动时，石刻的文字内容向来被视为中国古代早期的图书兴起的雏形。另一方面，房山白带山（石经山）的石刻经版，与后来的雕版《契丹藏》有着紧密的佛教经卷整理连带关系。因此，不管从哪个方面讲，房山石经山的雕刻石经都是北京地区出版活动的肇始。

三、北京图书贸易之始——唐末五代初幽州书市

我国古代雕版印刷技术兴起于唐代，但是雕版印刷工艺的广泛使用还是在北宋以后。因此，在采用雕版印刷技术刊行图书之前，很长一段时间我国处在写本时代，就是用手抄写图书的发展和流通阶段。所以在雕版刷印图书传播、流通之前，传播流通的是当时社会生产发展水平相呼应的图书载体形式，比如简册装的"书"或者手写书。承担这些"书"传承或传播的，除了教师传授内容、官府在一定程度刊布定本之外，更多的是通过买卖图书的书肆进行。因此，西汉文学家扬雄在《法言·吾子》中曾说："好书，而不要诸仲尼，书肆也。"①这是现存古籍文献中最早提到"书肆"的记载。西汉后期的平帝元始四年，即公元 4 年，王莽专权时曾在长安城东南郊新扩建太学。在新改建的太学附近有一片槐树林，后逐渐形成为太学生员提供诸多服务的集贸市场，其中最大的贸易服务内容就是图书的交流和买卖。所以过去也有将"槐市"作为图书贸易的代名词。同时，古代把书肆也称为"书坊""书林""书铺""书堂""书棚""经籍铺"等。这些经营图书买卖的书肆，客观上成为古代图书传播的重要途径。所以从汉代开始，无论是当初的长安城、洛阳城，还是以后北宋的东京、南宋的临安，都有书肆的经营和一定规模的图书贸易活动。尤其是到了宋代以后雕版刷印工艺的更加成熟和广泛使用，使大批量的刷印复制图书成为极其便利的图书刊布手段，已经不再依靠手工抄录一部部图书来进行传播。这样的图书刊布手段的出现，带来了我国古代图书出版的一次跨越式的传播革命，而且深深地影响了众多学者文人的著书

---

① 《法言》，北京：中华书局 1958 年版。

立说的改变。

早在唐代后期至五代初年，当时的幽州城还是中原政权防范北方游牧民族南下的北方军事重镇。但是，由于幽州城所处的地理位置是中原地区农耕文化与北方游牧文化相交汇的地带，南北两个地区不同文化相互交流、融合，是幽州城当时客观形成的城市文化功能。据《契丹国志》卷十四记载，阿保机之长子耶律倍曾"令人赍金宝私入幽州市书，载以自随，凡数万卷……"[①]。这是目前我们可以看到古代历史文献中记载北京地区出现图书贸易活动最早的记录。

耶律倍，阿保机的长子，自幼对中原地区的汉文化极为推崇，通晓阴阳之说、精于医药之术，且工于书画，尤其是对儒家学说更是膜拜。他曾经在其居住地建有藏书楼望海堂，收藏大量汉文典籍，号称"万卷藏书楼"。这样一个追崇中原汉文化的契丹贵族，自然需要大量汉文典籍来满足其收藏，所以才派人到幽州城采购书籍。一次购入典籍"数万卷"，虽有一定程度的语言夸张成分，但若数量很小，绝非能以"数万卷"来描绘。

隋唐到五代时期，我国图书的传播还处在写本书的时代。在那样的一个写本书的时代，就是中原地区的书肆业发展也并不是非常发达。而与此同期的幽州城的图书贸易可以满足耶律倍购置图书"数万卷"，可见幽州城的图书贸易已经形成相当的规模，经营实力初见端倪，由此也可以看出北京地区的图书贸易活动与当时的中原地区图书贸易发展态势颇为接近。

---

① 《契丹国志》校点本，上海：上海古籍出版社 1985 年版。

第二章　北京古代出版兴起

第一节　辽南京城的建立及北京城市地位的转变

一、辽南京城建立

公元 907 年，随着唐朝的灭亡，中原地区进入了五代十国的分裂割据时期。在北方地区，契丹人渐渐地兴起，辽太祖耶律阿保机废除了契丹人传统的部落选汗制度，依据中原地区的封建体制即皇帝位，成为契丹人历史上第一个皇帝。辽太祖耶律阿保机积极向南扩张，并从早期的南下掠夺财物变成攫取土地和攻占城池。公元 926 年，耶律阿保机病亡，其子耶律德光即位，是为辽太宗。辽太宗继续实行向南扩张的战略，积极向华北发展。公元 936 年，石敬瑭起兵反叛后唐，为寻求得到北方契丹人的军事支撑，便向辽太宗乞和，许愿灭后唐之后将幽燕地区及雁门关以北十六州割让给契丹，并且岁贡帛三十万匹。石敬瑭的这一举动，对辽太宗而言可谓是正中下怀。为此，辽太宗封石敬瑭为"大晋皇帝"，并与石敬瑭"执手约为父子"①。这就是后

---

① 《辽史》卷三《太宗纪》，北京：中华书局 1997 年版。

人常说的"儿皇帝"典故的出处。会同元年（938 年），石敬瑭遣使向辽太宗送上燕云十六州的图籍，辽太宗随即将幽州城升为辽南京。石敬瑭的举措为后人所不齿，但是他将燕云十六州拱手相送，却大大改变了幽州城的历史发展进程。当时的辽南京与辽朝的其他地区相比，物产丰饶，人烟辐辏。据《契丹国志》记述，当时的南京城内人口达三十万之众，"大内壮丽，城北有市，陆海百货聚于其中……锦绣组绮，精绝天下。膏腴蔬蓏、果实、稻粱之类，靡不毕出，而桑、柘、麻、麦、羊、豕、雉、兔，不问可知。水甘土厚，人多技艺，秀者学读书、次则习骑射，耐劳苦。"[①] 辽南京作为陪都，其城市功能开始发生重大转折，从昔日中原地区政权防范北方少数民族的军事重镇，变为契丹人吸取中原文化的重要窗口和文化交流的主要城市。

二、辽朝契丹人的汉化

辽代契丹人十分注重对中原汉文化的学习，兴起了"学唐比宋"社会潮流。在这方面我们能从以下的历史事实看到辽代契丹统治者这种思想观念的变化和对中原汉文化的渴求。

947 年，辽太宗耶律德光灭后晋，将后晋藏书悉数北运。这无疑对辽朝皇家藏书是一次丰富的补充。而到了辽中后期，辽圣宗、辽兴宗、辽道宗三朝（983—1101 年），契丹统治者更是全盘接受中原汉文化。清代沈德潜在为周春《辽诗话》作序时记述："圣、兴、道三宗，雅好词翰，咸通音律，有国乐、雅乐、大乐、散乐、铙歌、横吹乐。东丹王倍聚书万卷，平王隆先着有《阆苑集》。文学之臣，若萧韩家奴、耶律昭、刘辉、耶里孟简，皆淹通风雅，特以诗传者罕，故

---

① 《契丹国志》，上海：上海古籍出版社 1985 年版。

无人焉为之援述绪言申译遗句耳。"①

　　辽圣宗耶律隆绪是辽代能以诗名世的皇帝。耶律隆绪年幼时便喜好阅读汉文书籍，十岁能诗，且精通乐律。清代周春在《辽诗话》记载：辽圣宗"幼喜书翰，十岁能诗。既长，晓音律，好绘画，性尤喜吟咏。出题诏宰相以下赋诗进御，一一读之，优者赐金带。又御制曲五百余首"②，圣宗本人曾经颇为得意地称："乐天（白居易）诗集是吾师。"③并且"亲以契丹字译白居易《讽谏集》，召臣下等读之"④。辽兴宗对汉族文化，特别是诗词韵律抱有浓厚的兴致。重熙六年（1037年），辽兴宗"上酒酣赋诗，吴国王萧孝穆、北丞相撒八等皆属和，夜中乃罢。……癸未，赐南院大王耶律胡睹衮命，上亲为制诰词，并赐诗以宠之"⑤。

　　辽代契丹统治者对图书典籍的重视，不仅仅表现在历朝皇帝喜好汉文图书，在组织机构上也设立专门机构来组织对图书的搜求和管理，以此来保障对图书典籍的管理和使用。辽代专门设有管理典籍图书的秘书监、昭文馆。辽兴宗重熙二十三年（1054年）筑乾文阁，收藏皇家藏书。辽道宗清宁十年（1064年）下诏征求经籍，并诏令儒臣校勘。正是因为辽代几朝皇帝都表现出对汉族文化的渴求和对中原诗词韵律浓厚的兴致，在辽代兴起了一股"学唐比宋"的社会潮流，不仅在辽南京，甚至在辽朝契丹人发迹的北部地区，也开始流行学习效

----

① 《辽诗话·沈德潜序》，长沙：岳麓书社 1992 年版。
② 《辽诗话》，长沙：岳麓书社 1992 年版。
③ 《全辽文》卷一，北京：中华书局 1982 年版。
④ 《契丹国志》卷七，上海：上海古籍出版社 1985 年版。
⑤ 《辽史·兴宗纪》卷十八，北京：中华书局 1974 年版。

仿汉文化。

辽代契丹统治者对中原汉文化的崇敬和效仿，再加之当时辽朝礼佛之风尤盛，人们对汉文典籍的阅读拉动了汉文、汉字的研学和交流。辽圣宗统和十五年（宋至道三年，997 年）辽代高僧行均历经五年编撰的佛学汉字字典《龙龛手镜》刊行传世。《龙龛手镜》收录汉字 26400 多字，以字形部首为序，并辅以平上去入四声次序，平声九十七部、上声六十部、去声二十六部、入声五十九部，为当时的人们研习佛教经卷提供了一部通解文字、正定字形、注音释义的汉字字典。其书名《龙龛手镜》，"龙龛"即为佛龛，这里意寓佛家典籍。《龙龛手镜》虽然最初编撰目的是为了佛教信众研习佛教经卷，但客观上成为契丹人学习汉文的辅助工具书，对契丹人汉化进程发挥了积极的作用。该书作为汉字字典在编撰上颇具特色，所以《龙龛手镜》传入南宋后即被翻刻。翻刻时因"镜"字读音与宋太祖赵匡胤祖父赵敬的"敬"字同音，为避其祖讳，南宋刻印本改名为《龙龛手鉴》。应该说，《龙龛手镜》的编撰和传播，是辽南京城汉文化传播的重要表现，对辽南京城契丹民族的汉化发挥了重要的积极作用。

辽代契丹统治者的这些效仿和学习汉文化的举措，从社会整体文化发展背景上来看，表现出对中原汉文化的尊崇态度，这大大促进了中原农耕文化与北方少数民族文化相互的交流和融合。北京作为中原农耕文化和北方游牧文化两大文化交汇地，承担起两种文化相互融合的"中介"桥梁作用。

辽代南京城的确立和契丹统治者的快速汉化，让北京这座城市地位发生"颠覆性"的转换，从过去中原汉族政权为防范北方游牧民族而设立的军事重镇，变成北方少数民族南下中原的军事前哨；从过去的面北防御，到这个时候的南下入主。北京地区这样的城市地位的转变，是北京历史文化发展的一个转折点，也带来了北京历史发展的一个新阶段。这样的南北多民族文化融合以及北京城市地位的转换，让辽南京成为当时我国北部地区的重要政治中心和文化融合中心，使得辽南京城在图书交易以及书籍的刊行开始崭露头角。

第二节　辽代南京城的图书出版

一、辽代南京城的图书典籍流通

辽朝利用辽宋之间的榷场贸易，尽可能输入中原汉文书籍。然而，当时中原地区的北宋政权对北方少数民族统治地区实行文化封锁，书禁甚严。宋景德年间（1004—1007 年）朝廷下令："民以书籍赴沿边榷场博易者，自非九经书疏悉禁之，违者案罪，其书没官。"① 宋神宗熙宁年间（1068—1077 年），再申此令。而辽朝也同样采取严厉的书禁政策。清人钱曾《读书敏求记》记载："契丹书禁甚严，传入中国者，法皆死。"② 这里的"中国"指的是北宋控制的区域，并非我们现在所说的中国的概念。实际上，辽代统治阶级极为需要学习中原汉族文化，辽朝统治区域的少儿启蒙常常以汉人诗词为教材。按辽朝规定，参加科举的学子，所读的典籍也多为汉文经典图书。在这样的文化需求刺激下，一些书贩便突破北宋及辽朝书禁政策，往返南北私自携带图书进行贸易，书贩和书肆由此而活跃于辽南京城。苏辙

---

① 《宋会要辑稿·食货》，北京：中华书局 1957 年版。
② 《读书敏求记》，北京：书目文献出版社 1984 年版。

在《论北朝事宜札子》中记述："本朝民间开版印行文字，臣等窃料北朝无所不有……访闻此等文字贩虏中，其利十倍。"① 从北宋贩书至燕京可以获得十倍的利润，足见当时北京地区书籍市场的需求量很大，更可以看出北方少数民族吸取中原汉族文化的迫切心情。如此高额利润，自然使得南北两地的书贩像候鸟一般奔波于辽宋之间。当时北宋书禁也颇为严苛，对辽朝统治区域进行严格封锁。但这丝毫不能影响书贩们的贩运"热情"，他们仍然冲破重重阻力，贩书于辽南京城。正如苏辙所云："人情嗜利，虽重为赏罚亦不能禁。"②

然而，仅仅靠从北宋贩书到辽南京，仍无法满足辽统治区域的文化需求，一些书肆便开始刻印汉文书籍。据《渑水燕谈录》记载，北宋张云叟出使辽朝时，"闻范阳（即今北京）书肆亦刻子瞻（苏轼）诗数十篇，谓《大苏小集》。子瞻才名重当代，外至夷虏亦爱服如此。芸叟题其后曰：'谁题佳句到幽州，逢著胡儿问大苏'"③。苏辙出使北辽时，也曾发现苏轼的诗集《眉山集》被南京城的书肆翻刻。仅苏轼的诗集就被翻刻数种，足见当时辽南京图书贸易和书肆的经营活动十分活跃。这种活跃的图书贸易和辽南京书肆的经营活动，可以充分体现出辽南京城作为南北文化交流中心地带的历史地位，同时也折射出辽代北京出版的初步发展状况。

二、辽南京典籍雕刻的兴起

辽代的统治者对佛教极为尊崇，其崇佛之盛甚至远远超过北宋政权统治区域，南京城的佛教活动最为活跃。《契丹国志》记载，辽南

---

① ② 《栾城集》，上海：上海古籍出版社 1987 年版。
③ 《渑水燕谈录·西塘集耆旧续闻》，上海：上海古籍出版社 2012 年版。

京城"僧居佛寺，冠于北方"①。我们在前面谈到辽代以来继续进行
的北京房山白带山石经的雕刻，就能充分显示出辽朝礼佛的热度。当
然，最初白带山石经的雕刻，其出发点在于防范再次出现灭佛行为。
但是到了辽代，随着我国雕版印刷技术在北方地区的逐渐推广，传承
和传布佛教经典，已经不再仅仅用雕刻石经的方式进行。用木板雕刻
以及刷印工艺刊行佛经，是辽代礼佛的重要举措。其中最具代表性的
就是《契丹藏》的刊行。

　　《契丹藏》又称《辽藏》，以往人们通常说它是在北宋《开宝藏》
天禧修订版的基础上增收了《华严经随品赞》《一切佛菩萨名集》《随
愿往生集》《释摩诃衍论》《大日经义释》《大日经义释演秘钞》《释
教最上乘秘密藏陀罗尼集》等当时流传于北方佛教经卷的基础上整理
刊刻而成的《大藏经》。这种说法就今天研究状况来看，还是很值得
商榷的。实际上，辽代整理佛教经卷，早在辽统和年间就已经开始，
这与北宋《开宝藏》整理刊行时间几乎是同步。北宋《开宝藏》雕版
刊行于益州（今四川成都），因该藏经始雕于北宋开宝年，故称为《开
宝藏》。在当时的历史条件下，无论是从地理位置，还是宋辽两朝的
书禁政策，《开宝藏》从蜀地益州快速传入幽州地区，似乎不太可能。
而辽代《契丹藏》其内容与房山白带山石经雕版相一致。从这个角度
看，把《契丹藏》说成是在北宋《开宝藏》天禧修订版的基础上刊行，
明显不严谨。实际上，在辽代南京城也同时开始对藏经进行整理和雕
版刊行，即后世流传的《契丹藏》。

　　辽代《契丹藏》有两种版本，一种为大字本卷轴装，另一种是小

---

① 　《契丹国志》，上海：上海古籍出版社 1985 年版。

字本蝴蝶装。辽代雕刻刊行的两个版本的《藏经》虽然见诸于文字记载，但很久以来并无实物，曾经被视为悬疑之事。

1974年，山西应县辽代佛宫寺木塔维修，人们在塔内释迦佛像中无意中发现一批佛经和图书典籍，其中有辽代《藏经》十二卷，计《大方广佛华严经》（六千卷本）卷四十七，《大方广佛花严经》（八十卷本）卷二十四、二十六、五十，《妙法莲花经》卷二，《称赞大乘功德经》一卷，《大法炬陀罗尼经》卷十三，《大方便佛报恩经》卷一，《中阿含经》卷三十六，《阿毗达摩发智论》卷十三，《佛说大乘圣无量寿决定光明王如来陀罗尼经》一卷，《一切佛菩萨名集》卷六。这批经卷以千字文编号，卷轴装，圆木轴，竹制签，丝质缥带，大字楷书，版式疏朗。经卷以硬黄纸刷印，纸质光洁坚韧。这批发现的十二卷佛经的经书名称、编译者名以及千字文编号，均与北京房山白带山石刻雕经《契丹藏》相一致，因此可判定这十二卷佛经为大字本卷轴装《契丹藏》。在山西应县木塔中发现的十二卷"辽藏"中，有《称赞大乘功德经》一卷，在其后有题记曰："燕台圣寿寺慈氏殿主讲《法华经》传菩萨戒忏沙门道撰……时统和二十一祀癸卯岁季春月冥生五叶记。弘业寺释迦佛舍利塔主沙门智云书。穆咸宁、赵守俊、李存让、樊遵四人共雕。""燕台"是辽南京城的代称，圣寿寺在今天北京西城区白纸坊一带，弘业寺在今天北京房山区。"统和二十一祀癸卯岁"即为辽圣宗统和二十一年，也就是公元1003年。山西应县木塔出土的《称赞大乘功德经》的题记明确显示辽代大字本卷轴装《契丹藏》雕行于辽统和二十一年（1003年）的辽南京城。

大字本卷轴装《契丹藏》雕版刊行后在辽朝控制地区流传甚广，后人也多次重新刷印，供奉于佛教寺院之中，从《辽文汇》一书的记载中就可以看到在辽朝西京（今山西大同）、辽中京道安德州（今辽宁朝阳）等地寺院中都曾经供奉大字本卷轴装《契丹藏》。另据《金石萃编》卷一五三载："咸雍四年（1068 年）燕京天王寺文英大德赐紫沙门志延撰《旸台山清水院创造藏经记》一文略记其事：旸台山者，蓟壤之名峰；清水院者，幽都之胜概。山之名传诸前古，院之兴止于近代。将构胜缘，旋逢信士，今优婆塞南阳邓公从贵，善根生得，净行日严。咸雍四年三月，舍钱三十万，葺诸僧舍；又五十万募同志印《大藏经》凡五百七十九帙，创内外藏而龛措之。"[①] 旸（阳）台山清水院旧址就是今天北京海淀区大觉寺。在大觉寺保存的《阳台山清水院创造藏经记碑》也记载：《契丹藏》"印大藏经凡五百七十九帙"。比《契丹藏》雕版时间早一点的北宋《开宝藏》为四百八十帙，《契丹藏》多出了九十七帙。这一方面显示出辽朝控制地区崇佛之风颇盛，另一方面也对《契丹藏》是在北宋《开宝藏》基础上雕刻的传统观点的一种否定。

辽代《契丹藏》的另一个版本是小字本蝴蝶装的《契丹藏》。1976 年唐山大地震，河北唐山丰润区天宫寺佛塔受到严重损害。20 世纪 80 年代，文物部门对该塔进行修缮，也是无意中在塔心密室中发现《大方广佛花严经》，八册一帙，八十卷全。经书为密行小字，每半页十二行，行三十字，白口，左右双边，版框高 23.1 厘米，宽 14.2 厘米，每页版心标注了经名、卷次，薄麻纸刷印，包背蝴蝶装。八册千字文编号顺序分别为平、章、爱、育、黎、首、臣、伏。在卷十、二十、五十、六十、七十后均有"大契丹国燕国大长公主刻经"题记，末尾有"重熙

---

① 《金石萃编》，北京：中国书店 1985 年版。

十一年岁次壬午孟夏日雕造"的字样。上述经书版刻特点与高丽僧侣密庵记载的辽代《契丹藏》"帙简部轻，函未盈于二百，纸薄字密，册不满于一千"高度一致。经研究考证，丰润此次出土的《契丹藏》为小字蝴蝶装本。整体上看，小字蝴蝶装《契丹藏》雕版规整精致，装帧形式也颇具特色，但是过去人们并没有看到过这个经卷。

经过有关专家比对研究，丰润天宫寺塔发现的小字本蝴蝶装《契丹藏》与在辽南京城雕版的大字本卷轴装《契丹藏》极为相近，只是在雕版格式上有所区别，更适应于册页装，且又有"大契丹国燕国大长公主刻经"题记，并有"奉宣雕印"的字样。此外，在丰润天宫寺塔发现的《大乘妙法莲华经》有辽咸雍五年（1069年）"燕京弘法寺雕造"的题记。在同一地点、同时发现雕印水平一致的经卷，结合当时的社会环境和地域发展状态看，这个本子的《契丹藏》也是在辽南京城雕版刊行。

小字本蝴蝶装《契丹藏》在典籍装帧形式上具有显著的意义。以往我们在谈古代出版史或者古代版本源流时，往往认为我国古代最早以册页为装订形式的藏经应该是明代后期的《嘉兴藏》。而小字本蝴蝶装《契丹藏》把藏经册页装帧形式的出现上推了四百多年，这是我国古代版本发展的重大成果。小字本蝴蝶装《契丹藏》雕版于辽重熙十一年（1042年），也就是北宋仁宗庆历二年，此时包背蝴蝶装的典籍装帧形式刚刚开始出现。作为远在北方的辽南京，在"奉宣雕印"的藏经装帧形式上采取了如此新颖的形式，足以看出当时辽南京城在雕版刷印领域还是很注意吸纳新技术工艺的。

辽代《契丹藏》雕刻刊行之后，很快就流传到高丽。据《辽史·

道宗纪》记载，咸雍八年（1072年）十二月，"赐高丽佛经一藏"①。《辽史·高丽传》也记述说："十二月，以佛经一藏赐徽。"②《高丽史·世家》记载：高丽文宗"十七年三月丙午，契丹送大藏经，王备法驾，迎于西郊。"③除了辽代契丹统治者赏赐高丽《契丹藏》，高丽僧侣还从辽南京购求《契丹藏》，《三国遗事》记载高丽僧侣慧照一次购求《契丹藏》三部④。高丽得到《契丹藏》以后，将其与北宋《开宝藏》进行互校，发现辽南京刊行的《契丹藏》版本最佳，故以《契丹藏》为底本进行覆刻刊布。高丽覆刻的《藏经》后来又流传到日本，日本据高丽覆刻本再予刊行。从《契丹藏》的海外流传也可以看出其编撰质量和雕刻刊行工艺水平。而辽《契丹藏》传入高丽，进而又传入日本，可以充分地显示出辽南京的图籍雕印及其传播，在中外文化交流上发挥着重要的促进作用。这也是北京地区出版活动承担中外文化交流的一个明证。

另外，在1974年应县木塔之中还发现单刻经三十五卷，版印佛像六幅，刻书及其他杂刻，比如《蒙求》等八件，让今人第一次看到辽南京城雕刻刊行的佛经和图书典籍，真实地显现出辽南京佛经典籍以及图书刊行的历史。

山西应县木塔出土的《契丹藏》以及《蒙求》等图书，基本都是在辽南京雕刻的，其中不乏能够体现北京地区早期出版发展标志性的雕版出版物。

---

① 《辽史·道宗纪》，北京：中华书局1997年版。
② "徽"为高丽文宗之名。
③ 《高丽史》，人民出版社、西南师范大学出版社2014年版。
④ 《三国遗事》卷三，长春：吉林文史出版社2003年版。

在应县木塔发现的《上生经疏科文》一卷，卷首有"燕台悯忠寺沙门诠明改定"的字眼。悯忠寺，就是今天北京的法源寺，是北京最著名的佛教寺院之一。唐贞观十九年（645 年）唐太宗为悯缅讨伐高丽战死的将士所修建，武则天万岁通天元年（696 年）落成。该寺作为北京名刹在唐代就颇具盛名，唐武宗曾有过全国灭佛运动，悯忠寺因系唐太宗纪念忠烈而躲过了武宗灭佛。到辽代时悯忠寺成为辽南京城内重要的佛教活动中心，辽道宗期间该寺更名为大悯忠寺。所以在《上生经疏科文》卷首有"燕台悯忠寺沙门诠明改定"这样的记载。而在《上生经疏科文》卷尾有"时统和八年岁次庚寅八月癸卯朔十五戊午……燕京仰山寺前杨家印造"的字眼。辽统和八年即为公元 990 年。这里所说的"仰山寺"在辽南京城内的归厚坊，位于辽南京城西侧清晋门北侧。《上生经疏科文》雕版于公元 990 年，距今一千零三十年，是北京古代最早以雕版形式刊布的典籍，具有代表性意义。

山西应县木塔出土的《释摩诃衍论通赞疏》卷十的经卷卷尾有"咸雍七年十月□日，燕京弘法寺奉宣校勘雕印流通。殿主讲经觉慧大德臣沙门行安勾当，都勾当讲经诠法大德臣沙门方矩校勘，右街天王寺讲经论文英大德赐紫沙门志延校勘，印经院判官朝散郎守太子中舍骁骑尉赐绯鱼袋臣韩资睦提点"的题记。《释摩诃衍论通赞疏》卷十的题记可以反映出当时辽南京城内辽朝政权在典籍刊布、传播上的基本状况和典籍整理的实际水平。辽代契丹统治者崇奉佛教，为了礼佛供奉，自然需要大量的佛教经卷，因此辽朝专门设有印经院，并由专职的官员进行管理经卷的雕版刊布事项。印经院的韩资睦为"太子中舍"，太子中舍一般与太子中庶子共掌东宫文翰，侍从规谏太子，纠正违阙等，是当时地位比较显赫的官员。韩资睦还曾被辽代皇帝赏赐绯衣与鱼符袋，这通常是对五品以上官员进行的赏赐。由此可见，当时在辽南京城主持经卷雕版刊布的官员具有较高的政治地位，辽代契丹政权在佛经刊布方面还是高度重视的文化举措。

另外，在山西应县木塔中发现的保存较为完整的《称赞大乘功德经》的题记中，也明确记载为统和二十一年（1003 年）在燕京雕刻，并记有"穆咸宁""赵守俊""李存让""樊尊"四名刻工的名字。在《妙法莲花经卷第四》Ⅲ卷上记有"燕京檀州街显忠坊南颓住冯家营造"的字样。而其他的经卷中，留下刻工姓名的也有很多，动辄就是数十人，其刊刻作坊的规模和刻工数量极为可观。这足以看出当时辽南京城雕版刷印规模和水平已经极为成熟。

在这批发现的雕版刷印的出版物中，既有卷轴装的经卷，又有蝴蝶装的图书，其工艺水平及刊刻技艺十分出色，与中原地区印刷品的刊刻水平颇为接近。这可以明显看出当时辽南京城的雕版刷印的水平与中原地区的雕版刷印水平颇为接近。在我国的古代，图书的刊刻与流通并没有明确的分工，这些刻坊既刊刻经卷，又刻印普通书籍，并对外销售。在《燕台大悯忠寺诸杂赞一策》中，还开列了悯忠寺所印行的各种经赞，这可以说是北京地区最早的图书发行广告和典籍目录。从这里也可以看出当时辽南京图书刊行、流通的基本面貌。

从我们目前所发现的辽南京刊行的经卷看，当时辽代在雕版刷印工艺水平上已经发展到非常成熟的状态。在山西应县木塔发现的经卷中，有一幅《释迦说法相》，为彩色释迦牟尼像。画像为三色，其中红色、蓝色为雕刻刷印，佛像眉眼、口鼻、手足以及衣服领口等细腻之处用黄色颜料手绘而成。这幅释迦牟尼像使用的工艺，或是雕版漏印工艺，或是采取雕版套印工艺。我国的套印工艺有元代说、明代说，但就《释迦说法相》看，当时的辽南京已经采取多色刷印来显示对佛教的膜拜态度，亦可以看出辽代南京城雕版刷印的工艺水平。通过对山西应县木塔出土的辽代佛经典籍及其他雕版刷印的图籍研究，并以历史文物面貌真实展现出辽南京佛教典籍和图书刊刻的丰富成果，我们看到辽代北京出版发展水平。与同期北宋的《开宝藏》以及其他图书典籍的刊行相比较，辽代北京地区图书刊印起步不算晚，雕版刊刻工艺水平极为接近。这从一个侧面显示出北京图书出版发展早期的历史面貌。

隋代静琬在北京房山雕刻石经，作为北京地区出版活动肇始，到五代时期幽州城的图书贸易活动以及辽南京城大量图书交易记载和《契丹藏》等佛教经卷和其他图籍的刊行，可以看出北京地区早期出版发展的历史面貌。无论是出版活动肇始，还是后来的图籍雕印刊布，与中原地区图书雕版刊行的兴起相比，北京地区的出版活动起步时间并不算晚。之所以出现这样的一种发展态势，很大程度上是由于北京地区特有历史地理位置所决定的。北魏、北周两次灭佛运动，让黄河流域一带的佛教发展受到严重打击。而作为中原政权的边陲军事重镇，当时的幽州地区的文化管控相对松弛，佛教文化在北魏、北周两次灭佛运动的打压下并没有受到很明显的影响，反而由于中原地区僧侣的外逃无形中将中原黄河流域的佛教文化带到幽州，使得边陲之地佛教文化发展快速崛起，佛教经卷及其成果亦得到一定的保存。在这样的历史背景下，静琬整理和雕刻佛教石经，将中原地区发达的佛教文化传承下来，让边陲之地的幽州城佛教文化成果与中原黄河流域的佛教文化保持相近的水平。这就造成了北京地区出版肇始与中原地区的出版发展基本同步。

北京地区本来就是中原农耕文化与北方游牧文化的交汇之地，石敬瑭割让燕云十六州之后，辽朝契丹人入主幽州，并在此建立了辽南京。辽朝政权的快速崛起，对中原地区汉文化的迫切需要，极大地拉动了北京地区图籍刊行出版和流通的客观需要。北京地区特有的两个文化板块交汇的地理位置，使得这里的书肆经营、图籍雕版刊行等都得到了快速发展。辽南京城的雕版工艺发展水平、图书装帧形式都在竭力地仿效中原地区的雕版工艺和图书装帧形式，甚至在某些雕版刊行工艺上有一定的突破，多色雕版印制的《释迦说法相》就是一个明证。虽然辽南京整体出版水平和出版规模与中原政权控制区域的出版水平、规模还无法相提并论，但是从雕版工艺发展水平和图籍刊行来说，也都积极地向中原地区靠拢。所以我们说，从历史的发展视角看，北京地区出版发展的起步及其发展水平与中原政权控制地域的图书出版起步基本保持相近的水准。

第三章　北京古代出版的成熟化发展

第一节　金中都时期的图书刊行及流通

一、金中都的建立及女真人对北宋典籍的北掠

辽代后期，居于东北地区的女真人快速崛起，并逐渐向南发展。辽天庆四年（北宋政和四年，1114 年），金太祖完颜阿骨打统一女真各部，起兵反辽。第二年在会宁府（今黑龙江哈尔滨阿城区）建都立国，国号为"大金"，金王朝开始了它近一百二十年的历史。1125年（辽保大五年，北宋宣和七年），女真人在山西应县俘获辽天祚帝耶律延禧，辽朝灭亡。同年十二月，女真人再次占领燕京府（今北京）。两年之后，金太宗天会五年（北宋靖康二年，1127 年），金兵攻占北宋东京，俘获宋徽宗、钦宗父子，北宋灭亡。金天德三年（南宋绍兴二十一年，1151 年）四月，海陵王完颜亮下诏令迁都燕京，并从这一年开始扩建燕京城。金贞元元年（1153 年），女真人扩建的燕京新都竣工，新都城在原辽南京旧城基础上分别向东、南、西三个方向向外扩展，形成了新的都城。金王朝将新扩建的都城定名为金中都，取金代五京当中之意，为金代政治中心。北京的历史又进入了一个新

的王朝发展阶段。

金中都城内坊巷众多，人烟稠密，经济较前有很大发展，商业活动极为活跃。这里成为中国北部地区政治、文化中心，有人称之为"北中国"统治中心。

金王朝的建立者女真人在入主中原之前，其整体民族文化发展状态与中原地区有较大的差异。因此，女真人对中原地区的文化在接受上有一个渐进的过程。海陵王之所以南迁都城，把金中都作为金王朝统治中心，也是想尽可能地让金王朝统治中心靠近文化发达的中原地区。

金朝女真统治者颇为重视学习和效仿先进的文化，对图籍的搜罗颇为重视。早在金天辅五年（1121 年）金太祖完颜阿骨打在攻打辽朝中京时就曾经下诏要求："若克中京，所得礼乐仪仗、图书文籍，并先次津发赴阙。"①

当然，辽朝收藏的图籍并不能满足金朝女真贵族的需要，他们更希望得到中原地区的汉文图籍。金太宗天会五年（1127 年），金兵攻下东京，俘获宋徽宗、钦宗父子，并将城内的大量金银财宝以及宋朝的法驾、冠服、礼器、乐器和秘阁图书等一并劫掠到北方。金军攻打下东京时，穆宗派其五子完颜晸犒赏完颜宗翰、完颜宗望等人。完颜宗翰为了讨好完颜晸，询问其喜好什么，完颜晸表示："惟好书耳。"于是将北宋官府藏书"载数车而还"②。完颜晸在《金史》中被记载为"好学问，国人呼为秀才"③，是女真贵族中崇尚汉文化的佼佼者，

---

① 《金史·太祖本纪》，北京：中华书局 1997 年版。
② 《金史》卷六十六，北京：中华书局 1997 年版。
③ 《金史》卷四，北京：中华书局 1997 年版。

曾经采撷女真诸祖先遗言旧事撰著《太祖实录》三卷，得到金朝皇帝的赏赐。他在金兵攻克北宋都城汴梁之后"惟好书耳""载数车而还"，可以看出当时女真贵族对汉文化典籍的膜拜心态。在攻陷汴梁后的劫掠过程中，大量图书雕版被转移到北方，而过去北宋控制下的雕版工匠也被迫北迁，逐渐落户在金中都、山西平阳、河北正定府等地。另据《金史》记载，金军名将赤盏晖攻打江南诸地时，曾经抢夺一部《资治通鉴》雕版，并"载《资治通鉴》版以归"[①]。金朝与南宋政权议和时，还特意把索取宋朝昭文馆、集贤院及史馆三馆的秘阁藏书作为条件提出，南宋无奈只得派鸿胪寺、国子监、秘书监的官员押送三馆秘阁所藏佛经、道藏以及国子监等处所藏图籍、书版等送往金朝。

金军南下攻略宋王朝控制地区，不断地劫掠，将许多宋代雕版及其雕版刻工带往北方，这无形中刺激和拉动了金王朝控制的北方地区雕版刊印水平的发展。当时官刻典籍主要集中在金中都，中都刊刻的书籍，很多使用的都是从北宋转运过来的图书雕版。

二、金中都的主要雕版印书活动

女真人作为入主中原的北方少数民族，对中原文化，乃至江南汉族文化都保持着仰慕、艳羡的心态，尤其是金王朝统治阶层，女真贵族十分注意对汉族文化的学习和吸纳。但是，毕竟大多数女真贵族并不能熟练地掌握和使用汉字，为此金世宗完颜雍大定年间曾经积极倡导学习汉文化成果，将汉文图籍翻译成女真文并予以刊行。金大定四年（1164 年），金世宗曾下诏要翰林侍讲学士徒单镒将诸汉文典籍翻译为女真文。次年，徒单镒"进所译《贞观政要》《白氏策林》等书。

---

① 《金史》卷十八，北京：中华书局 1997 年版。

六年，复进《史记》《西汉书》，诏颁行之。"①金大定十三年（1173年），金朝女真统治者开设女真进士科。为了满足女真士子应试所需，金朝统治者下令译解经书，女真大臣温迪罕缔达与尚书省译史阿鲁、吏部令史张克忠等人在"译经所"主持译解经书。金大定二十五年（1185年），先后译出《易经》《尚书》《论语》《孟子》等书，并由官府刊刻传播。金代明昌年间，金章宗崇尚文治，极力倡导学习中原汉族儒家文化，在金明昌二年（1191年），金章宗曾要求学士院"进唐杜甫、韩愈、刘禹锡、杜牧、贾岛、王建，宋王禹偁、欧阳修、王安石、苏轼、张耒、秦观等集二十六部"②，在中都城雕版刊行。金明昌五年（1194年），金章宗据宋朝的《崇文总目》下诏购求缺少的书籍。金泰和元年（1201年），金朝女真统治者再次下诏令官员购求遗书。金承安四年（1199年），女真统治者下诏要求"建太学于京城之南……西序置古今文籍、秘省新所赐书……"③。金代为了开设女真科举和教育、培养国子监监生、各地官府府学生员，明确要求："凡经，《易》则用王弼、韩康伯注，《书》用孔安国注，《诗》用毛苌注、郑玄笺，《春秋左氏传》用杜预注，《礼记》用孔颖达疏，《周礼》用郑玄注、贾公彦疏，《论语》用何晏集注、邢昺疏，《孟子》用赵岐注、孙奭疏，《孝经》用唐玄宗注，《史记》用裴骃注，《前汉书》用颜师古注，《后汉书》用李贤注，《三国志》用裴松之注，及唐太宗《晋书》、沈约《宋书》、萧子显《齐书》、姚思廉《梁书》《陈书》……魏徵《隋书》《新旧唐书》《新旧五代史》，《老子》用唐玄宗注疏，《荀

---

① 《金史》卷九十九，北京：中华书局1997年版。
② 《金史》卷九，北京：中华书局1997年版。
③ 《大金国志》，上海：商务印书馆1936年版。

子》用杨倞注，《扬子》用李轨、宋咸、柳宗元、吴秘注，皆自国子监印之，授诸学校。"[1] 而当时金代国子监就设在金中都，金中都国子监是刊刻儒家经史图籍的主要官府刊刻机构。

金统治者的几次大规模下诏购书，以及开设女真科举、设立官学经史学习标准、翻译汉文图籍等一系列文化举措，可以反映出女真族统治者对汉文化的渴求。统治者的倡导和重视，对金中都文化发展和社会风气有着极大的影响，中都城抄书、刻书之风极盛。这自然为北京地区的图书编撰、雕刻刊行以及书肆的图书流通、发展创造了有利的条件。

南宋建炎三年（金天会七年，1129 年），南宋使臣洪皓出使金朝。他在金朝期间就看到金朝控制区域内大量翻刻宋朝文人的著作，甚至包括他本人的诗作，所以他曾记载说："皓虽久在北廷，不堪其苦，然为金人所敬，所著诗文，争钞诵永锓梓。"[2] 金朝的抄、刻图书的活动大都是在金中都进行。金中都各个书肆所刊刻、出售的图书，重在满足民众的需求，其所刻售之书除经史、诸子、诗文集之外，多为医书、类书、字书、民间的说唱诸宫调等。

另外，随着我国古代图书编撰整体水平的推进，金代中都书肆业所刊行图书在内容表现形式上也开始出现更多的变化，比如：开始大量出现"重修""新刊""音注""节要""图解"等编撰整理形式刊行的图书。这些"重修""新刊""音注"甚至"节要""图解"等整理形式的图书典籍的刊行，充分显示出金中都在典籍整理、出版中已经极其成熟，呈现出一种以女真人为主体的统治阶层对中原和江

---

①　《金史》卷三十二，北京：中华书局 1997 年版。
②　《宋史·列传》卷一百三十二，北京：中华书局 1977 年版。

南地区汉族文化、汉族文献典籍的吸纳和学习的历史状态。

当然，金在其控制区域内的雕版刻书活动，除了金中都以外，山西平阳亦是刻书中心。金中都的刻书从规模上还与平阳刻书有一定的差距。但当时涉及重大文化活动的雕版刻书还是围绕着金中都展开，其中较为突出的是《弘法藏》的刊行。

有金一代，礼佛敬奉一直是金朝控制区域内的一种社会现象。无论是金朝女真统治阶层，还是民间百姓，修庙宇、塑金身、雕经版，都是当时颇为盛行的敬佛之事，由此带来了金代控制区域内佛教兴盛发展。金熙宗年间，山西潞州（今山西长治）民女崔法珍就是在这样的一个历史文化背景下开始募集资金雕刻佛教经文的。据坊间传闻，崔法珍年少贤淑但口不能言，后偶遇一老僧医好崔法珍的疾病，得以开口说话。崔法珍与家人一道去寺院中向老僧致谢时，得知老僧藏有藏经，但苦于无钱不能刊刻。崔法珍立志要募筹银两雕版刻经以表礼佛之心，遂以刀断臂，游走于山西、陕西各地数十年化缘筹募刻经之银。金熙宗皇统八年（1148 年）前后她终于筹募到刻经所用之银，开始在山西解州（今山西运城）天宁寺雕刻经卷。历经三十余年，金大定十三年（1173 年）终于雕刻出一部金代藏经。因该经卷后来被发现于山西赵城（今山西临汾洪洞县）广胜寺，故后人将这部崔法珍筹募雕刻的藏经称为《赵城金藏》。

关于崔法珍断臂筹募银两雕版刻经之事，《赵城金藏》跋文年序中有所记述，明万历年间刑部尚书陆光祖万历十二年（1584 年）撰写的《嘉兴藏刻藏缘起》中也记述说："昔有女子崔法珍，断臂募刻藏经，三十年始就绪，当时檀越有破产鬻儿应之者。"崔氏化缘募资刻经的经过在《金史纪事本末》《永乐大典》等典籍中也有记载。

发现于山西赵城广胜寺的《赵城金藏》主要依据北宋《开宝藏》

复刻，共六百八十二帙，六千九百八十卷，总字数达六千万字，世间仅存一部，是国宝级典籍。抗日战争时期，日本侵略军欲掠夺此经，我八路军在广胜寺僧侣的协助下及时将这部藏经转移保存。新中国建立后该经卷被移送北京，现收藏于国家图书馆。

崔法珍在完成《赵城金藏》之后，在金大定十八年（1178 年）将这部藏经进呈金廷。随后的金大定二十一年（1181 年），《赵城金藏》的经版由山西解州天宁寺转运到金中都弘法寺收藏。金世宗对崔氏断臂化缘筹募银两雕版刻经事倍加赞赏，赏赐崔法珍紫衣，并在金中都圣安寺为崔法珍设坛授比丘戒。大定二十三年（1183 年）封崔法珍弘教大师。未几，崔法珍圆寂于金中都城。

《赵城金藏》经版移送到金中都之后，收藏在中都城弘法寺内。此后，金代曾多次刷印该经，并针对日久残失雕版进行过补刻。在中都城弘法寺经过补刻、刷印的《赵城金藏》就被后人称为《弘法藏》。金大定二十九年（1189 年）山东济州（今山东济宁）普照寺高僧智照得知金中都城弘法寺藏有《赵城金藏》旧雕版，特意携银两赶到中都城刷印两部藏经，一部为卷轴装，以黄绫卷赤色轴装裱，一部为经折装，作为济州普照寺珍藏。实际上，寺庙之中卷轴装藏经一般为收藏所用，而经折装则多为庙中沙门研习佛经所用。1959 年，在西藏萨迦寺曾发现卷轴装雕版刷印藏经三十多种、五百余卷，经过反复研究比对，发现这批经卷就是金中都弘法寺补刻、刷印的《弘法藏》。

金中都另一项大规模雕版刊布活动，是中都城天长观雕版刷印《大金玄都宝藏》。天长观即今天的北京白云观，兴建于唐开元年间，初名"玄元皇帝庙"，唐天宝年间改称"紫极宫"。因该观每年在皇帝诞辰日举办天长节，后被俗称为"天长观"。辽南京时这里是南京城著名的道观场所。金中都正隆年间天长观被大火焚毁。金大定七年（1167年）金世宗诏令复建，先后经历八年，大定十五年（1175年）完工，金世宗赐名"十方大天长观"。到明代正统八年（1443年）明代皇帝赐名为"白云观"。金大定年间，金世宗以金中都天长观收藏道藏文献不齐备为由，诏令将金南京（今河南开封）所收藏的道藏雕版移送金中都天长观。实际上，金南京城收藏的道藏旧版是北宋时期福建闽县报恩光孝观的道藏雕版，原名为《飞天法藏》。北宋政和四年（1114年）赐名为《政和万寿道藏》，随后该道藏的雕版被移送到河南开封。北宋被金朝灭亡以后，汴梁被金朝改为金南京。所以金大定年间金世宗下诏将金南京的《政和万寿道藏》调运至金中都，是当时女真统治者惯用的手段。在调运《政和万寿道藏》到金中都天长观的同时，天长观主持孙明道也分别派遣多路人马四处搜求道藏遗经及道藏文献的旧雕版。同时也将四处搜求的道藏遗经进行雕版。仅两三年，天长观就搜集道藏遗经一千零七十余卷。孙明道组织人力对道藏遗经进行了整理校勘，并将这些整理校勘的道藏遗经补刻雕版两万一千八百余块。金明昌元年（1190年），孙明道组织整理校勘的道藏诸经卷重新刷印，命名为《大金玄都宝藏》。

《大金玄都宝藏》六百零二帙，六千四百五十五卷，比《政和万寿道藏》要多出差不多一千卷。金泰和七年（1207年）金章宗元妃曾布施刷印《大金玄都宝藏》两部，分别藏于栖霞太虚观和圣水玉虚观。

有金一代，不管是金中都国子监雕印典籍，还是弘法寺刊布《弘法藏》、天长观刊布《大金玄都宝藏》，大多采用从他地移送到金中都旧雕版印刷刊行。这种刊行典籍的方式，一方面是由于金代女真人控制势力不断南下，一直到淮河流域，把所占领地区的雕版移送到中都城。另一方面，也显示出金代女真人在文化上明显低于中原及江南等地民众，只能靠这样的方式来学习、效仿汉族文化。应该看到，毕竟金代女真人统治者整体文化发展状态远远低于中原和江南汉族文化发展水平。尤其是女真人对汉族文化的大规模学习、吸纳主要在其入主中原以后，有一个相应的渐进过程。这种文化上的落差以及它的滞后性，使得金中都的出版发展起步就处在一个相对较为低端的文化背景之下。因此，金中都时期的出版发展水平，与南宋所控制地区相比较，或者说相对于当时全国各地对图书典籍的整理、编撰以及典籍的雕版印刷等，明显有其薄弱的一面。

第二节　元大都的出版和北京书肆业初步规模化

一、元大都的确立及北京第一次大规模南北文化融合

公元 12 世纪中后期，漠北草原的蒙古族快速崛起。1189 年（金大定二十九年，南宋淳熙十六年），铁木真经过征战逐渐得到蒙古各部族贵族的拥戴，并开始称汗。公元 1206 年（金泰和六年，南宋开禧二年），铁木真被推选为成吉思汗，建立大蒙古国。大蒙古国的建立标志着漠北草原蒙古各部族的统一。随后，蒙古势力开始大规模扩展南下，直接威胁金王朝统治。公元 1215 年（成吉思汗十年，金贞祐三年）蒙古军攻占金中都城，并改金中都为燕京。不久，又设燕京路，总管大兴府。元至元四年（1267 年）蒙古统治者开始在辽金故都的东北方向修建新的城市作为其都城，也就是著名的元大都城。元至元八年（1271 年）忽必烈"建国号曰大元，盖取《易经》'乾元'之义"①。

---

① 《元史·世祖本纪》，北京，中华书局 1997 年版。

第二年忽必烈确定燕京为大都，北京正式成为全国的政治、文化统治中心。元大都的设立以及元朝蒙古统治者统治全国，让自唐代以后经历的五代十国，北宋、辽朝，南宋、金朝以及西夏政权等割据局面彻底结束，北京自此从隋唐以前的中原政权的北方军事重镇、辽金以来北方少数民族在中国北部的统治中心，一跃成为全国的政治文化统治中心，北京城的历史翻开了崭新的一页。

北京在元大都之前，不管是过去的北方军事重镇，还是后来的辽南京、金中都，从文化发展的角度看，其文化特点及风格有着明显的北方文化特征。我国北方地区的地域宽阔、北部游牧民族的彪悍以及北方民众的豪放使得北京地区在元大都之前形成了浓郁的北方风格的文化形态。虽然在文化发展历程中，广大南方地区的文化典籍以及文化元素也会通过各种渠道向北京地区渗透，包括在辽朝与北宋对峙阶段、金代与南宋政权对峙时期都有一些突破南北不同政权文化禁闭政策的事例，南北文化的交流也没有完全被阻断。但从整体上，南北文化的交流、融合并不能成为一种社会文化发展的大融合局面。随着元朝的建立和对全国统治体系的构建，大量江南及东南广大地区、中南两广地区、岭南地区、西南巴蜀地区的文化逐渐北上，与北京地区的北方文化相融合，北京文化第一次具有全国文化融合的机缘。这就带来了北京文化的第一次全国不同地域文化大融合、大发展时代。元代统治虽然只有九十余年，但其从定都大都城以后，确立了北京在全国政治、文化统治中心的地位，让北京文化发展获得了大量南方地区的文化元素和文化成就。这就使得北京文化发展第一次具有全国性文化融合的历史时机，北京文化由此也在全国文化发展中具有明显的影响和互动作用。北京文化的这种发展形态，促使北京出版有了空前的发展。

实际上，在蒙古人统治者南下扩张势力的过程中，就已经开始重视对汉族文化的学习和吸纳。正如明代陈邦瞻《元史纪事本末·自序》所说："自太祖、太宗即知贵汉人、延儒生，讲求立国之道。"①

蒙古太宗四年（宋绍定五年，金正大九年，1232 年）蒙古军大举南下，占领金南京。耶律楚材"遣人入城，求孔子后，得五十一代孙元措，奏袭封衍圣公，付以林庙地"②。蒙古统治者如此地在意找寻孔子后裔，并且依旧采取前朝方式对孔子后裔进行册封，就是要以此来向中原汉族士子表示其尊崇孔子、笼络汉族文人之心。当然，蒙古人在南下的过程中，更注意收罗中原汉族士子，为蒙古人的统治积累和储备人才。耶律楚材就曾经"命收太常礼乐生，及召名儒梁陟、王万庆、赵著等，使直释九经，进讲东宫。又率大臣子孙，执经解义，俾知圣人之道。置编修所于燕京、经籍所于平阳，由是文治兴焉"③。《元史·张柔传》也记载：张柔在攻下金南京城"于金帛一无所取，独入史馆取金实录和秘府图书"④。

随着元朝蒙古统治者对全国各地的占领，其对汉文化及全国汉族知识分子的文化内涵、文化力量更为关注，采取种种手段将大量典籍和各地汉族士子汇聚于北京地区。尽管在元朝蒙古统治者攻城略地、占领和消灭南宋政权的过程中，还难免保留着蒙古人劫掠江南地区大量财富的遗风，但在这个过程中，大量的汉族知识分子、大量汉文典籍甚至刻工被掳掠到北方，客观上促进了全国不同地域文化的交流和融合。

---

① 《元史纪事本末》，北京：中华书局 1979 年版。
② 《元史·列传第三十三》，北京：中华书局 1997 年版。
③ 《元史·列传第三十三》，北京：中华书局 1997 年版。
④ 《元史》卷一四七，北京：中华书局 1997 年版。

　　元朝攻打南宋统治地区时，常常对被攻略的城池中的图籍、珍宝等进行搜掠。《元史·世祖本纪》中对元军南进时搜掠各地图籍典册有许多记载，元至元十一年（1274 年），右丞相伯颜率军进抵芜湖，"得船两千余艘及军资器仗、督府图册符印"[①]。随后又在江南诸郡的征战中，"括江南诸郡书版及临安秘书省《乾坤宝典》等书"[②]。至元十三年（1276 年）元军攻陷临安以后，伯颜"遣郎中孟祺籍宋太庙四祖殿，景灵宫礼乐器、册宝暨郊天仪仗，及秘书省、国子监、国史院、学士院、太常寺图书祭器乐器等物"[③]北掠至大都城。元军的这些劫掠，刻意搜敛南宋宝玩是其直接目的，但其对图籍的关注也足以说明了元代统治者对汉族先进文化的器重。

　　随着元对中原地区统治的逐渐稳定，蒙古统治者也开始考虑其长治久安的统治方针。为此，元代蒙古统治者开始对中原儒家政治学说全盘接受。元代定都大都城以后，耶律楚材、杨惟中、姚枢、郝经等一批名儒学者被委以重任。早在蒙古军刚刚占领金中都没多久，杨惟中就在当时的燕京路仿照岳麓书院、白鹿洞书院设立太极书院，传授儒家理学。杨惟中将周敦颐的学术代表作《太极图》《通书》等勒石刻于太极书院石壁之上，以便于人们随时阅读、钻研。

　　随着南宋的灭亡和元朝在全国统治地位的确定，元代统治者逐步采取尊经崇儒、兴学立教以及科贡并举、举贤招隐的文治政策，而这样的文治政策必然需要元朝统治者大量招募汉族知识分子为其统治服务。于是，元朝统治者多次从江南地区网罗搜求人才。

---

① 《元史·本纪》卷八，北京：中华书局 1997 年版。
② 《元史·本纪》卷八，北京：中华书局 1997 年版。
③ 《元史·本纪第九》，北京：中华书局 1997 年版。

早在元至元十三年（1276 年）元朝军队攻占临安（今浙江杭州）时，元军除将南宋恭帝赵显及皇太后全氏押送北上之外，还将南宋诸多儒臣、太学诸生一并押送到元大都。这其中，元世祖忽必烈选用了一批人员留在大都城，《元史·世祖本纪》记述说："庚子，命姚枢、王磐选宋三学生之有实学者留京师。"[①] 这是元代第一次比较集中的北迁南方地区的汉族士子。

元至元十九年（1282 年），元代名臣集贤直学士程钜夫奏陈元世祖忽必烈五事，即：取会江南仕籍、通南北之选、立考功历、置贪赃籍、供给江南官吏俸禄，忽必烈均予以采纳。程钜夫是元朝开国以后最早得到重用的南方汉族儒臣之一，忽必烈曾对身边的人说："朕观此人相貌，已应贵显；听其言论，诚聪明有识者也。可置之翰林。"[②] 程钜夫提出的元廷官员任用坚持南北之人一律量才使用的政策对元朝官员使用产生了极大的影响，客观上加速了元大都与江南地区南北文化的融合。至元二十三年（1286 年），他又直接向忽必烈提出建议派人到江南搜访遗逸。他认为御史台、按察司都应参酌使用南北之人。这一建议也得到忽必烈同意。随后忽必烈派遣程钜夫到江南一带征访贤能人才。元朝过去发布诏令均使用蒙古文，忽必烈派遣程钜夫到江南寻访贤能人才，特意准许用汉文书写诏令。程钜夫自江南地区寻访江南士子二十余人，带到大都城。他推荐赵孟頫、万一鹗、张伯淳、胡梦魁、曾晞颜、孔洙、曾冲子、凌时中、包铸等二十余人为官，元世祖忽必烈"皆擢置台宪及文学之职"[③]。

---

① 《元史·本纪第九》，北京：中华书局 1997 年版。
②③ 《元史·程钜夫传》，北京：中华书局 1997 年版。

　　元朝建立初期多次到江南地区网罗汉族士子到元大都为官，尽管有些人多多少少受元朝蒙古人的强权压力而被胁迫北上，但这些汉族士子渊博的才学和显著的名望为天下汉族士子起到了一定的表率和示范作用。尤其是其中很多人得到元朝政权的重用，客观上吸引了更多的汉族士子北上大都城，形成一波南北文化大交流和融合。这无疑对北京文化发展起到了极大的推动作用。

　　众多的江南汉族士子汇集元大都，对元大都的学术研究和发展明显有着极大的促进意义。辽金两代虽然在北方地区统治多年，但是其自身的文化发展还是具有一定的局限，辽南京、金中都的文化发展虽然比以往的军事重镇幽州城乃至辽金两代控制的其他区域有着明显的差异，但就全国文化发展来看，尤其是与南方汉族政权控制区域相比，还呈现出明显落后状态。所以，辽南京、金中都的文化学术活动明显落后于中原、江南等汉族政权统治地区。再加之辽金两代毕竟是中国北部少数民族政权，在学术上也没有足够的能力，因此，在对前朝历史的整理和撰写上都存在着空白。相比于汉族政权控制区域而言，同样是一个局部地域的统治政权，但汉族政权统治下照样延续我国历代史学传统编修前朝历史。元统一全国以后，尽管元朝一朝不足百年，又是少数民族建立的全国政权，但是在治史方面明显超过辽金两代。所以元朝在元大都设立的翰林国史院在元朝统治稳定下来以后开始着手编修辽、金、宋三朝历史。

　　元世祖忽必烈即位以后，元朝儒臣提出参照中原政权的一贯做法编修前朝兴亡史。蒙古中统二年（1261年），翰林学士王鹗率先提出编修国史和辽金两代历史。王鹗奏曰："自古帝王得失兴废可考者，以有史在也。我国家以神武定四方，天戈所临，无不臣服者，皆出太祖皇帝庙谟雄断所致，若不乘时纪录，窃恐久而遗亡，宜置局纂实录，附修辽、金二史。"① 但是忽必烈只是同意编修元朝国史。元顺帝即位之后，儒臣再度提出编修辽、金、宋三朝史，元至正三年（1343年）三月，元顺帝下诏："诏修辽、金、宋三史，以中书右丞相脱脱为都总裁官，中书平章政事铁木儿塔识、中书右丞太平、御史中丞张起岩、翰林学士欧阳玄、侍御史吕思诚、翰林侍讲学士揭傒斯为总裁官。"② 并设立专门机构承担此项工作，招揽全国名儒雅士汇聚大都城修撰三史。至此，元代编修辽、金、宋正式启动。元至正五年（1345年）十一月，《辽史》《金史》《宋史》全部修撰完成。元顺帝为此还曾经在宣文阁大宴群臣以示祝贺。《辽史》《金史》《宋史》的编修一方面是对中国古代传统的后朝编修前朝兴衰史的一种治史传统的延续，另一方面也充分地显示出元大都当时已经具备了全国都城应有的文化底蕴和学术实力。这样的修史工程无疑对元大都整体的文化氛围是一种积极地提升。

当然，元朝大都城除了中央政权组织编修三史之外，对元大都的地方志书编修也十分重视。目前我们能够看到的北京地区最早的旧志书是元代的《析津志》。《析津志》即《析津志典》，也称《燕京志》，为元代熊梦祥编纂。熊梦祥，字自得，号松云道人，江西富州（今江西丰城）横冈里人。其曾任大都路儒学提举、崇文监丞等职。他晚年在今北京门头沟区的斋堂撰著《析津志》一书。"析津"本为古冀州名，辽代时辽南京设南京析津府，熊梦祥以此为元大都之名。《析津

---

① 《新元史》卷一八五，北京：中国书店 1988 年版。
② 《元史·本纪·顺帝四》，北京：中华书局 1997 年版。

志》记述了大都城的城池、衙署、街巷、寺庙以及大都城的社会风俗等诸多方面，是北京最早的志书。但是该书后来还是散佚，后人通过《永乐大典》将此书辑佚，我们才得以看到这部元代编纂的北京地区旧志书。

元代统治者为了加强其统治，也逐渐对教育和科举重视起来。早在窝阔台汗五年（1233 年），窝阔台汗就下令在燕京设立学校，选派蒙古贵族子弟、文书子弟和燕京汉官子弟共同入学。元至元八年（1271 年），忽必烈下诏在大都设立"蒙古国子学"。元至元二十四年（1287 年），设置"国子监"，二十六年（1289 年），又在大都城设立"回回国子学"。元朝统治者的一系列措施，极大地刺激了大都城的教育发展，除了"国子学"等，大都城内私学、塾学也颇具规模。教育的发达吸引了各地的学人，高丽、安南、日本等国还派出大量留学生到大都学习。

元朝统治阶层有其少数民族一定的局限性，比较典型的就是对科举的态度。窝阔台汗九年（1237 年），耶律楚材上奏"制器者必用良工，守成者必用儒臣。儒臣之事业，非积数十年，殆未易成也"[1]，请求开设科举。窝阔台大汗予以批准，故"命宣德州宣课使刘中随郡考试，以经义、词赋、论分为三科，儒人被俘为奴者，亦令就试，其主匿弗遣者死。得士凡四千三十人，免为奴者四之一"[2]。但是窝阔台汗九年（1237 年）之后，元朝并没有形成明确的科举制度，仅仅是偶尔为之。元至元四年（1267 年），翰林院王鹗等建议再举行科举，但遭到主持中书省少数民族权臣的强烈反对，最后此事只能不了了之。

---

[1][2]　《元史·耶律楚材传》，北京：中华书局 1997 年版。

至元八年（1271 年），翰林学士再次提议开科举，据《董文忠神道碑》记载："八年侍讲图克坦，公履欲行贡举，知上于释崇教抑禅，乘是隙言，儒亦有是科，书生类教，道学类禅。上怒已召先少师文献公、司徒许文正公、与一左相廷辨，公自外入，上曰：'汝日诵《四书》亦道学者'。公曰：'陛下每言，士不治经，究心孔孟之道而为赋诗，何关修身，何益为国。由是海内之士稍知从事实学。臣今所诵皆孔孟言，乌知所谓道学哉。而俗儒守亡国余习，求售己能，欲锢其说，恐非陛下上建皇极，下修人纪之赖也。'事为之止。"[①] 至元十一年（1274 年）有大臣奏请开科，但当时战事激烈，只得放弃。至元十三年（1276 年）随着元军攻占临安，元朝上下一派喜庆，元统治者也为了安抚民心、笼络天下，曾经开科取士。此次开科考试科目仅有"经义""词赋"两门，也是一种临时性的措施。随后的至元二十一年（1284 年）又有大臣提出建立科举的奏议，但出于各种原因均被否定。元皇庆二年（1313 年）元仁宗颁行诏书开设科举，他表示："朕所愿者，安百姓以图至治，然匪用儒士，何以致此。设科取士，庶几得真儒之用，而治道可兴也。"[②] 经过两年的筹备，元延祐元年（1314 年）元朝正式设立科举制度，每三年进行一次科举考试。但是，至元元年（1335 年）权臣伯颜等强令终止科举。到至元六年（1340 年），元顺帝再次下诏恢复科举。元朝统治一共不足百年，其科举制度几起几落，甚至犹如儿戏一般地被废止，这充分显示出元代统治阶层其少数民族的统治局限性，对元代一朝文化发展形成了很大的制约。但科举制度从

---

① 《牧庵集》，郑州：中州古籍出版社 2016 年版。
② 《元史·本纪二十四·仁宗》，北京：中华书局 1997 年版。

隋唐设立以来，一直是学子文人谋求出人头地的最主要的方式。因此，虽然元朝科举几起几落，但对于大都城的文化发展来说，各地士子汇聚大都城，对元大都的文化发展还是具有一定的影响。

正是由于元朝一代的曲折发展，元朝统治阶层采取的诸多文化政策，从汇聚江南名士儒生进大都城，以及元大都城的教育发展、科举的几度开设，都让元大都文化发展比前朝大有进步，尤其是在全国不同地域、不同民族之间文化的交流融合方面，元大都第一次确立了其在全国的政治地位和文化统治地位。这就使得元大都时期北京出版处在一个前所未有的文化大融合的发展背景之下。

二、元大都的出版发展及专业书肆、图书交易市场的出现

元朝统治九十余年，其统治者所采取的一系列文化统治政策，带来了北京文化发展的一个新的阶段，尤其是元大都的文化发展及学术氛围，让北京成为当时出版活动的重要城市。尽管元大都的典籍雕版、刊行的整体水平远远比不上我国江南、东南地区以及巴蜀之地，甚至于都不能与山西平阳的雕版刻书规模和水平相提并论。但是，由于元大都全国都城的地位，元朝中央政权的刻书主要在元大都，再加之这里是全国文化统治中心，也是中文文化交流的国际化城市，典籍图书的消费需要相对集中。所以在元朝大都城里除了中央政权刻书传布之外，还出现了专门的图书流通集市——文籍市，同时也出现了专业性的书肆。

元朝刊行典籍并非都是当时雕版刻印的图书，很多书版都是从江浙一带迁移到元大都等地。蒙古窝阔台八年（1236 年），元朝在燕京，也就是后来的大都城设立编修所，除主持编修国史、实录之外，还编撰名儒著作。同时在山西平阳设经籍所，负责雕版刊刻编修所编撰之书。编修所、经籍所均为弘文馆所辖机构。实际上，设在山西平阳的

经籍所，只是依照燕京城编修所发来的文字内容组织雕版，当时有的书版由平阳雕刻之后要运到元大都刷印。元军攻下临安后，曾经将南宋官府所藏雕版悉数北运，一部分存在元大都，也有一部分送至山西平阳，就是存放在平阳的经籍所。元朝初年所雕版刊布的图书之所以与宋版书颇为接近，一方面有前后两朝时间接近的原因，更主要的是元朝很多雕版都是南宋雕版北运，即使有的在运输过程中有散佚或毁损，元朝弘文馆以及后来的宏文院等官方编撰、刊刻机构还会按照原南宋旧雕版补刻。元定都大都城后至元十年（1273 年），在大都设立秘书监，掌管典籍收藏以及书籍刊刻之事。元至元十四年（1277 年）元朝统治者为了便于统一管理，将设在山西平阳的经籍所索性也迁到大都城，编修所和经籍所合为宏文院，统一筹划刻版雕书之事，原在山西平阳收藏的众多临安北运的旧雕版也一并运到元大都。

元大都以后的秘书监是专门承担元朝中央政权藏书、刻书的机构，其中图籍编撰、刊行诸事项由兴文署具体承办。元朝王士点、商企翁撰《秘书监志》记载："至元十年，太保大司农奏，兴文署雕印文书，属秘书监。本署设官三员，令一员，丞三员，校理四员，楷书一员，掌纪一员，镌字匠四十名，作头一，匠户十九，印匠十六"①。兴文署设署令一人，署丞二人，另设校理、楷书、掌纪等官员若干以及诸工匠作，就是为了满足刻书需要。署令一般以翰林修撰兼充，署丞则由翰林应奉兼充。至元十三年（1276 年），兴文署划转归翰林院管理，其刻书活动的条件更为便利。又据叶德辉《书林清话》考证，"至元二十七年立兴文署，召工刻经史子板，以《资治通鉴》为起端"②。

---

① 《元代史料丛刊》《秘书监志》，杭州：浙江古籍出版社 1992 年版。

② 《书林清话》，北京：古籍出版社 1957 年版。

查元朝史料，至元二十七年（1290 年）兴文署确实有过"复立"的过程，或许是该机构又重新转隶，就像至元十三年（1276 年）兴文署改由翰林院管辖一样，二十七年（1290 年）又划转一次主管机构。不过这一年兴文署刊刻的《资治通鉴》等书却被后人记载下来。叶德辉曾记载说："兴文署本：至元二十七年刻《资治通鉴》二百九十四卷，见《瞿目》《陆跋》《莫录》。刻胡三省《通鉴释文辨误》十三卷，见《陆跋》"①。

实际上，元代秘书监作为藏书和刻书机构，不仅所辖的具体刻书的兴文署刊布图籍之外，也组织编撰和刊刻书籍。其中较为著名的是《元一统志》的编撰和刊行。《元一统志》原名为《大元大一统志》，是由元代秘书监直接负责编撰、刊行的官修全国地理总志。至元二十二年（1285 年）元世祖忽必烈要"大集万方图志而一之，以表皇元疆理无外之大"②。所以到了第二年，扎马剌丁奏请"方今尺地一民，尽入版籍，宜为书，以明一统"③，以此来编撰《大元大一统志》。元世祖授命扎马剌丁主持编撰《大元大一统志》，为此专门设立了著作局。从至元二十二年（1285 年）到至元三十一年（1294 年），历经十年这部一统志基本有了一个成型的轮廓。随后，元成宗年间又开始陆续补撰了辽阳、甘肃、云南等地图志，成宗大德五年（1301 年），元成宗特赐名该书为《大一统志》，到大德七年（1303 年）这部一千卷的大书终于编撰完成，至此，这部大书从开始设立著作局进行编撰，到最后完成经历了十八年之久。元顺帝至正六年（1346 年）秘书监安排在江南杭州将此书雕版刊行。《元一统志》是我国古代第一次以"一

---

① 《书林清话》，北京：古籍出版社 1957 年版。
② 《元代史料丛刊》《秘书监志》，杭州：浙江古籍出版社 1992 年版。
③ 《大元大一统治·序》，沈阳：辽海书社 2015 年版。

统志"的体例编撰的全国地理舆地图籍，之后的明朝曾经编撰刻印过《大明一统志》，就是参照《元一统志》编撰的。需要说明的是，古代各个朝代中央机构编撰图籍，通常是专门安排在江南地区雕版刊行，并不一定都是在京城雕版。就像现在在京出版社出版的图书，到江浙地区印制是一个道理，中国书店出版社的线装新印古籍大多数都是在江苏、浙江印厂印制，但是这样的图书依旧是作为在北京出版的典籍。

元朝政权中央机构中，刊刻历书是一项比较集中的编撰出版行为。元大都负责历书编撰刻印的是太史院印历局。元朝建立以后，曾经选派儒臣在金、宋两朝所撰历书的基础上进行了修订。《元史·杨恭懿传》曾记载，至元十六年（1279 年）元世祖忽必烈下诏令杨恭懿到"太史院改历"，当时在太史院参与撰修历法的还有郭守敬、王恂等儒臣。第二年，杨恭懿等人进奏"臣等遍考自汉以来历书四十余家，精思推算，旧仪难用，而新者未备，故日行盈缩，月行迟疾，五行周天，其详皆未精察。今权以新仪木表，与旧仪所测相较，得今岁冬至晷景及日躔所在，与列舍分度之差，大都北极之高下，昼夜刻长短，参以古制，创立新法，推算成《辛巳历》。"[1] 元世祖以古来有"敬授民时"之语，将郭守敬、杨恭懿、王恂等人新创的历法定名为《授时历》，并由太史院安排在大都城雕版刊行，各地也分别由印历局刊印。元代对刊布历书管制甚严，规定："如无太史院历日印信，便同私历造者，以违制论。"[2] 官民凡有发现私印历书予以举报会给予奖励，"诸告获私造历日者，赏银一百两"[3]。

另外，在元大都的其他中央机构，如国子监、御史台、艺文监、司农寺、太医院等机构也都曾经雕版刻书予以传布。根据《元史》记载，

---

① 　《元史·列传》，北京：中华书局 1997 年版。
②③ 　《元史》卷一百五，北京：中华书局 1997 年版。

艺文监在至顺三年（1332年）刻印过《燕铁木儿世家》。太医院在元大德四年（1300年）雕印《圣济总录》，国子监曾在元延祐三年（1316年）雕刻小字本《伤寒论》，御史台在至正八年（1348年）发刻宋裴十五卷《燕石集》，司农司在至元十年（1273年）颁刻小字本《农桑辑要》。至元二十八年（1291年）刻印颁布《农桑杂令》。小字本《农桑辑要》刊行后，因其字迹较小，不便于人们的阅读，延祐二年（1315年）又诏令在江浙地区雕刻大字本《农桑辑要》，刷印一万部。至顺三年（1332年）又诏令再刻印《农桑辑要》一万部。

元朝中央政权的机构雕版刻印图书，有力地推动了元大都图书出版的发展。北京地区过去只是我国北部地区的重要政治中心，其雕版刻印图书影响力主要局限于我国北方地区。而元大都中央机构的大量雕版刻印图书，在全国范围内都产生了示范性的影响，对元代北京地区出版发展有着明显的促进作用。正是在这样的背景之下，元大都的私刻、家刻图书也有了明显的发展。

元朝名臣耶律楚材曾经在元大都多次雕版刻印图书。耶律楚材，号玉泉老人、湛然居士，出生于燕京城的契丹贵族家庭，是辽太祖耶律阿保机九世孙。其父在他出生后取《春秋左氏传》从"虽楚有材，晋实用之"之典为其取名为"楚才"。由此也可以看出耶律楚材的父祖辈汉化程度就已经很高。成吉思汗十年（1215年），蒙古军攻占辽南京，也就是通常说的燕京城。成吉思汗召见耶律楚材问之治国之计，得到成吉思汗的赏识，便将其留在身边任为辅臣。耶律楚材"博极群书，旁通天文、地理、律历、术数及释老、医卜之说，下笔为文，若宿构者"[1]，

---

① 《元史》卷一四六，北京：中华书局1997年版。

表现出极高的汉文化底蕴。元朝蒙古军无论是攻占金南京，还是打下南宋的临安，均将图籍、雕版等悉数运往北方，并且设立编修所、经籍所，这都是耶律楚材竭力主张而落实的。随后他又数次安排用南宋旧雕版刷印图籍，对南北文化的交流和融合做出了很大的贡献。耶律楚材一生以儒家学说为追求，喜好著述。一生也曾经多次以一己之力雕版刻书。耶律楚材是金朝后期高僧万松老人行秀大和尚的入室弟子，今天的北京市还有万松老人塔。早在金正大元年（蒙古成吉思汗十九年，1224 年）耶律楚材西行到今天的新疆一带游历，还曾写信让其师弟代他主持雕版刊印万松老人的《评唱天童觉和尚颂古从容庵录》。他游历西域地区写下了《西游录》，记述我国西北地区山川地貌、风俗人情，并于窝阔台汗元年（1229 年）在燕京家中雕版刊印。

金元时期高僧万松老人行秀和尚与诸弟子所主导的孔门禅，倡导兼通佛儒，成为当时禅宗思想的新发展。万松老人的弟子耶律楚材、李纯甫等都是这一学派的核心人物。金元光二年（蒙古成吉思汗十八年，1223 年）李纯甫故去之后，其子李全携李纯甫遗稿《楞严外解》到燕京城投奔万松老人行秀和尚。万松老人出资雕版刊行《楞严外解》，耶律楚材专门为此书刊行撰写序，称"余与屏山通家相与，尔汝曾不检羁。其子阿全辈待余以叔礼"[1]。蒙古窝阔台汗六年（1234 年）耶律楚材安排雕印了万松老人所著《释氏新闻》。耶律楚材在元朝皇后乃马真氏摄政期间，被排挤离开燕京城，抑郁而亡。当时元朝皇后乃马真氏身边的佞臣进谗言称耶律楚材"在相位日久，天下贡赋，半入其家"[2]。

---

① 《湛然居士文集》，北京：中华书局 1986 年版。
② 《元史》卷一四六，北京：中华书局 1997 年版。

于是乃马真氏"命近臣麻里紮覆视之，唯琴阮十余，及古今书画、金石、遗文数千卷"①。相比之下，很多蒙古人得知耶律楚材抑郁而亡，"哭之如丧其亲戚。和林为之罢市，绝音乐者数日"②。汉族士子也"莫不茹泣相吊"③。当然，像耶律楚材这样高度汉化的少数民族重臣在金元时期并不在多数，但就其在元朝前期诸多举措以及他的刻书活动，也能从一个侧面反映出元大都城私人图书雕版刊行的基本面貌。

元代不仅有耶律楚材这样的少数民族大臣雕版刊行图书，其他的一些汉族官员也在元大都有过私人刻书的经历。蒙古宪宗年间，与耶律楚材家族交往密切的赵衍也在元大都雕版刻书。赵衍，字昌龄，号西岩，平州（今河北秦皇岛卢龙县）人氏。蒙古宪宗六年（1256年）秋天，他在元大都刻印《李贺歌诗编》四卷。赵衍对唐代诗人李贺极为推崇，他在《李贺歌诗编》序中谈到"喜贺者尚少"，所以执意刊刻《李贺歌诗编》，并表示"此书行，学贺者多矣"④。

元太宗年间，元太宗窝阔台任命儒臣姚枢为燕京行台郎中。蒙古窝阔台汗十三年（1241年）因姚枢与燕京行台牙鲁瓦赤政见不合，这年又恰逢元太宗窝阔台病死，于是姚枢弃官南下，他在元大都雕版刻印的一批图书雕版被遗弃在大都城，其中有"自版《小学》书《论孟或问》《家礼》，俾杨中书版《四书》，田和卿尚书版《声诗折衷》《易程传》《书蔡传》《春秋胡传》，皆脱于燕"。姚枢当时不过是燕京行台郎中，弃官南下就能丢在大都城近十种图书雕版，当时元大都私人雕版状况由此可见一斑。

---

① 《元史》卷一四六，北京：中华书局1997年版。
②③ 《湛然居士文集》，北京：中华书局1986年版。
④ 《李贺歌诗编》，中国书店旧藏本。

　　元朝统治时期，元大都中央机构以及一些朝臣纷纷雕版刊行图书，整个社会环境已经与以往的辽金时代有着很大的差异。尤其是元大都第一次作为全国的政治中心和文化统治中心，有利于图书出版以及图书流通的快速发展，所以在元大都书肆业发展也呈现出快速崛起的面貌。

　　元大都城的书肆，不仅为满足正常的文化需求，大量刻印销售正史正经之外，还迎合科举需要，大批刻印纂图互注的经书、子书、韵书以及各种经书的新注、史书的节注。更为引人注目的是，在大都城内已经出现了专营某类图书的专业书肆，当时的窦氏"活济堂"是专门刻卖医书的书肆，汪氏书铺则主要经营文学类图书。

　　元大都时期，民间行医者窦桂芳在大都城开设了一家医药铺，名为"活济堂"，颇有些"活命济世"的含义。所以史籍上记载这家药店一般称为"窦氏活济堂"。窦桂芳不仅开药铺，也坐堂行医，以针灸见长。作为坊间读书之人，他仿效儒家《四书》模式，编撰《针灸四书》，雕版刊行后销售。《针灸四书》之后，窦桂芳将其所著《针灸杂说》一卷附在《针灸四书》后面，并刻有"皇庆壬子中元燕山活济堂刊"的题记。"皇庆壬子"即元仁宗皇庆元年（1312 年），"中元"即七月十五，"燕山"就是元大都的代称。元至大四年（1311 年）窦桂芳刻《新刊黄帝明堂针灸经》一卷。后来又陆续刊刻《伤寒百证经络图》九卷，南唐何若愚《流注指微针赋》，金阎明广注，何若愚撰《子什流注针经》三卷，《黄帝明堂灸经》三卷，宋庄绰《膏肓腧穴灸法》一卷等医书对外出售。久而久之，这家药店倒变成一家经营医书的书肆。

　　元大都城专业书肆的出现，表明北京地区的书肆刊刻专业化程度发展到一个新的高度，显示出元大都城的书肆规模和经营水平远远超过了前代。

元大都城书肆业得到明显发展的另一个重要标志是有一定规模、有相对固定场所的书籍市场的形成。在城内的省前东街，出现了"文籍市"。据《析津志》记载："文籍市在省前东街。"[1] 有相对集中的书籍市场，文人学士购书不必再各处搜求，免去四处奔波之劳，这同辽、金时期北京的书肆相比，无疑是一大进步，说明当时的元大都城的书肆业已经开始形成相应的规模，成为一个独立、完整的行业，这与元大都城的全国政治中心、文化统治中心是相适应的。

元大都时代，北京也是国际性大都市，元朝周边的附属国纷纷到元大都城朝贡，众多的文人学子和留学生、朝贡使臣成为大都城内书肆的重要顾客，这也极大地刺激了大都城图书出版以及图书流通的发展。在高丽的汉语教科书中就曾经讲到在大都城的书肆中购买到《三国志平话》，《朴通事》中谈到："我两个部前去买文书去来。买甚么文书去？买《赵太祖飞龙记》《唐三藏西游记》去。"[2] 元大都的图书出版及流通已经不是简单地满足一个城市居民的文化需求，而是与大都城的国际大都市文化同步发展。

当然，我们应该看到，元代统治仅有九十余年，再加之蒙古统治者进入中原之前文化相对落后的状态，虽然元大都中央机构刊刻图书以及私人刻书、书肆业的发展已经具有一定的规模，但元大都的图书出版、流通的整体水平与江南各地相比，有着明显的差距。固然元大都的出版发展与辽金时期相比，有着明显的进步，与当时同期的全国各地，尤其是江南一带出版发展水平相比较，这种差距是极其明显的。

---

① 《析津志辑佚》，北京：北京古籍出版社 1983 年版。
② 《元大都》，北京：北京出版社 1982 年版。

第三节 明代北京出版发展及聚书之地的形成

一、明朝前期的宽松经济、文化政策及明北京城的建立

　　1368 年明王朝建立，同年朱元璋命徐达北伐，占领了元大都，元朝灭亡。元朝统治后期，蒙古统治者的强征暴敛和沉重的税赋政策，使得各地民众饱受煎熬，大量农民逃亡，土地被弃耕荒芜，百姓生活凋敝。再加之元末各地长期处在战乱状态，社会经济遭到极大的打击。朱元璋建立明朝以后亟待解决的就是恢复民生问题。朱元璋采取了核查人口、丈量土地、鼓励开垦荒田、减免钱粮税赋、大兴水利等措施，对明代初期经济恢复和社会稳定发挥了重要的促进作用。对待全国各地的手工业发展，明朝政权也采取各种引导和鼓励的政策，比如对住坐匠、轮班匠的政策调整，允许以缴纳银两代替徭役等措施，对各地手工业发展有着积极的促进作用。有明一代手工业发展极为成熟，甚至出现了资本主义萌芽，与明初朱元璋的一系列养富于民间的政策不无关联。

　　朱元璋作为一个出身贫苦又没有什么文化的封建帝王，更加重视儒学教化。他认为"古之学者，文足以经邦"[①]，所以格外重视教化作用。明洪武二年（1369 年）十月朱元璋诏谕："治国之要，教化为先，教化之道，学校为本。今京师虽有太学，而天下学校未兴，宜令郡县皆立学礼，延师儒教授生徒，以讲论圣道，使人日渐月化，以复先王

---

　　① 　《明实录·太祖卷四十三》，上海：上海书店 2015 年版。

之旧，以革污染之习。"① 为了让各州府县儒学能够顺利地设立和尽快发挥作用，明洪武八年（1375 年）朱元璋"命丞相往国子学考校老成端正、学博经通者，分校天下。令郡县广其生徒而立学焉"②。我国古代各地州府县广泛设立儒学，并成为一种文化统治制度和教化手段，也就是由此开始。

明代初期各项恢复经济、稳定社会的积极政策，对稳定明王朝的统治发挥了巨大的作用，有力地促进了社会财富的快速增长。手工业的住坐匠、轮班匠管理政策的改变，也让明代手工业发展迎来了一个新的发展期。而明代初年朱元璋在文化方面的诸多引导，也让整个社会形成了尊崇儒学、尊师重道、敬惜字纸的社会风气。

尤其是在明洪武元年（1368 年）八月，朱元璋下令"诏除书籍税"③，这对明朝一代图书刊刻、传播有着极为重要的影响。北京地区，不管是中原政权军事重镇的幽州城，还是辽南京、金中都，由于南北两个文化板块不同的政权分治，南北两地书禁政策对北京地区的出版发展还是有很大的制约。元大都城时期，元朝统治者也采取极为严苛的图书刊布管理政策，很多图书要经过元中书省对图书内容审定之后才可以雕版刊行。《天禄琳琅书目》有记载说："元时书籍并由中书省牒下诸路刊行。"④ 明代陆容也记载说："元人刻书，必经中书省看过下所司，乃许刻印。"⑤ 相比于元朝，有明一代在图书刊刻、

---

① 《明实录·太祖卷四十六》，上海：上海书店 2015 年版。
② 《金陵全书》乙编《南雍志》，南京：南京出版社 2016 年版。
③ 《明会要》卷二十六，北京：中华书局 1956 年版。
④ 《天禄琳琅书目》，扬州：江苏广陵古籍刻印社 1992 年版。
⑤ 《菽园杂记》，北京：中华书局 1985 年版。

传播上管制政策要宽松许多。而洪武元年（1368年）的"诏除书籍税"更让图书刊布在经济上有很大的政策优惠。在这样的社会背景下，明代出版以及图书流通的发展具备了一个良好的社会经济基础和宽松的社会氛围，自然会形成一次图书出版、传播的发展高峰期。

明洪武三十一年（1398年）朱元璋病逝，其孙朱允炆登基，是为建文帝。明建文帝掌握政权后恐诸藩王尾大不掉，便开始采取削藩政策。建文帝的削藩政策直接触及燕王朱棣利益，故燕王朱棣举兵靖难，率兵南下。明建文四年（1402年）六月，朱棣攻占南京，即皇帝位，是为明成祖，建文帝朱允炆下落不明。明成祖朱棣起于北方燕京，洪武三年（1370年）朱棣被封为燕王，镇守北平府。所以朱棣与燕京城有着根深蒂固的渊源，再加之明南京不是他所熟悉的城市，建文帝旧臣及其实力不容小觑，所以在朱棣登基的第二年永乐元年（1403年），朱棣下诏以北平为北京，改北平府为顺天府。永乐五年（1407年）明成祖朱棣下诏营造北京城。永乐十八年（1420年）北京城营造完毕。第二年的正月初一，朱棣正式迁都北京。从此，北京作为明朝的都城，不仅仅是全国的政治统治中心，还是全国的文化统治中心。特别是中央政权所组织的大规模文化活动，如科举、编修大型图书等，都为这座城市的整体文化发展提供了良好的机遇。这就使得北京出版发展又迈入了一个新的高度。

在谈到明代北京的出版发展，有一个问题需要特别地说明。以往很多有关北京史研究的专著或者文章，在谈到元代大都城和明代北京城的时候，经常将元大都城、明代北京城表述为"全国政治中心、文化中心"，这样的表述是很不严谨的。纵观北京城市发展历史，元大都、明北京因为是封建都城、帝王所在之地，当然是"政治中心"。

但是从文化发展上来看，无论是元大都还是明代北京城，就全国范围而言，在学术发展、交流以及学术凝聚力上，在文化活动活跃程度和影响力上看，都不能称之为"文化中心"。元大都、明北京城是封建帝王发号政令的地方，是制定和发布文化政策的地方，因此，元大都和明代北京城应该说是"文化统治中心"。这种局面一直到清王朝统治时期才得以改变。

二、明代北京中央机构、顺天府等图书出版刊行的发展

明代北京的出版发展与元朝一样，主要是中央各机构的编修图籍、刊刻图书以及私人家刻传播和书肆业的发展。但是，由于明王朝作为汉族统治王朝，更加重视儒学教化和典籍传承的积淀，尤其是明洪武年间朱元璋确立的一系列尊崇儒学、广为教化政策的不断延续，让明代北京城的出版发展建立在一个较高的起点之上，远远超出前朝的发展水平。

明代北京城中央机构编撰、出版图书活动主要集中在北京国子监、司礼监、都察院、钦天监、太医院、詹事府以及六部衙署等机构。

永乐年间随着北京城的营建，北京国子监落成。由于明朝为北京、南京双京制，所以在南京也有国子监。后世人们习惯称北京国子监为"北监"，南京国子监为"南监"。北京国子监是明代国家设立的最高学府，称为太学，承担着培养封建王朝中高级知识分子的职能。国子监同时还是全国的教育管理行政机构，对全国各地州府县的儒学有着管理的责任。同时，北京国子监还收藏大量典籍文献，并负有刊刻、传布儒家经典著作的职能。所以在国子监"设典籍一员，以掌书籍，又设印刷匠四名，以给其役……"①，北京国子监曾先后雕版刊行《仪礼》《小学》《务本直言》《新刊大明律》《楚辞》《唐诗》《临川集》《淮海集》《古史》《山海经》《大学衍义》等书。明万历十四年（1586年），北京国子监开始雕版刊行《十三经注疏》，到万历二十一年（1593年）才全部雕版完成，前后用时七年。到万历二十四年（1596年）北京国子监因教授监生需要，依据南监本《二十一史》重新雕版刊印北监本的《二十一史》，前后用了十年的光景，花费银两六万两，到万历三十四年（1606年）才艰难完成。正如前文所说，明代北京并非全国的文化中心，虽然北京国子监承担着太学、教育管理以及刊刻书籍的职责，但其整体的学术水平与南方相比还存在着一定的差距，所以北监本《十三经注疏》《二十一史》在内容上远远不及南监本。明代南监本《二十一史》有的采用的是宋元旧雕版，虽然有些版片已经由于多数刷印成为"邋遢本"，后人也有称之为"大花脸本"，但内容上已经过前朝文人的详尽校勘。北监本虽然为新雕，在样式上看着比南监本要齐整得多，但是内容却错讹、脱漏甚多，尤其是《辽史》《金史》等书，竟然有数页缺文。清代藏书家丁丙曾说：北监本《二十一史》"虽行款较为整齐，究不如南监之近古，且少讹字"②。北监本的《十三经注疏》也同样存在诸多错讹的问题。顾炎武在看到北京国子监刻本《十三经注疏》之后评价说："校勘不精，讹舛弥甚，且有不知而妄改者。"并愤然表示："秦火所未亡，而亡于监刻矣。"③北京国子监不仅刻书水平颇受学人诟病，其在雕版的管理上也显示出

---

① 弘治年刻本《国子监续志》。

② 《清人书目题跋丛刊》《善本书室藏书记》，北京：中华书局1990年版。

③ 《日知录》，武汉：崇文书局2017年版。

一笔糊涂账的样子。据明成化年间修订的《国子监通志》记载，到明成化年北京国子监刻书近五十种。而弘治年《国子监续志》记载，到明弘治年间北京国子监雕刻刊行各种图书六十余种。据《国子监通志》记载成化年北京国子监收藏《小学》雕版一百四十一片，到了《国子监续志》记录弘治年间《小学》版片为一百三十五片。《国子监通志》成书于成化三年（1467 年），《国子监续志》成书于弘治十六年（1503 年），前后相隔不过三十余年，雕版版片就如此地散失确实有点让人吃惊。嘉靖年编修的《皇明太学志》记载，到嘉靖年间国子监能继续刷印刊行的雕版仅剩下二十二种，且能继续刷印的各书依旧存在着缺版的问题。

明代司礼监是北京出版的重要刊行机构之一。司礼监是明代内廷管理宦官及皇帝宫内日常事务的机构，由太监掌管。明洪武年间，朱元璋对太监管理比较严格，洪武十七年（1384 年）朱元璋还曾经铸铁牌悬于宫门，明令"内臣不得干予政事，犯者斩"，并要求各署衙官员不得与内宫太监有奏章文书交往。但是明永乐年以后，明成祖为了加强对各地的控制，逐步选派可靠的宦官在重要的职位上任职，明朝太监专权逐渐开始。在这样的背景下，司礼监的地位和职能也逐渐加强。司礼监权势显赫阶段，可以代皇帝批阅奏章、传达诏令。与此同时，司礼监也掌管刻书事项，甚至左右明朝中央政权刊刻图书走向。因此，司礼监刻书也成为明朝中央机构刊刻图书中一支不可忽视的力量。明代司礼监刻书主要由经厂库承担。司礼监设经厂，下设汉经厂、番经厂、道经厂。其中汉经厂主要承担刻印皇帝制、诰以及明朝律、令等，同时也雕版刊布经、史、子、集四部图籍。从史籍记载看，明代北京司礼监先后雕版刊行的四部图籍有《孟子集注》《大学衍义》

《诗集传》《礼记集说》《四书》《贞观政要》《资治通鉴节要》《古今列女传》《律学新说》《文献通考》《大明律附例》等图书。司礼监刻书，也有一些是明朝皇宫太监、宫女平时阅读的图书，一方面是提高太监、宫女的文化程度，另一方面也是一种消遣。这样的图书往往是一些通俗读物或通俗小说等，如：《新编古今事文类聚》《居家必用事类全集》《神童诗》《百家姓》《三国演义》《孝经》《女训》《女诫》等。司礼监为了满足其刻书需要，不仅设置专人负责刻书，还有刻工匠、装裱工匠等，甚至有专门的造纸工匠和造纸厂。司礼监雕刻刊行的图书，被后人称为"经厂本"，据《内府经厂书目》记载，明北京的司礼监曾经收存书版一百一十余种。刘若愚的《酌中志·内板经书记略》著录司礼监刻书书目达一百七十余种。而周宏祖《古今书刻》所记的司礼监刻书也有八十余种。从这些典籍记载看，明代司礼监刻书应有二三百种之多。

有明一代，历书的刊行基本由钦天监负责。钦天监每年冬至日要呈奏下一年的《大统历》，由礼部颁行天下。钦天监除了每年刊刻《大统历日》以外，还雕版刊行《天文刻》等书。钦天监为了刻书，专门招募有印刷匠二十八人、裁历匠两人、裱褙匠一人。

作为"皇家医院"的太医院，除掌管医疗、草药之外，也雕版刻印一些医药图书，像《铜人针灸图》《医林集要》等，甚至有《大明律直引》这样的法医方面的图书。

明代詹事府也曾经大量刻书。詹事府，为明代皇太子提供辅导和辅佐的皇家内廷机构。洪武二十二年（1389 年），朱元璋以东宫官无统一机构为由"始置詹事院"，洪武二十五年（1392）"改院为府"①，从此以后均称为詹事府。詹事府设"詹事一人，正三品少詹事二人。正四品府丞二人，正六品主簿厅，主簿一人，从七品录事二人，正九品通事舍人二人"②。洪武年设立詹事府，对詹事府的职能和作用说得很清楚，詹事府"掌统府、坊、局之政事，以辅导太子"。因此，"凡东宫监国、抚军、出狩，及朝会出入、覆启、画诺，必审署以移詹事"。詹事府的设置一直延续到明朝末年，考虑到詹事府辅佐太子，有引导教育之责，所以也需要专门为太子雕版刻印图书。所以詹事府之下设有司经局，司经局有洗马、校书、正字等职官。洗马从五品，"经史子集、制典、图书刊辑之事。立正本、副本、贮本以备进览"，校书正九品、正字从九品，"掌缮写装潢，诠其讹谬而调其音切，以佐洗马"③。毕竟詹事府所配属人员远远不及其他的机构，所以刻书规模也相对有限。

明代实行免除书籍税的政策，再加上从朱元璋以后，尤其是永乐皇帝明成祖大力倡导儒学教化，明王朝中央机构便纷纷刊刻书籍。北京的都察院以及礼部、户部、吏部、兵部、工部甚至大理寺等中央衙署都参与到刻书活动之中，像礼部刻版刊行《通鉴》《大明集礼》《大礼集议》《世臣总录》《臣戒录》《为政要录》《武士训戒录》以及《登科录》《会试录》等书。户部刻印过《醒贪简要录》《教民榜文》《务农技艺商贾书》等，其中比较突出的是户部组织雕版刻印的《御制大诰》及《御制大诰续编》《御制大诰三编》。兵部嘉靖二十六年（1547年）刊刻《军令》一卷，嘉靖四十年（1561年）刊刻《营规》

---

① ② ③ 　《明史·职官志》，北京：中华书局1997年版。

一卷，隆庆二年（1568 年）刊刻《大阅录》，次年又刊刻《九边图》《九边图说》以及诸年《武举录》等书。工部嘉靖十三年（1534 年）刊刻《御制诗》，万历四十三年（1615 年）又刊刻《工部广库须知》十二卷等书。一般来说，明朝中央六部等各个衙署刻印图书，大多与该部主管事项有一定的关联，但也有一些图书是当时部员偏好某方面而刻印。

我国古代的志书作为记载一个地域自然环境、社会风貌、历史变迁的综合资料性著述，是某一地域建置、沿革、天文、地理、政治、经济、军事、文化、人物、风俗等方方面面基本情况的系统记述。北京作为全国的都城，自然成为历朝各代统治者更为关注的城市。其疆域形胜、建置沿革、山川河渠、物产矿冶、关隘交通、城池宫殿、名胜古迹、衙署坛设、食货田亩、祀典庙宇以及名宦职官、选举乡贤、艺文图籍等等，都要通过志书保存下来。明永乐年间，明成祖朱棣诏令各地编修"天下郡县志"和《大明一统志》。在这样的要求下，顺天府及其附郭大兴县、宛平县开始着手编修《顺天府志》和《大兴县志》《宛平县志》，其他顺天府所辖州县也开始编纂和刻印各州县的志书。其中，顺天府先后在永乐年间、万历年间分别刊刻《［永乐］顺天府志》《［万历］顺天府志》和《［嘉靖］通州志略》。其中，万历二十一年（1593 年）顺天府尹谢杰等纂修《［万历］顺天府志》是我们目前可以看到的明代最完整的顺天府志书。该书历史上只刊行过一次，因其刊行于明万历年间，又是明代以来传承下来的第一部完整的顺天府志书，其价值颇为显著。在明成祖发布诏令要求各地编修"天下郡县志"的推动下，明代后来的嘉靖、隆庆、万历诸朝也延续编修志书，顺天府所辖诸州县也分别刊刻《［嘉靖］隆庆志》《［隆庆］昌平州志》《［万历］房山县志》《［万历］怀柔县志》《［万历］永宁县志》等北京州县志书。此外，当时的北京还刊刻有《［嘉靖］居庸关志》《通粮厅志》等专志。此外，明代北京城其他的中央机构也曾经编修和刊行过北京志书的专志，诸如：《国子监通志》《国子监续志》《皇明太学志》和《［万历］通粮厅志》《通惠河志》等。明代北京地区各州府县志书和中央机构雕版刊行的相关专志，为后人研究北京历史文化留下了珍贵的文献资料。

顺天府在雕版刊行志书之外，也刊刻其他方面的图书。明代顺天府乡试也是每三年举行一次，每次乡试之后顺天府要刊刻《顺天府乡试录》。目前我们可以看到的《顺天府乡试录》是成化七年（1471 年）到崇祯四年（1631 年）历次顺天府乡试的"乡试录"。根据历史文献记载，明代顺天府还刻印过《金台八景诗》《东草亭诗》《南园燕集诗》《观梅数》《寰宇通志》《史钺》《稽古定制》《大宝箴帖》等书。

有明一代，在北京还有两个类型的雕版刊印图书值得关注，一个是藏经等宗教典籍的雕刻传播，一个是外来西方文化图籍的翻译刻印。

明代佛教藏经的雕版刊刻主要由司礼监和部分有背景的名刹来承担。早在洪武年间，朱元璋就曾经汇集各方高僧于南京校勘藏经，这项工作从洪武五年（1372 年）开始，经历了二十六年，到洪武三十一年（1398 年）终于完成，这就是《洪武南藏》。《洪武南藏》雕版刷印后，雕版存放在南京敬山寺，永乐六年（1408）敬山寺发生火灾，《洪武南藏》雕版被焚毁。永乐十年（1412 年）明成祖敕令在南京大报国寺开版雕刻藏经，这就是后人所说的《永乐南藏》，永乐十五年（1417 年）雕毕。但是，南京的大报国寺毕竟和明成祖及其后妃等距离甚远，供养敬奉寺庙还是有诸多不便。所以永乐十八年（1420 年）明成祖又敕令在北京开版雕印大藏经，这部藏经一直到正统五年（1440 年）才雕毕刷印，所以后人称之为《正统藏》。万历年间神宗母亲皇太后李氏礼佛之心尤重，除在北京多处修葺庙宇，构建佛塔之外，在万历五年（1577 年）还增刻经文四十一函，与永乐年所刻《正统藏》合在一起，后人称之为《北藏》。《北藏》雕版刊行以后，正经被明朝皇帝广为赏赐，正统十年（1445 年）明英宗号称以此藏经颁赐天下寺院。仅山西五台山明英宗就派员送去十部《北藏》[①]。万历十三年（1585 年）明神宗又为其母发愿布赐天下名山大寺。

明代喇嘛教在北京的传播影响也在逐渐增强，今天北京市海淀区的北京石刻博物馆就是明代为了迎接西域高僧班迪达而修建的喇嘛教寺院，称为大真觉寺。明永乐八年（1410 年）明成祖曾经诏令在南京雕刻藏文《大藏经》，也就是后来人们所说的《永乐番藏》。万历三十三年（1605 年）明神宗在北京根据《永乐番经》重新开版雕印藏文《大藏经》，并又增补四十二帙"续藏"，后人称之为《万历番藏》。《万历番藏》一百四十七函，它的雕版刊印能充分显示出明代北京喇嘛教的传播发展轨迹，具有重要的标志性意义。

除了佛教藏经的雕刻刊行之外，明英宗正统九年（1444 年）敕令在北京开版雕刻《道藏经》，正统十二年（1447 年）雕版完成并开始刷印，这就是后来人们所称的《正统道藏》。万历三十五年（1607

---

① 《清凉山志》，北京：中国书店 1989 年版。

年）明神宗安排人在北京经厂续刻《道藏》三十二函。《正统道藏》《续道藏》共五百一十二函，其原雕版一直存放在北京皇城内。清朝末年有人还看到这批雕版存在西安门内的大光明殿，1900 年八国联军攻占北京，这批雕版毁失。

明代北京刻书活动中，翻译并刻印西方图籍，是一个较为独特的出版历程。明万历二十八年（1600 年）意大利人利玛窦来到北京。利玛窦得到明神宗的召见，他向明神宗进呈西洋自鸣钟、大西洋琴、《圣经》及《坤舆万国全图》等贡品十六件，深得神宗喜爱，利玛窦也由此定居于北京。

明万历二十九年（1601 年）利玛窦得到神宗的恩准，在其他大臣的帮助下将《坤舆万国全图》雕版刻印，这可以说是我国最早的"世界地图"。之后的万历三十六年（1608 年）此图再次刷印。有人记载说明代一朝《坤舆万国全图》在北京和其他地区先后翻刻十余次。另外，利玛窦在南堂将其所著《天学实义》《十论》等雕版刊布，《天学实义》先后刷印了两次，是北京较早传播天主教教义的图书。他还组织雕印了《圣经直解》，尽管书名尽量采用中国传统典籍图书的"直解"，但传播的是天主教教义。文献记载，利玛窦以其之后天主教传教士主持的北京南堂先后刊布天主教的各种图书数十种。

利玛窦与徐光启合作翻译的《几何原本》，与李之藻合作翻译的《同文算指》以及和徐光启、李之藻两个人一起翻译的《测量法义》等，都陆续在北京雕版刻印。利玛窦带来和翻译的西方著作在北京雕版刻印，是明代中外文化交流的重要内容。我们今天仍在使用的"大西洋""地中海""加拿大""古巴"等词都是利玛窦当时翻译过来的。我们现在还在使用的"几何"以及几何学中的"点、线、角"等几何名词，也都是当年利玛窦和徐光启合作翻译《几何原本》确定下来的。从这个意义上说，利玛窦在北京的翻译及刻书活动，极大地推动了中西文化的交流和融合，在北京文化发展，乃至中国传统文化发展史上都有着重要的标志性意义。

利玛窦所带来的西方文化，特别是西方历法影响甚重。明崇祯二年（1629 年）徐光启奉旨参照西式历书督修历法。他与李之藻、李天经一道，同意大利传教士汤若望、罗雅谷、龙华民以及德国传教士邓玉函等人在北京宣武门内的首善书院设立历局，编修刻印《崇祯历书》，并刻印了一批翻译图书。徐光启等人与外国传教士共同编修历书、翻译西方著作等活动，一直到清朝初年还有一定的影响，在中外文化交流史上留下了深深的烙印。

三、明代北京书肆的刊印活动及"聚书之地"的形成

由于明代采取的一系列文化宽松政策和当时刻书之风盛行的社会风尚，对北京书肆业的发展有着极大的推动作用。北京书肆行业的经营出现了显著的进步，书肆经营的图书品种、经营方式以及经营规律等都出现了全新的特征。

明代北京古旧书业的发展，充分体现出为应试举子和那些"做文官、弄学问"的封建士大夫服务的特点。北京每三年一次会试，各地举子纷纷入京，最多时达万余人，加上中央政府中的大批官宦以及太医院、国子监、钦天监、四译馆、翰林院、顺天府学等文化机构的官员，共同组成巨大的文化消费群体，对古旧书业的发展形成了直接的刺激作用。贡院考场前形成的三年一次的图书集市和城内朝前市的书肆、国子监附近的赵氏书铺等都映衬出书肆业大发展的景象。

明代北京书肆已经形成行业内刊刻、批发、流通等各环节完整的产业链，专业化分工明显，书肆的网点分布集中化、经营活动规律化的特点突出，充分显示北京书肆进入了成熟发展期。

明代北京正阳门至大明门的朝前市是北京的主要商业区域，此外，东华门外的灯市、都城隍庙的集市也是北京城的重要商品集散地。在这些商品集市中，都设有书肆或书摊。万历年间，胡应麟在其《少室山房笔丛》中记述："凡燕中书肆多在大明门之右，及礼部之外，及拱宸门之西。每会试举子，则书肆列于场前。每岁朝后三日，则移于灯市。朔、望并下瀚则徙于城隍庙中。灯市及东、城隍庙及西，皆日中贸易所也。灯市岁三日，城隍庙月三日，至期百货萃焉，书其一也。"① 胡应麟的这段记述，实际上只是将北京城内主要的书肆活动记录下来。其时，在北京的其他地方还有许多固定的书肆。叶德辉在考证古籍版本时记录说："正阳门内巡警铺对门金台书铺，嘉靖元年（1522年）翻刻元《张伯颜文选》六十卷。"② 这家历经元明两代的书铺还翻刻了大量的宋元旧版图书，像《史记正义注解》《名贤丛话诗林广记》等。在金台汪氏书铺附近的岳家书铺也是一个颇为著名的书肆。在北平解放初期，北京琉璃厂的来薰阁与蜚英阁合伙购到的一部明弘治十一年（1498年）《新刊大字魁本全像参增奇妙注释西厢记》，就是岳家书坊刊印的。该书上图下文，半页十二行，每行十八字，双栏黑口，卷末有"弘治戊午季冬金台岳家重刊"启示牌记十二行。此书官私书目未见著录，可谓海内孤本，在《西厢记》流传下来的内容

---

① 《少室山房笔丛》，上海：上海书店出版社2001年版。
② 《书林清话》，北京：古籍出版社1957年出版。

完整的各个版本之中，此书时间最早。后来中国书店曾经在其他古书的衬页中发现两张元代刊刻的《西厢记》残页，将《西厢记》最早刊刻时间上推了将近一百年，但其只是残页，最为完整的还是金台岳家明弘治十一年（1498 年）《新刊大字魁本全像参增奇妙注释西厢记》的刻本。

实际上，明代北京书肆的刻书是明代北京出版的重要组成部分，也是当时北京书肆主要的经营活动之一。

明代北京城的书肆众多，其中永顺堂，也称永顺书堂，就是一家在说唱词话和传奇刻本方面多有刊行的书肆。1967 年当时的上海嘉定县城东公社澄桥大队宣家生产队（今上海嘉定区）在当地一块叫宣家坟的土地上平整土地修建养猪场，无意中发现一座明代墓葬，在这座墓葬之中发现了一批明成化年的说唱词话和传奇刻本。当时当地农民并没有在意墓葬中出土的这批东西，农民宣奎元将这批图书拿回家放在一边。1972 年，上海书店老店员宣稼生下去收购时听到有人说宣家生产队在墓葬之中发现了一批古代刻本图书，便去查看，用五角钱将这批刻本旧刊本购回。上海书店后将这批刻本送到上海文物整理委员会考古组去鉴定，经专家鉴定这批古代雕版图书是极其珍贵的明代成化年北京书肆永顺书堂雕版刊行的说唱词话刻本。随即上海有关方面派员对澄桥大队宣家生产队墓葬进行了核查，初步意见是这批刻本是明代西安府同知宣昶妻子的随葬品。上海书店鉴于这批说唱词话和传奇刻本极为珍贵，便将其交给上海博物馆收藏。

上海嘉定县宣昶妻子墓出土的说唱词话和传奇刻本经过整理、研究，主要有四类。一是讲史三种，即：《花关索传》《石郎驸马传》《薛仁贵跨海征辽故事》；二是公案八种，主要有《新编全相唐》《新编说唱包龙图断歪乌盆传》《包龙图断曹国舅传》《张文贵传》《包龙图断白虎精传》《师官受妻刘都赛上元十五夜看灯传》等；三是《莺哥孝义传》《开宗义富贵孝义传》两种神怪小说；四是南戏《新编刘知远还乡白兔记》。这批出土的刻本基本上都是明成化年北京永顺书堂雕版刊行的。其中《新编说唱全相石郎驸马传》一卷，书卷末有"成化七年仲夏永顺堂新刊"的字眼，成化七年，即公元1471年。《新编全相说唱足本关索传》共四种，其中前集书末有书牌，上面刻有"成化戊戌仲春永顺书堂重刊"字眼，"戊戌"为明成化十四年（1478年）。《新编全相唐薛仁贵跨海征辽故事》在封面上方有横刻"北京新刊"的字眼，卷末有"成化辛卯永顺堂刊"的题记。"成化辛卯"为成化七年（1471年）。《新编说唱包龙图断歪乌盆传》卷末有"成化壬辰岁季秋书林永顺堂刊行"牌记，牌记为阴文。"成化壬辰"为成化八年（1472年）。《新编说唱包龙图断白虎精传》封面有"永顺书堂新刊"的字眼。《新刊全相说唱开宗义富贵孝义传》二卷，上卷末尾有"成化丁酉永顺堂书坊印行"的文字。"成化丁酉"为成化十三年（1477年）。《新刊全相莺歌孝义传》一卷，在其封面上部横刻"永顺堂新"的字眼，实际上，所谓"永顺堂新"就是"新刊"的意思。

1972年，复旦大学著名戏曲研究大家赵景深在《文物》杂志第11期上发表《谈明成化刊本"说唱词话"》一文[①]，披露了上海嘉定县出土的这批明成化年北京书肆永顺书堂刻本情况，引起社会各方面的重视。新中国成立以来，在墓葬中出土古代雕版刻本还极为罕见，上海嘉定出土的这批明代北京书肆刻本对明代小说史、戏曲史、版画

---

① 《文物》1972年第11期，北京：文物出版社1972年。

史、明代社会发展史以及版本学都具有重要的研究参考价值，而对于我们研究北京出版史来说，其意义更为突出。所以国家文物局原局长王冶秋先生称这批出土文物是"第二个马王堆的发现"，1979 年文物出版社以《明成化说唱词话丛刊》之名将这批刻本复制出版。通过上海嘉定出土的这批刻本可以看出，当时的永顺书堂刊行的书籍主要是适应城市市民阶层文化消费的文学唱本。这从另一个角度反映出当时的北京书肆已经有了非常明显的刊刻、发行的类别分工，其销售针对性十分突出，由此可以看出明代北京书肆的发展水平。

实际上，明代北京的各个书肆刊刻的图书，通过各图书馆所收藏的明版图书可以大体梳理出来一个基本的面貌。除了上面谈到的通过上海嘉定出土的明代书籍可以看到明代北京的永顺书堂以外，其他主要的书肆有以下一些店铺：

汪氏书铺，在正阳门内西第一巡更铺对门，是以经营文学类图书为主要特征的一家北京书肆。汪氏书铺店主汪谅颇具经营头脑，他在经营中发现福建建安余氏"勤友堂"雕刻的《千家注分类杜工部诗集》旧雕版，辗转购买到手，正德十四年（1519 年）用"勤友堂"旧雕版重新刷印出售，不过将书牌改为"正德己卯正月吉旦金台书林汪谅重刊"，充作自己书铺的刊行本。但由于"勤友堂"刊本确实不错，所以还是颇受人们的欢迎。汪谅换书牌子，号称"金台书林汪谅重刊"确实不厚道，但是在古代这样的书肆行为也并非罕见。不过在明代那样的社会发展水平下，一部典籍的书版从南到北数千里辗转，没有一定的经营规模是难以成功的。从这一点也看出当时汪氏书铺的经营规模以及汪谅的经营方式。除了《千家注分类杜工部诗集》外，汪氏书铺还在明正德五年（1510 年）刻印十卷本《陈思王集》，嘉靖元年（1522

年）刊刻出售过五十卷本《玉机微义》，嘉靖四年（1525 年）刻《史记集解索隐正义》一百三十卷，目录后面隽有"嘉靖乙酉金台汪谅刊行"的牌记。值得关注的是汪氏书铺嘉靖元年（1522 年）刊刻销售的六十卷本《文选注》，该书隽有书牌"嘉靖元年十二月望日金台汪谅古板校正新刊"，在该部《文选注》书牌之后，刊有汪氏书铺鬻书广告，这是我们目前看到明代北京书肆中比较特殊的一个内容。汪氏书铺的图书广告中刊登有以宋元旧雕版重新刷印的司马迁《史记正义注解》、梁昭明解注《文选》、黄鹤解注《杜诗》、千家注《苏诗》、解注《唐音》、刘寅注《五经直解》以及《玉机微义》，其鬻书广告上面明确注明："以上俱宋元版。"另外，鬻书广告还列有：《名贤丛话诗林广记》《韩诗外传》《潜夫论》《神奇秘谱》《太古遗音大全》《诗对押韵》《孝经注疏》等书，并特意注明"以上俱古版"。通过汪氏书铺的鬻书广告，再结合我们能查阅到汪氏书铺刊行的图书，我们就可以对汪氏书铺的经营规模和实力有所了解和掌握。汪氏书铺的经营活动有三点值得我们关注：一是这家书肆刊刻、流通图书的活跃期，从我们目前能够查阅到汪氏书铺刊刻的图书情况看，最早的是正德五年，即 1510 年，最晚的是嘉靖四年，即 1525 年。这十年是其出版、流通经营活动比较活跃的阶段。二是刊刻和流通书籍的品种类别，该书肆所雕版刊行的图书主要集中在古代文学、历史方面，即便有别的类型的图书，比如《神奇秘谱》，也是格调比较高雅的类型。从这两个方面看，汪氏书铺在北京城还是一家颇具盛名的书肆。

叶氏书铺，在北京宣武门内的铁匠胡同。万历十二年（1584 年）雕版传布有蓝印本《新刊真楷大字全号缙绅便览》，书后有"北京宣武门里铁匠胡同叶铺刊行，麒麟为记"的牌记。该书版式宽大，每半叶十行，所以书名才有"真楷大字"的说法。同年，该书肆还刊行有《新刊南北直隶十三省府州县正佐首领全号宦林便览》，书后也隽有"北京宣武门里铁匠胡同叶铺刊行"的书牌。叶氏书铺刊行的《缙绅便览》《宦林便览》都是实用型图书，清代琉璃厂书肆刊刻《缙绅便览》就是受此影响。

党氏书铺，在明代北京东单牌楼附近的观音寺胡同。万历四十一年（1613年）党氏书铺曾刊刻道教《三官经》，该经书后隽有"海大门里单牌楼观音寺胡同红字牌党三铺印造"。"海大门"是明代北京民间百姓的一种俗称，指的是北京城的崇文门。今天的东单大街与长安街交汇一带是元代大都城文明门旧址。元朝时因文明门内有哈达大王府，于是百姓也就称元大都文明门为"哈达门""哈德门"。元代《析津志》记载哈德门时说："哈达大王府在门内，因名之。"①明代以后元大都南城墙被推平，明代北京城南城墙南移二里修崇文门，与原来元大都文明门不远。明代很多人还习惯沿袭百姓俗称，故称崇文门也叫哈德门。明代文人颇有掉书袋的毛病，觉得叫哈德门、哈达门不雅，故撰文时经常写成"海岱门"，百姓往往不解其意，随口而呼，竟有叫"海大门"。所谓"海大门里"就是指的崇文门内。崇文门内的"单牌楼"，就是东单牌楼。至于在那附近的"观音寺胡同"已无考。"红字牌"过去一般是军邮驿站的代称。党氏书铺的位置就应该在今天北京东单一带。明崇祯九年（1636年）党氏书铺刻印过《泰山东岳十王宝卷》，书牌标注为"红字牌党三家经铺重刻本"。另外，这家书肆刻有《佛说观音菩萨救苦经》，卷尾隽有"崇文门里观音寺

---

① 《析津志辑佚》，北京：北京古籍出版社1983年版。

胡同党铺印行"的题记。国家图书馆收藏的海内孤本《佛顶心大陀罗尼经》三卷，就是党氏书铺所刻，经卷末尾有"观音寺胡同党氏刻本"的题记。从我们目前能查阅到的明代北京党氏书铺雕刻刊行的典籍来看，这家书肆主要是雕印佛教、道教经卷。

明代北京城的书肆除了上述几家所见刊印书籍较多者之外，还有一些书肆较为活跃，像忠恕堂、忠孝堂、平政堂、鲁氏寿元堂、是宝阁、高家书铺、二酉堂等都留下了其刊印典籍、销售图书的历史痕迹。其中二酉堂到清代时还在经营，一直到新中国成立之后公私合营到北京新华书店。

明代手工业作坊的普遍发展、商品供给的不断丰富以及社会经济的发达，使北京的城市手工业作坊的分工愈加细致，商品供应的类型也逐渐细化。这对于北京书肆业乃至全国书肆业都产生很大影响，书肆业也开始向专业化方向发展，形成图书刊刻、批发、零售的具体分工和专业经营。明代北京书肆开始出现行业内刊刻、批发及零售明确分工的经营格局，表明北京书肆业的专业化水平达到了一个新的高度，显示出这个行业经营的稳定性和成熟化。

应该看到，在我国古代历史进程中，北京从来就没有成为全国的出版中心。前面我们谈到的明代"南监本""北监本"的差别，足以说明北京在明代时虽然出版整体状况远远超过元大都时代，但是放在全国的范围进行比较，立刻就看出北京城出版发展水平还相对初始化一些。包括明代北京城的其他刊行图书的机构和民间坊肆，在雕版刻书方面与江南地区、东南福建一带，乃至四川等雕版热门地区相比较，确实存在明显的差距。汪氏书铺的汪谅之所以能在北京城形成了一定的规模，很大程度上与他辗转得到诸多南方宋元旧雕版有直接的关系。

从他的鬻书广告中就可以看出，他一再强调所重新刷印刊行的图书"俱宋元版"，包括他刊行的《神奇秘谱》《太古遗音大全》也要称为"俱古版"。其实《神奇秘谱》《太古遗音大全》为朱元璋第十七子朱权，也就是明代第一代宁王洪熙元年（1425年）在其南昌封地编撰而成，距汪谅嘉靖元年（1522年）的鬻书广告不过百年，汪谅称之为"古版"，其本意更是要突出这些图书典籍都是南方雕版的底子。从这里就可以看出明代北京城在图书出版方面的不足和差距。

但是，由于北京是明代都城，中央政权及其六部等诸衙署都集中在北京，大量的官员也汇聚于此。与此同时，明代每三年在京城举行会试，大比之年各地举子纷纷进京赶考。凡此种种，明代北京城便成为全国图书消费最为集中的城市，成为天下聚书之地。

胡应麟在其《少室山房笔丛》中这样描述："今海内书，凡聚书之地有四，燕市也、金陵也、闽阊也、临安也。"① 所谓"聚书"就是图书的集散地，用今天的语言说，就是"图书批销中心"，其文中所说的"燕市"即指北京城。尽管我国古代书肆长期以来基本上都是刊刻图书与销售图书一体化，也就是我们经常说的"前店后厂"，为中国传统的书肆经营模式。但就明代北京城成为"聚书之地"，从图书刊行和销售的社会化发展的角度看，北京书肆业出现这样的专业化分工，对古代书肆的发展具有突出的意义，它为图书的大规模生产提供了一种全新的行业框架结构。

另外，明代北京书肆在其经营模式、经营内容上开始强调有自己的经营特色和经营的主要内容。明代北京书肆的经营活动和经营内容

---

① 《少室山房笔丛》，上海：上海书店出版社2001年版。

与北京的重要文化活动相呼应，充分显示出这个行业对文化的依附性和与北京文化发展的互动作用。明代北京书肆业的发展，充分体现出为应试举子和那些"做文官、弄学问"的封建士大夫服务的特点。北京三年一次会试，各地举子纷纷入京，最多时有一万多人。而中央政府中的大批官宦及太医院、国子监、钦天监、四译馆、翰林院、顺天府学等官衙机构的官员，与众多赶考举子共同组成巨大的文化消费群体，对书肆业的发展形成了直接的刺激作用。也带动北京城的书肆为满足京城文化需求而"配套性"发展。每三年一次会试，于是在贡院考场前便形成的三年一次的图书集市。我国封建时代官员大多是经历科举选拔上来的，皆为读书人。读书人自然要读书，所以诸多书肆便"追着"这些官员读书人，在城内"朝前市"形成了大量书肆。国子监附近的赵氏书铺守着太学的监生门，自然要把经营的目标放在这些监生身上。所以才有赵氏书铺雕版刊行诸多文人学士的诗文集等，叶德辉的《书林清话》记载："弘治十年（1497 年）国子监前赵氏书铺刻《涧谷精选陆放翁诗集》前十卷，《须溪精选集》后八卷，别集一卷。"[1] 相比之下，居于正阳门商业区等处的汪氏书铺、岳家书铺多刊刻的是北京市民阶层喜好阅读的说唱词话和传奇刻本。鲜明的经营差异充分体现出明代北京书肆与北京城的文化发展相呼应的经营发展轨迹，这对于我们今天构建北京的图书出版、销售以及文化消费格局都有重要的借鉴意义。

---

[1] 《书林清话》，北京：古籍出版社 1957 年版。

第四章 清代北京出版的兴盛发展

第一节 清王朝建立及北京城全国政治文化中心地位的确定

一、满族的兴起与清王朝的建立

1644 年（崇祯十七年，顺治元年）多尔衮率领八旗兵丁进入北京城，并确定其为都城，标志着满洲统治者正式入主中原，清王朝开始了二百六十七年的统治，北京的历史也随之翻开了新的一页。作为从东北白山黑水崛起的北方少数民族，满族也是经历了融合发展而形成的一个新兴的少数民族。

满族的先民最早可以追溯至先秦文献中记载的肃慎人，他们以部落氏族为居住群体，栖息在东北辽阔的白山黑水之间。据《左传·昭公九年》记："肃慎、燕、亳，吾北土也。"[①]《后汉书·东夷传》也记载说"挹娄，古肃慎之国也……有五谷、麻布，出赤玉、好貂。无君长，其邑落各有大人。处于山林之间，土气极寒，常为穴居，以

---

① 《左传》，长沙：岳麓书社 1988 年版。

深为贵，大家至接九梯。好养豕，食其肉，衣其皮。冬以豕膏涂身，厚数分，以御风寒。夏则裸袒，以尺布蔽其前后。其人臭秽不洁，作厕于中，圜之而居……种众虽少，而多勇力，处山险，又善射，发能入人目。弓长四尺，力如弩。矢用楛，长一尺八寸，青石为镞，镞皆施毒，中人即死。便乘船，好寇盗，邻国畏患，而卒不能服"①。隋唐以后，靺鞨成为东北地区的主要居民。《旧唐书》记载："靺鞨，盖肃慎之地，后魏谓之勿吉，在京师东北六千余里。东至于海，西接突厥，南界高丽，北邻室韦。其国凡为数十部，各有酋帅，或附于高丽，或臣于突厥。而黑水靺鞨最处北方，尤称劲捷，每恃其勇，恒为邻境之患。俗皆编发，性凶悍，无忧戚，贵壮而贱老。无屋宇，并依山水掘地为穴，架木于上，以土覆之，状如中国之冢墓，相聚而居。夏则出随水草，冬则入处穴中。父子相承，世为君长。俗无文字。兵器有角弓及楛矢。其畜宜猪，富人至数百口，食其肉而衣其皮。死者穿地埋之，以身衬土，无棺敛之具，杀所乘马于尸前设祭。"②唐开元十三年（725 年），唐朝设立黑水都督府，管辖黑龙江流域的黑水靺鞨活动的区域。黑水靺鞨可谓是满族的直系远祖。

五代时，契丹人逐渐统治北方地区，其称黑水靺鞨为女真，女真族的名称由此而来。后因避辽真宗耶律宗真名讳，改女真为女直。辽代末期，女真各部在阿骨打的率领下起兵抗击辽代统治。阿骨打作为女真部落首领带兵反抗辽朝统治，对辽代统治者形成莫大的威胁，《辽史》中有这样的一段记载："上密谓枢密使萧奉先曰：'前日之燕，

① 《后汉书》卷八十五，北京：中华书局 1997 年版。
② 《旧唐书·列传第一四九》，北京：中华书局 1997 年版。

阿骨打意气雄豪，顾视不常，可以边事诛之。否则，必贻后患。'"①
金太祖收国元年（1115 年）阿骨打建立金朝政权，并于金天会三年
（1125 年）灭了辽代统治政权。随后，又于天会五年（1127 年）将
北宋灭亡，确立了女真族的金朝控制中国淮河以北广阔地域的统治格
局。金代统治时期，原黑水靺鞨区域被置于金朝上京直接管辖之下。
当时，进入中原的女真人逐渐分化或汉化，但是居住在东北地区的女
真人则处于较为缓慢的社会发展状态，以渔猎或者狩猎为主，甚至有
的处于原始社会的状态，而这一部分女真人与后来的满族部落的发展
有着直接的关联。

　　金天兴二年（1233 年），蒙古军队占据了黑龙江、乌苏里江流域，
金上京故地为蒙古军队所有。天兴三年（1234 年），元代结束金朝统治，
并在原金代上京会宁府设合兰府，统治外兴安岭到黑龙江一带的女真
各部落。当时元朝政权对这一地区的女真人采取随俗而治的统治方法，
设置五万户。

　　进入明代以后，东北地区的女真人情况开始发生变化。在东北女
真等部族地区，明代中央政府通过设立卫所等军政机构，对东北地区
女真人居住的区域进行行政管理，陆续设置了一批羁縻卫、所，用以
统治或控制当地居民。据《大明会典》卷一百〇七《东北夷》记载："女
直古肃慎地，在混同江东，开原城北。东滨海，西接兀良哈，南邻朝
鲜，为金余孽。永乐元年（1403 年），野人头目来朝，其后悉境归
附。九年（1411 年）始设奴儿干都司，建州兀者等卫，及千百户所。
以某酋长为都督都指挥，指挥千百户镇抚，赐敕印。又置马市开原城，

---

① 《辽史》卷二十七，北京：中华书局 1997 年版。

以通贸易。"① 明永乐元年（1403 年）设立建州卫，永乐九年（1411年）设置的奴儿干都司，下面管辖约三百八十四个卫、所。奴儿干都司治所驻于黑龙江下游今俄罗斯哈巴罗夫斯克边区塔赫塔，奴儿干都司的主要官员由明朝统治政权派遣，而各卫、所的指挥、千户等官职则任用"土官"，也就是女真部族的首领，即建州卫和建州左卫、建州右卫的首领均为女真部落首领担任，且父子世袭。东北地区的女真人经过元明两代的发展，到明代中后期逐步形成了建州女真、海西女真及东海女真三大部分。

明代中后期，建州、海西及东海女真，尤其是生活在辽宁浑江流域的建州女真的社会生产力大幅度提高，社会生活也发生了重大的转变，快速向奴隶制社会转型，伴之而起的是各个部落之间的袭掠冲突和兼并性的征伐频频发生。"各部崛起皆称王争长，相互残杀，甚至骨肉相残，强凌弱、众暴寡。"② 在这个征伐的历史过程中，努尔哈赤脱颖而出，成为统一女真各部落的历史人物。努尔哈赤十岁时丧母，后寄居其外祖父、建州首领王杲家中。他曾到抚顺、清河等地经商，广交朋友，逐渐学会使用蒙、汉语言文字。努尔哈赤偏爱中原汉文化，喜欢看《三国演义》《水浒传》等书，从中学习一些韬略兵法。明万历十一年（1583 年）努尔哈赤的父亲及祖父被明军误杀，遂袭父职为建州左卫都指挥。他以"兵不满百，甲仅三十副"③ 起兵征讨图伦城主尼堪外兰，开始了他的统一女真各部的大业。努尔哈赤在统一女真各部的过程中，一方面进行军事征讨，另一方面也注意招抚各部，"顺

---

① 《大明会典》卷一〇七，扬州：广陵书社 2007 年版。
②③ 《清实录·太祖初录》卷一，北京：中华书局、中国书店 1986 年版。

者以德服，逆者以兵临。"①经过十年的征讨，努尔哈赤兼并了建州女真各部，随后，又开始对海西女真、东海女真的征伐和兼并并逐渐将女真各部统一起来。"上自是开拓疆土，东自海，西至明辽东界，北自蒙古科尔沁之嫩乌喇江，南暨朝鲜国境。凡语音相同之国，俱征讨徕服而统一之。"②万历四十四年（1616年）努尔哈赤在赫图阿拉（即今天辽宁的满族自治县）登汗位，建大金国，年号天命，这也就是后人所说的"后金"。天命三年（万历四十六年，1618年）努尔哈赤颁"七大恨"檄文，开始向南发展，征伐明朝统治政权。第二年，他在萨尔浒大战中大败明军，克开元、铁岭。天命六年（天启元年，1621年）再接连攻占沈阳、辽阳。天命十年（天启五年，1625年）努尔哈赤将其都城迁至沈阳，完成了后金进一步向南发展的重要一步。次年，努尔哈赤在攻打宁远时负伤，不久伤病交加而死。他的第八子皇太极继承其汗位，改年号为天聪。

皇太极登基以后，继承努尔哈赤的统一志向，不断向周边扩展和征讨，先后用兵朝鲜，征服察哈尔、漠南蒙古、漠北蒙古，招抚喀尔喀部和黑龙江流域的虎尔哈、索伦各部。"自东北海滨，迄西北海滨，其间使犬、使鹿之邦，及产黑狐、黑貂之地，不事耕种、渔猎为生之俗，厄鲁特部落，以至斡难河源，远迩诸国，在在臣服。"③明崇祯九年（1636年），皇太极已经不再满足当大汗，其登基称帝，"崇德元年夏四月乙酉，祭告天地，行受尊号礼，定有天下之号曰大清，改元崇德，群

---

① 《清实录·太祖初录》卷一，北京：中华书局、中国书店1986年版。
② 《清实录·太祖实录》卷六，北京：中华书局、中国书店1986年版。
③ 《清实录·太宗实录》卷六十一，北京：中华书局、中国书店1986年版。

臣上尊号曰宽温仁圣皇帝，受朝贺"①。皇太极的大清政权建立，标志着以女真族为主体，以部分汉族、蒙古族、朝鲜族等融合形成新的民族群体——满洲族政治实体的正式确立。

二、满洲人入关前的满族文化发展

满族作为进入中原的统治者，在其入关之前的数百年发展中，逐步形成一个新的民族以及相应的民族文化。特别是后金的建立，使之在政治上日趋成熟。统治机构逐渐汉化和完善，与之相配套的是在文化上逐步形成了具有相对完整体系的满族文化特征。

满族文化的最大特征是它的多民族的融合性，所以满族文化形成和发展历程也像这个民族形成一样是一种多民族文化的融合体，它吸纳了女真人向满洲族演化过程中涉及的所有的民族的文化养分，并在各个民族的文化养分的培植下，以其新兴民族特有的渴望及活力吸纳着对满族成长有直接作用的文化养分，形成具有明显北方少数民族特色和浓郁的东北地域风格的满族文化。从文化的组成结构上看，满族文化是在远古的女真渔猎文化基础上，采纳和吸收了中原的以儒家文化为主体的农业文明、蒙古的游牧文化，形成了一种新的民族文化形态。满族文化的这一特征，在满文的创立和发展上具有很明显的代表性。女真人在金代所创立的文字到建州女真时代已经失传，其所使用的文字皆用蒙文。"凡属书翰，用蒙古字以代言者，十之六七，用汉字以代言者，十之三四，初未尝有清字也。我太祖高皇帝己亥年二月辛丑朔，始欲以蒙古字改制国书，乃谕儒臣额尔德尼、噶盖曰：'汉人读汉文，凡习汉字与未习汉字者，皆能听而知之。蒙古人读蒙古文，

---

① 《清史稿·太宗本纪二》，北京：中华书局 1977 年版。

虽未习蒙古字者，亦皆听而知之。今我国之语，必译为蒙古语，读之始解，其未习蒙古语者，仍不能知也。如何以我国之语制字为难，返以习他国之语为易耶？'"[1] 伴随着满族的逐渐崛起，女真统治者也开始意识到这种缺乏本民族文字的巨大的局限性和文化的劣势性，特别是伴随着满洲族的逐步的壮大和意欲向中原挺进，更需要满族拥有自己的文字来表述其政治的、社会的发展愿望。由此，努尔哈赤立意创立满文，于是"额尔德尼遂与噶盖遵依睿谟，将蒙古字编辑连写，制为国书，创立满字，颁行域内。今所用满文连合数字为一者，皆额尔德尼等承旨拟制者也。其后又命儒臣大海增添圈点，分别语气，其法盖备。又以满文与汉字对音未全者，于十二字母之外，增添外字；其不能尽叶者，则以两字连写，切成一字。用韵之巧，较汉文反切法更为稳叶。"[2] 由此可见，满文的创立和完善的过程，充分显示出满族在它的成长过程中各个民族文化兼容的特点。

满族文化与中原地区的汉文化相比较，功利性的快速成长特征显得颇为突出。早在努尔哈赤统治时期，后金在统治体制上多仿照蒙古统治政权的模式，同时也吸纳一些汉族统治的内容。随着满族势力的发展，到了皇太极统治时期，情况发生了比较大的变化，大清的统治者更关注效仿和学习汉族的封建文化。天聪三年（崇祯二年，1629 年）四月，皇太极"命巴克什达海同笔帖式刚林等翻译汉字书籍，笔帖式吴巴什等四人记注本朝政事"[3]。天聪五年（崇祯四年，1631 年）七月，皇太极仿造明朝政体"设立六部，改巴克什为笔帖式，其文馆大臣原

---

① 《听雨丛谈》卷十一，北京：中华书局 1984 年版。
② 《听雨丛谈》卷十一，北京：中华书局 1984 年版。
③ 《听雨丛谈》卷一，北京：中华书局 1984 年版。

有榜式之号者仍之"①。天聪八年（崇祯七年，1634 年），后金政权按照中原汉族政权的模式实行了科举考试。据记载："天聪八年（1634年）四月，始立科举之制，太宗文皇帝命礼部考取八旗通于文义之士，取中满洲习满书者刚林、敦多惠二人，满洲习汉书者察不害、恩国泰二人，汉人习满书者宜成格，汉人习汉书者齐国儒、朱灿然、罗绣锦、梁正泰、雷兴、马国柱、金柱、王来用八人，蒙古习蒙书者博特、石岱、苏鲁木三人，共十六人，均赐举人，各予衣一袭，免四丁，宴于礼部。"②皇太极建大清国后，满族统治者进一步加快了学习效仿汉族封建体制的速度，甚至几乎是亦步亦趋地效仿着明代的政权结构。皇太极曾告谕廷臣"凡事都照《大明会典》行"③。同时也加大翻译汉文经典书籍，"崇德初，文皇帝患国人不识汉字，罔知治体，乃命达文成公海翻译《国语》《四书》及《三国志》各一部颁赐耆旧，以为临政规范"④。将"《国语》《四书》及《三国志》各一部颁赐耆旧"，这是满洲人在关外最早的书籍刊行活动。此外，崇德元年（崇祯九年，1636 年）皇太极在原有的三院六部基础上又仿照明制，设置监察机关——都察院。崇德二年（崇祯十年，1637 年）十月朔，皇太极"以汉文历书颁行满洲、蒙古"。另外，为了多聚揽人才，满足其发展的需要，在科举上也愈加的重视，"崇德三年（1638 年）八月，赐新中举人罗硕、常鼐、胡邱、阿济格毕礼克图、王文奎、苏宏祖、杨方兴、曹京、张大任、于变龙十名，各衣一袭，半个佐领品级，各免人丁四名。""六

---

① 《听雨丛谈》卷五，北京：中华书局 1984 年版。
② 《听雨丛谈》卷七，北京：中华书局 1984 年版。
③ 《史料丛刊初编》《天聪朝臣工奏议》，民国十三年（1924 年）东方学会刊行。
④ 《啸亭杂录·续录》卷一，上海：上海古籍出版社 2012 年版。

年（1641 年）六月，内院大学士范文程、刚林、希福等奏，以满汉蒙古士人考取秀才举人。秋七月，赐新中举人满洲鄂貌图、赫德，蒙古杜当，汉军崔光前、卞三元、章矛天、卞为凤，各缎朝衣一领。"①皇太极在这么短的时间内频频的举行科举，而且每次给予的赏赐和给予的待遇都颇为丰厚，有其聚揽人才的客观所需，也可以看出满族统治者效仿中原汉族封建制度的急切心情。

作为满族的最高统治者，皇太极不仅仅是在统治制度上积极仿效明代的政权体制，在思想上也极为重视吸纳儒家文化思想。他对汉族典籍抱有极为浓厚的兴趣，甚至"于军旅之际手不释卷。"②他认为"儒书一节深明道理"，故积极倡导诸王公、贝勒贝子及其大臣们阅读儒家典籍。甚至将学习儒家文化作为其统治阶层子弟的重要内容，他曾经谕令"凡子弟十五岁以下、八岁以上者，俱令读书"③，以使之"忠君亲上"。皇太极对儒家经典的积极倡导和政策性要求，体现了满族统治阶层中对儒家思想及其文化理念处于全盘接受的状态。

如果将契丹人的辽朝、女真人的金代、蒙古族的元朝这三个少数民族入主中原与满族统治者入主中原之前相比较，大清国的满族统治者与其他三个少数民族统治者的最大区别在于他们在入主中原之前就在思想上、社会道德观念上几乎全盘地接受了中原的儒家思想和先进的中原封建文化。而另外三个少数民族政权，更多的是入主中原后才逐步地开始与中原先进文化相融合。相比之下，满族在入关之前已经

---

① 《听雨丛谈》卷七，北京：中华书局 1984 年版。
② 《啸亭杂录》卷一，上海：上海古籍出版社 2012 年版。
③ 《清史稿·太宗本纪一》，北京：中华书局 1977 年版。

高度的"汉化"，并将儒家正统思想融会到自己的统治理念之中。所以，当吴三桂兵败大顺军后向清军乞兵投降时，多尔衮以所谓"率仁义之师"入关作战，俨然已经是儒家文化的继承者的身份。

三、满族入关与清王朝全国统治地位的确立

正当满族统治者在关外为征讨明朝厉兵秣马之时，中原地区的大明王朝也走到了它的尽头。崇祯十七年（1644年）正月，已经与明朝统治者征战多年的农民起义军首领李自成在陕西西安称王，立国号为大顺，建元永昌。正月初八，李自成统帅十万大军向北京进发，向明王朝统治中心北京发起决定性的总攻。三月十七日，李自成农民起义军攻下北京，崇祯皇帝在煤山自缢身亡，大明朝土崩瓦解。

李自成占领北京后，开始做其统治的准备，但农民起义军的历史局限性使得他的部属早已经忘却了应有的警觉，贪图享乐之风在其部属中开始弥漫。而远在山海关的守将总兵吴三桂此时企图以归顺李自成而换取全家的平安和自身的功名。然而，由于起义军将领刘宗敏拷夹吴三桂父亲吴襄、掳掠其爱妾陈圆圆，吴三桂转而与李自成农民起义军对峙。四月十三日，李自成、刘宗敏亲率大军十万人向山海关进发进剿吴三桂。大顺军与吴三桂守军激战两日，吴三桂大败。在此情况下，吴三桂向清军乞求借兵。吴三桂的乞降让清统治者喜出望外。四月二十二日，清军秘密入关。当李自成大顺军与吴三桂守军拼杀地疲惫不堪时，清军铁骑突然杀出，大败李自成军队，李自成被迫退回北京。随后清军尾随而至，进攻北京城，李自成难以招架，四月三十日，李自成率大顺军从阜成门向西撤离北京城。五月二日，多尔衮率清军自朝阳门进入北京城。

多尔衮占领北京后与诸王公大臣商议，迁都于北京。顺治元年（1644年）九月福临抵达北京，十月初一日，顺治皇帝于南郊祭告天地，行定鼎登基之礼，"冬十月乙卯朔，上亲诣南郊告祭天地，即皇帝位，遣官告祭太庙、社稷"①。十月十日，颁行即位诏书，宣布"今年十月乙卯朔，祇告天地宗庙社稷，定鼎燕京，仍建有天下之号曰大清，纪元顺治"②。至此，二百七十余年的大明朝和短短一个多月的大顺朝被新崛起的满族大清国所替代，中国封建时代又开始了新的一页。

第二节　清前期北京文化发展

一、清代北京全国文化中心的形成

满族统治者入主中原并迅速地控制了全国大部分地区，他们所面临的是如何保持对以汉族为主体的中原广博大地进行有效的统治，如何以军事武装占领转向以文治天下。满族统治者与辽、金、元少数民族统治者最大的差异在于满族在关外崛起时对中原地区的儒家文化接受程度很高，甚至对儒家文化有很强的渴求欲望。因此，当清军入关并在全国建立统治地位后，必然要把自己扮成是儒家文化的继承和弘扬者。这样做一是为了笼络汉族士族阶层，促使汉族民众臣服于清王朝统治；二是为了让满族统治阶层适应入主中原后的变化，加快向先进的中原儒家文化汲取养分。在这个角色和统治理念的转换过程中，"尊孔崇儒"便成为清王朝统治着最需要彰显的统治举措。

---

① 《清史稿·世祖本纪一》，北京：中华书局1977年版。
② 《清世祖实录》卷九，北京：中华书局、中国书店1986年版。

顺治元年（1644）六月十六日，多尔衮就曾派遣官员祭孔，以表示满族统治者对孔子的尊奉。十月初一日，顺治皇帝行定鼎登基之礼后，便以孔子六十五代孙孔胤植"袭封衍圣公，其五经博士等官袭封如故"[①]，又令孔允钰等仍袭五经博士。顺治二年（1645 年）正月，孔胤植为感谢清廷对孔子及其后世子孙的封赏，专门进京谢恩。为了表示对孔子的敬重，更是为了显示满族统治阶层是儒家思想的法统继承者，顺治皇帝对孔胤植的进京谢恩极为重视，特派员迎候、慰劳，所给予的礼遇及赏赐也甚是丰厚。朝见之时，孔胤植班列阁臣之上，并一再赐茶赐宴。正月初五日，顺治皇帝钦赐孔胤植三台银印，赐予孔胤植阅廷试试卷的殊荣。正月二十七日，顺治又下令改孔子神牌为"大成至圣文宣先师孔子之位"。五月十二日，清廷颁令衍圣公孔胤植及所属官员役专敕一道，同时在北京内城太仆寺街上赐宅一座，即北京的衍圣公府邸。顺治十四年（1657）二月十六日，又将孔子神牌改为"至圣先师"。不仅仅是顺治皇帝对孔子尊奉有加，清王朝以后的皇帝也极为重视尊孔崇儒。康熙六年（1667 年），康熙皇帝恩准孔毓圻袭爵，主持林庙祭祀，并在瀛台亲自召见孔毓圻。第二年又下诏命孔毓圻袭封衍圣公，并授光禄大夫。康熙八年（1669 年）四月，康熙皇帝亲自到太学"释奠先师孔子，讲周易、尚书"[②]。康熙二十三年（1684 年），康熙皇帝还亲临曲阜祭祀孔子，成为第一位到曲阜祭祀孔子的清代皇帝。康熙二十四年（1685 年）康熙亲笔御书"万世师表"匾额，将孔子的神圣的地位推到极致。雍正皇帝即位以

---

① 《清史稿·本纪四》，北京：中华书局 1977 年版。
② 《清史稿·圣祖本纪一》，北京：中华书局 1977 年版。

后于雍正元年（1723年）六月十二日正式颁诏，"加封孔子先世五代俱为王爵。木金父公为肇圣王，祈父公为裕圣王，防叔公为诒圣王，伯夏公为昌圣王，叔梁公为启圣王"①。甚至还于雍正八年（1730年）十一月降旨，"特设圣庙执事官四十员，其中三品二员，四品四员，五品六员，七品八员，八品、九品各十员。各按品级给与章服，每逢圣庙祭祀之时，虔肃冠裳，骏奔趋事"②。清王朝统治者对孔子的尊崇，是在向汉族民众表明他们与以往的历朝汉族统治者一样，都是孔圣人的信奉者和儒家思想的继承人，以此来巩固大清朝的统治。同时，这也是满族统治者吸纳中原汉族封建文化的主要举措。

　　清王朝统治者另一个笼络汉族士绅阶层的手段就是开科取士和设"博学鸿儒科"。顺治元年（1644年）十月，顺治皇帝诏各直省开科，以二年（1645年）秋八月举行乡试，三年（1646年）春二月举行会试。清廷任命范文程、刚林、冯铨等人为会试总裁官。当时清廷的军事征服刚刚结束，就立即开始开科取士，足见其既急需招揽人才，也需要笼络汉族士绅阶层。正如范文程在其奏章中所说："治天下在得民心，士为秀民，士心得，则民心得矣。请再行乡、会试，广其登进。"③为了解决聚揽人才的迫切需要，顺治皇帝还特下令"取中副榜之制"，凡"乡、会试卷有文理优长于额数者取作副榜，于正榜同发。凡中副榜者，免其廷试，即由礼部咨送吏部授职"④。这次科考也确实为清王朝初期遴选了大批的汉族人才。顺治三年（1646年）首科中曾出

---

①　《清实录·世宗实录》卷六，北京：中华书局、中国书店1986年版。

②　《清实录·世宗实录》卷一百，北京：中华书局、中国书店1986年版。

③　《清史稿》《范文程传》，北京：中华书局1977年版。

④　《清稗类钞·考试类》，北京：中华书局2010年版。

了四位大学士、八位尚书、十五位侍郎、三位督抚，还有都察院副都御史、通政司使、大理寺卿、内院学士等六位高官。清王朝第二年又在北京举行了第二次会试，实行"加科"，并"赐吕宫等进士及第出身有差"①。以后顺治朝每三年一科，其中顺治九年（1652年）和顺治十二年（1655年）还增设满洲榜，"定顺天乡试满洲、蒙古为一榜，汉军、汉人为一榜，会试、殿试如之"②，即分满榜和汉榜，每科两榜各取一名状元。

康熙皇帝为了更多地招揽天下名士，在会试之外又开设"博学鸿儒科"。清康熙十七年（1678年）下诏曰："一代之兴，必有博学鸿儒振起文运，阐发经史，以备顾问。朕万几余暇，思得博通之士，用资典学。其有学行兼优、文词卓越之士，勿论已仕未仕，中外臣工各举所知，朕将亲试焉。"③自此始称"博学鸿儒科"，乾隆时改为"博学鸿词科"。康熙十八年（1679年）"三月丙申朔，御试博学鸿儒词于保和殿，授彭孙遹等五十人侍读、侍讲、编修、检讨等官"④。康熙朝开始设立"博学鸿儒科"最直接的目的在于将散居于各地，尤其是东南地区的隐逸之士、博学大儒，吸引到清廷的直接统治范畴之内。一方面将其精深之学充分地用于清王朝的统治，达到笼络天下儒士的目的。另一方面也折射出满族统治者进入中原地区后，对汉族儒家文化的迫切需要，这既有其加强满族统治力量的迫切需求，也有提高自身的文化素养的渴望。大清国的皇帝已经不能再只是驰骋马上的女真部落首领的形象，也要成为在儒家学说上的饱学之士，以此来显

① 《清史稿·世祖本纪一》，北京：中华书局1977年版。
② 《清史稿·世祖本纪二》，北京：中华书局1977年版。
③④ 《清史稿·圣祖本纪》，北京：中华书局1977年版。

现出清廷"满汉一家"的统治意识。有这样的统治意识和治国理念，康熙自然懂得将天下饱学之士聚揽于京畿之地，让其为大清国所用，这是巩固满族统治极为重要的文化方略。更重要的是，将这些在前明时期就已经具有巨大的文化学术影响，而且在汉族士子阶层中极具影响力的隐逸之士、博学大儒聚揽在清廷为满人所用，这对争取汉族士阶层，乃至整个汉人臣服之心，是极为重要的。康熙皇帝在开设"博学鸿儒科"上是不惜投入"血本"。单从他将宋高宗时的"博学宏词科"更名为"博学鸿儒科"，"宏词"改为"鸿儒"，两字之差，不论是开科的内容，还是开科的内涵，都可谓是天壤之别。以往的"宏词"体现的是对儒家学士词章才能的考量，而改为"鸿儒"一词，对参与者的誉美之意昭然若揭。别管是不是被"博学鸿儒科"所取，单凭被荐举为"鸿儒"的美誉就足以让极重名节声望的汉族儒士得到极大的心理满足。

清代前期的科举及博学鸿儒科为满族统治者招揽天下汉族名士发挥了积极的作用，对缓和满汉之间的矛盾冲突，结成满汉统治阶层的联盟，稳定清廷的统治都有很直接的影响。而满族统治者在这个过程中，也大大地加快了其自身的汉化过程。

清王朝为加强统治，在文化上采取的另一个重大的举措就是编修汉文典籍和翻译儒家经典作品。满族统治者在入关之前就十分注重对汉文书籍的翻译及学习。入主中原后，对汉族典籍的需求欲望更高，而且从统治的角度上看也更为迫切，既是提高满族封建统治能力的一种必然，也是加强满汉文化沟通和交流的必须。清入关后，首先注意的是学习汉族的文化，顺治元年（1644 年）"十一月乙酉朔，设满洲司业、助教，官员子孙有欲习国书、汉书者，并入国子监读书"①。这势必引发清王朝统治者对汉文典籍的注意和刊行。顺治二年（1645年）五月，清廷下令："命内三院大学士冯铨、洪承畴、李建泰、范文程、刚林、祁充格等纂修《明史》。"②当时，"由总裁提名副总裁和纂修官，并设收掌官七员，满字誊录十员，汉字誊录三十六员"③，这是清王朝由皇家主持纂修《明史》的开始。然而，以顺治初年的实际情况，撰修《明史》并非易事，甚至有很大的资料障碍。明朝的档案史料散失极多，实录也很不全，据当时的记载：《明熹宗天启实录》缺天启四年（1624年）纪事，天启七年（1627年）六月及崇祯一朝事迹俱缺，这必然给撰修《明史》带来巨大难题，大学士刚林在顺治八年（1651年）二月上奏，以重金购求天启、崇祯实录以及邸报、野史、外传等书籍，但最终并未有什么明显的成效。实际上对于清统治高层而言，撰修《明史》所面对的诸多难题未尝没有察觉。但是即便如此，还是在顺治二年（1645年）全国尚未完全平定的形势下，匆匆诏令撰修《明史》，其文化象征意义和与汉族儒士修好关系的亲近之态不言而喻。尽管《明史》后来的撰修经历了康熙、雍正等几朝，但由此开始的编修汉文典籍也同时拉开了序幕。顺治一朝，先后由中央编撰了《通鉴全书》《资政要览》等十几种典籍。这对于刚刚入主中原的满族统治者而言，已经是很突出的文化成就了。

康熙朝以后，编修汉文典籍，倡导学习儒家文化，更成为清王朝加强统治的一项主要的文化政策。康熙皇帝即位以后，在文化政策上越加突出对儒家文化的学习和继承，并开始大量编撰、刊刻儒家经典

---

①② 《清史稿·世祖本纪一》，北京：中华书局1977年版。

③ 《清实录·世祖实录》，北京：中华书局、中国书店1986年版。

著作以及天文历法、历史地理、诗歌文学等方面的图书，并对实录、圣训、会典、方略的编修极其重视。康熙亲政以后没多久，便于康熙六年（1667 年）九月命修《世祖实录》。康熙十八年（1679 年）五月，"命内阁学士徐元文为《明史》监修总裁官，掌院学士叶方蔼、右庶子张玉书为总裁官"①。康熙对《明史》的撰修也极为重视，他在康熙三十六年（1697 年）春正月就《明史》的撰修问题谈到："朕观《明史》，一代并无女后预政，以臣凌君之事。我朝事例，因之者多。朕不似前人辄讥亡国也。现修《明史》，其以此谕增入敕书。"②当然，康熙所关注的不仅仅是《明史》，他是从整个文化政策的实施效果上去看待撰修刊行儒家经典。他曾经对自己学习儒家经典有过这样的阐述："朕自五龄即知读书，八龄践祚，辄以学庸训诂询之左右，求得大意而后愉快。日所读者必使字字成诵，从来不敢自欺。及四子之书既已通贯，乃读《尚书》，于典谟训诰之中，体会古帝王孜孜求治之意，期见之实行。及读《大》《易》，观象玩占于数，圣人扶阳抑阴，防微杜渐，垂世立教之精心，朕皆反覆探索，必心与理会，不使纤毫撼格。实觉义理悦心，故乐此不疲。"③因此也广求天下之书，康熙二十四年（1685 年）四月"诏医官博采医林载籍，勒成一书"，他在康熙二十五年（1686 年）四月还曾下谕礼部："自古帝王致治隆文，典籍具备，犹必博采遗书，用充秘府，盖以广见闻，而资掌故，甚盛事也。朕留心艺文，晨夕披览，虽内府书籍篇目粗陈，而裒集未备。因思通都大邑应有藏编，野乘名山岂无善本，今宜广为访辑。凡经史

①②　《清实录·圣祖实录》，北京：中华书局、中国书店 1986 年版。
③　《康熙起居注》第二册，北京：中华书局 1984 年版。

子集，除寻常刻本外，其有藏书秘录，作何给值采集，凡借本抄写事宜，尔部院会同详议具奏，务令搜罗罔轶，以副朕稽古崇文之至意。"①正是由于康熙对撰修典籍的重视，康熙一朝先后刊刻了《康熙字典》《佩文韵府》《渊鉴类函》《格致镜原》以及研究唐代文学的重要文献《全唐诗》，医家经典文献《张仲景金匮要略论注》等等一大批典籍。

正是由于清代初期积极倡导和努力组织实施一系列的尊孔崇儒的文化政策，特别是以中央集权的实力采取的尊孔、开科和刊刻典籍的举措，北京在这个过程中逐渐成为全国文化统治和重大文化活动的中心。这一点与明代的北京和南京在文化上施展着各自的城市影响有很大的区别。

二、清代前期学术发展与北京文化主导地位的确立

北京自辽、金、元、明几代王朝定都于此，并且通过历朝各代统治者的一系列统治政策的发布和各个朝代统治者居住于此，让北京成为全国文化统治中心。但是，就全国范围内而言，北京仅仅是统治者发号其文化统治政策的皇城，并非是真正意义上的文化活动中心和学术研究中心。因此，清以前的北京在文化学术发展的方面并没有形成对全国主导性的影响。

清王朝建都北京以后，随着清前期的逐渐发展，特别是满族统治者为了笼络汉族知识分子而采取的一系列重要文化政策，逐渐吸引全国汉族文人名士汇聚北京。大批汉族学术名家汇集京城，并在此参与重要的文化项目或者参加重大的文化活动，让北京在清代文化学术发

---

① 《熙朝新语》卷七，上海：上海古籍书店1983年影印。

展和文化学术研究、交流上，越来越凸显出全国首善之区的主导地位。北京文化发展历程上之所以能出现如此变化，主要缘于清代康熙年间的"博学鸿儒科"的开设、明史馆等文化典籍编修书馆的设立及对中原传统文化进行大规模的历史性总结。

清代前期，满族统治者一方面出于对汉族儒家文化的重视和学习，另一方面也为了笼络汉族知识分子，开展了一系列传统典籍的整理编修工作，设立了很多官办书局。尤其是顺治、康熙、雍正和乾隆四朝先后在北京设立"圣训馆""实录馆""明史馆""方略馆""通鉴馆""国史馆""一统志馆""八旗志书馆"等官办书局三十多个。这些官办书局设立后，招揽了大量文人雅士齐聚京师辇下。参加官办书局编修工作的文人学者，不仅能比较便利地查阅丰富的国家级文献档案，零距离接触以往在地方难以接触到的历史文献资料，也可通过编修工作彼此进行深入的学术交流。很多文人学士，特别是有些存有明代遗民心态的文人，其内心原本不愿过于密切地与清廷合作，但当时清王朝中央政权的这种文化笼络姿态，尤其是从学术研究的角度不仅可以大量地掌握珍贵的文献资料，又可以与众多学术研究同道相交流，自然也陆续汇聚于京城。

自顺治朝到乾隆朝，在北京讲学、游历、为官及寓居、参加修书修史活动的汉族文人雅士几乎涵盖了当时全国各文化学术领域的名儒大家。朱彝尊、顾炎武、万斯同、王士禛、孙承泽、谈迁、陈维崧、阎若璩、胡渭、钱大昕、孙星衍、李渔、纪昀、戴震等都曾经在北京居住和进行文化学术活动。这些学术大师齐聚京城，使得北京的文化学术发展水平有了质的跨越。北京已经成为全国的学术文化中心，并影响着清前期整个学术领域的发展，这是以往北京所没有过的变化，也是北京文化发展史上重要的转折期。

第三节　清代整理文化典籍及在北京的雕版刊行

一、清初对传统文化典籍的整理和刊行

对汉族传统文化典籍进行历史性的总结和大规模的整理，是清代前期北京文化发展的重要内容，也是北京文化是在这一阶段的突出特征。前面谈到，清代的统治者由于其特有的民族性，再加之清朝统治的客观需要，在吸纳、学习以儒家思想为主体的汉民族中原文化上格外地重视。同时在这个过程中，剔除不利于满族统治的内容和思想，让以儒家思想为主体的汉民族先进文化与大清国的政权统治有机地结合起来，是满族统治者与汉族封建统治阶层相融合的机缘。自然，这样的文化整理便成为清代统治者维系其政权的必然。当然，顺治朝到康熙朝的经济的发展和社会环境的改善，使得这样的大规模文化整理也拥有了良好的基础和实力。在这样的一个大背景下，也在于这样的一个政治的、文化的动因，满族统治者在对汉民族传统文化典籍的整理上颇为卖力，这就出现了清代前期顺治朝到乾隆年间对中原传统文化典籍进行大规模整理的结果。纵观清代前期的发展，从顺治、康熙到乾隆、嘉庆朝，对古代的传统文化整理主要体现在两大方面，一是由中央政府出面组织，整理、编纂大型典籍，像《清通鉴》《资政要览》《古今图书集成》《明史》《康熙字典》《佩文韵府》《骈字类编》《渊鉴类涵》以及《四库全书》等。这些大型的典籍整理项目，是对传统文化典籍一次较为系统完整的整理，也是以儒家思想为主体的中原文化集大成的过程。清代对传统文化整理的另一个方面是乾嘉

考据学派的名家鸿儒对我国历史上典籍所进行的校勘、辑佚和考证辨伪。这两方面大规模的文化整理活动，对清统治者笼络汉族知识分子起到了极大的作用，对清朝的政治统治的稳定和思想上的强化控制有着直接的作用，客观上形成了在我国历史发展过程中，对文化学术典籍进行全面总结和系统整理的积极成果。

清代前期对典籍的大规模整理和对文化的全面的总结，大多是在北京完成的，这使得北京在文化发展中起到了其他城市难以比拟的主导作用，也对北京的文化发展、城市的文化结构以及与之配套的典籍收藏、图书刊刻、图书流通等有着直接的影响和作用。如果说明代北京是天下四大"聚书"中心之一的话，清代的北京则成为全国典籍整理、编纂和流通的最主要的中心城市。

顺治朝时，福临亲政以后对汉族的儒家文化颇为重视，注意对汉族文化的吸纳。毕竟当时的满洲族入关不久，急于在强化统治上有所举措。如果说顺治二年（1645 年）时多尔衮曾经下令让冯铨、洪承畴、范文程等人编撰《明史》，更多的是为了显示满族统治者入主中原后对汉族知识分子的一种姿态的话，福临亲政后在汉族文化典籍的整理上更多的是急于借鉴和总结适合于清王朝统治的经验和教训。顺治朝福临亲政后没多久，便开始组织汉族官员编撰《资政要览》。《资政要览》按忠臣、孝子、贤人、廉史予以编次，以儒家理论为经，列历史上"正""反"两方面的事例为纬，分别阐述君、臣、父、子之道，以为"齐家治国"之方策。顺治还以皇帝的名义编撰了一批宣扬儒家思想的书籍，如：《劝学文》《御制人臣儆心录》《劝善要言》《御纂内政辑要》《太上感应篇》等。顺治一朝所刻之书，因其宫内刻书还是利用明朝的刻书机构，故所刊之书带有明显的明经厂本特点，字体正方，横细竖粗，结构呆板，字大如钱，人称"匠体"。

清代大规模的以中央政府出面组织收集、编撰和整理历代典籍，主要是从康熙朝开始。康熙皇帝大力倡导经学、史学、文学，"留意典籍，编定群书"①，故广为招揽汉族儒生雅士，编纂儒家经典、历代史籍和文学典籍，在对文化典籍的整理上出现了清代第一次编撰、刊刻高潮。为了加强清廷整理编纂和刊行古代典籍的能力，康熙十九年（1680 年）康熙下旨专门设立"武英殿造办处"，后改为"武英殿修书处"，承担皇家整理刊行典籍的编撰、刊刻任务。

对于缘例编修《实录》《圣训》等，康熙自然不会怠慢，康熙六年（1667 年）九月，康熙下旨开始撰修《世祖实录》，康熙十一年（1672 年）五月编纂完成。康熙十年（1671 年）四月，康熙命续修《太祖圣训》《太宗圣训》。康熙十二年（1673 年）七月，康熙又命重修《太宗实录》。康熙二十一年（1682）十月下诏重修《太祖实录》，康熙二十五年（1686 年）二月完成。随后康熙又于这一年开始纂修《三朝圣训》。由此可以看出，康熙在编撰前朝《实录》和《圣训》上是颇为重视的，这一方面是总结统治经验，另一方面也是彰显康熙自己对大清国法统的继承。当然，康熙一朝对编修《方略》也十分重视。平定三藩之乱以后康熙二十一年（1682 年），康熙下令开始编撰《平定三逆方略》。康熙一朝，先后编修《平定三逆方略》《平定察哈尔布尔尼方略》《平定海寇纪略》《平定朔漠方略》《平定罗刹方略》《平定朔漠方略》等。清代所编方略是反映清朝重大军事活动的官方记录，记载了很多涉及边疆和民族问题的内容，对研究有清一代军事史、边

---

① 《清实录·圣祖实录》，北京：中华书局、中国书店 1986 年版。

疆史与边疆政策、民族史、民族政策以及宗教、结社等方面的历史有着十分珍贵的史料价值。清王朝的统治者编纂方略，一方面是为颂扬满族统治者的武功文治，另一方面也为了作为其统治的借鉴。因此，历代皇帝对方略的编修都十分重视，基本上都是亲自颁旨，组织专门人员修撰。在编撰《平定三逆方略》时，康熙皇帝对其内容进行细致的审阅，甚至对其内容提出很明确、有时是很严厉的要求，他曾就该书的具体内容对撰修官员说："尔等所修《平定三逆方略》四册，朕已览毕，其中舛错颇多。如王辅臣由云南援剿总兵官授为陕西提督，今谓由陕西总兵官升任；至论赞中援宋太祖杯酒释兵权事，吴三桂非宋功臣可比，乃唐藩镇之流耳。尔等其酌改之。"①康熙四十七年（1708年）七月《平定朔漠方略》编撰完成时，康熙皇帝还亲自为《平定朔漠方略》作序。为了修好方略，清统治者专门为此设立"方略馆"，主持编撰事项。康熙时，还只是为撰修某一个方略设立该书的"方略馆"，到乾隆十四年（1749 年）为撰修《平定金川方略》，乾隆下旨将"方略馆"确定为清朝政府的常设机构。康熙朝开始修纂方略，以后各朝也纷纷效仿，清自康熙朝始，到光绪年止，敕修或地方官吏修撰的方略达二十六部之多，到了宣统朝，实在是因为大清国气息奄奄，没的可修了。清代修方略是清廷中央政权重要的文化活动，尤其是乾隆朝以后有了常设的"方略馆"，这样的文化工程就愈加地突出，只是由于纂修方略的主要资料来源于军机处抄录存案的上谕档或者录副奏折，所以人们以往在对清代文化研究时，对撰修的方略并不是很关注。

康熙一朝除了敕纂《实录》《圣训》和方略之外，对儒家的正统

---

① 《清朝文献通考》，杭州：浙江古籍出版社 2000 年版。

思想和忠孝伦理更为关注，对儒家经典进行整理和编撰，既是以此表示满族统治者绝对的统治地位和"满汉一家"的意识，也是维护其统治极为需要的高台教化之事，因此其在对传统典籍的整理编纂上极为重视。康熙十年（1671年）二月，康熙亲政后仅三年便下令编纂《孝经衍义》。康熙十八年（1679年）开博学鸿儒科招揽儒学大家，为清廷开展大规模古代典籍整理编纂提供了极为优秀的人才队伍。康熙十八年（1672年）康熙颁旨，开"明史馆"，由徐元文任《明史》编书局的总裁官，将博学鸿儒科中试的五十位博学鸿儒悉数安排到明史馆，参与《明史》的编纂工作。甚至还利用其他汉族官员的身份，延揽了一些不愿意入仕清廷的名儒大家参与《明史》的撰修，像万斯同、阎若璩等都是在这个时候被聚揽到京城的。《明史》一书的编纂是《二十四史》中花费时间最长、过程最为曲折、命运多舛的一部史书。它起始于顺治二年（1645年），后因史料残缺以及其他因素而中断。康熙四年（1665年）再次重启《明史》纂修工作，但不久因纂修《清世祖实录》而又一次中断。康熙招揽博学鸿儒之后，拥有了一大批学术造诣极高的名家大儒，为又一次启动《明史》的纂修工作建立了很好的基础。然而，康熙朝依旧没有彻底将《明史》编纂工作完成，直到乾隆四年（1739年）保和殿大学士张廷玉等人在康熙朝所撰《明史稿》的基础上最终完成此项工作。从顺治二年（1645年）开明史馆到乾隆四年（1739年）张廷玉等最终完成，《明史》的编纂工作长达九十五年，是我国历史上编修时间最长的一部史书。《明史》全书共三百三十二卷，其中本纪二十四卷、志七十五卷、表十三卷、列传二百二十卷。由于它的曲折性，也由于前后参与这部史书的编纂者多为当时天下名儒，又几经周折、反复，这部史书在编纂体例、选取资料、叙述方法、语言文字等方面都具有很高的学术水平，为史家所称道。

除了编纂《明史》之外，康熙朝还曾经编纂了《渊鉴类函》《骈字类编》《全唐诗》《佩文韵府》《康熙字典》《古今图书集成》等一批在文化发展史上具有重要影响的图书。

《渊鉴类函》是康熙敕命康熙六年（1667 年）进士、文华殿大学士张英和王士禛编撰的一部类书，康熙认为"类书自《皇览》以下，旧本皆佚""类书从无善本，惟《唐类函》略称赡备，宣推其体例，漱润增华"。于是命张英和王士禛在明代俞安期所编的基础上"广其条例，博采元、明以前文章事迹，胪纲列目，荟为一编，务使远有所稽，近有所考，源流本末，一一灿然"[①]。全书四百五十卷，在采纳和吸收了《唐类函》《太平御览》《玉海》以及历朝史书以及子部、集部等文献资料的基础上编纂而成，其在内容上、篇幅上都远远超过《太平御览》。全书分四十三部，各目仍旧依《唐类函》的体例，每部之下分类，共分为二千五百余类，每类以释名、总论、沿革、缘起、典故、对偶、摘句，诗文为最后。所选之类以时代先后为次，并在其下注明出处。对《唐类函》原有文字，《渊鉴类函》在前面标一"原"字，而对增补部分则标"增"字。书中所有典故、对偶、摘句等，都以明嘉靖年间为下限，引文均标明出处，诗文部分大多标篇名，远有所稽，近有所考，对于人们使用极有帮助。康熙四十九年（1710 年），该书由内府刊刻颁行。

《佩文韵府》是康熙朝武英殿刊行的又一部大型词藻典故类书，

---

① 《渊鉴类函》，北京：中国书店 1985 年版。

可谓是供文人填词作赋、吟诗唱和时选取词藻和寻找典故以求押韵对仗的工具书。康熙四十三年（1704年）康熙皇帝敕令张玉书、陈廷敬、李光地等七十六人开始编撰，至康熙五十年（1711年）成书。这部类书的编纂，以元阴时夫《韵府群玉》、明凌稚隆《五车韵瑞》为基础，汇集类书中有关资料增补、整理而成。所收之词，以词语末字为字头，以韵系字。书中所收，上自先秦典籍，下至明代文人著作，卷帙浩繁，且将古之词语、典故及其出处一一录入。全书正集四百四十四卷，单字约一万个，引录诗文词藻典故约一百四十万条。之所以称《佩文韵府》，是由康熙书斋"佩文"而来。

康熙四十九年（1710年），康熙皇帝又命大学士张玉书、礼部侍郎凌绍雯仿照明梅膺祚《字汇》、张自烈的《正字通》的编辑体例，编纂一部大清国的《字汇》。张玉书、凌绍雯在《字汇》《正字通》的基础上加以增补扩充，收录了四万七千零三十五个字，以二百一十四个部首分类，并注有反切注音、字之出处及每一个字的不同音切和不同释义等内容，且收录的绝大多数字的出处，都列举出其始见之书。康熙五十五年（1716年）书编成后由武英殿刊刻颁行，因这部字书编纂于康熙朝，后人便称其为《康熙字典》。

康熙朝编纂大型典籍中还有两部图书，历经康熙雍正两朝，一部鸿篇巨帙是《古今图书集成》，另一部是《骈字类编》。

《古今图书集成》是我国古代整理编纂的最大的一部类书，全书一万零四十卷，分为六个汇编、三十二典、六千一百一十七部，各部之下按分类原则编排，共分十类：汇考、总论、图、表、列传、艺文、选句、纪事、杂录、外编。《古今图书集成》之纂辑最初由陈梦雷提出。陈梦雷（1650—1741年），字则震、省斋，号天一道人，晚年又号松鹤老人，福建闽县（今福建福州市）人。清康熙九年（1670 年）殿试进士，授翰林院编修。其因三藩之乱而获罪，被下狱判死罪，后经刑部尚书徐乾学斡旋而免死罪谪戍奉天。康熙三十七年（1698 年），康熙帝东巡时因赏识其才华，将他特恩释放，召回京师。第二年任命其为词臣、侍读，并为皇三子胤祉侍读。其在胤祉府邸时提出纂辑此书并获得批准，遂自康熙四十年（1701 年）十月开始编纂，到康熙四十四年（1705 年）五月完成初稿，定名为《古今图书汇编》。初稿编成后进呈康熙皇帝，获得康熙首肯，更名为《古今图书集成》，并敕令开馆重辑。雍正即位后，陈梦雷因胤祉获罪而被株连再次发遣戍边，再也无缘《古今图书集成》。雍正即位后，诏命文华殿大学士蒋延锡重新编校《古今图书集成》，雍正四年（1726 年）定稿。六年（1728 年）武英殿以铜活字摆印，共刷印六十六部。《古今图书集成》版面为双栏，每半页九行，行二十字。摆印太史连纸刷印三十余部，又用开化纸刷印三十余部，全书为包背装，覆以黄色绫布封皮，其装帧极为考究。《古今图书集成》成为我国现存规模最大、最完备的类书，也是我们目前所见到的卷数和字数最多的铜活字刊印古籍图书。

二、乾隆时期典籍整理出版带来北京古代出版发展的高峰

乾隆继承皇位以后，经过康熙、雍正两朝的经济发展和中央皇权的巩固，出现了所谓的"太平盛世"，这为乾隆年间的北京文化发展提供了良好的社会经济基础和更具实力的文化环境。特别是乾隆朝的经济发展、政治相对稳定和文化上的逐步积累，为乾隆实现其盛世修典宏伟理想提供了优厚的条件。

乾隆朝在编修大型典籍上首先是延续康熙、雍正时期官修大型图

书的传统。康熙二十五年（1686 年）三月，康熙帝下令由大学士徐乾学主持，参照明代《大明一统志》修撰编修《大清一统志》，但后因徐乾学获罪而停顿。雍正时敕令各省纂辑各省通志，随后又再次启动《大清一统志》的编修工程。乾隆即位后，仍旧继续该书的撰修，乾隆九年（1744 年）完成。全书三百四十二卷，各地编排顺序为：京师、直隶、盛京、江苏、安徽、山西、山东、河南、陕西、甘肃、浙江、江西、湖北、湖南、四川、福建、广东、广西、云南、贵州等，对于清朝所控制的外藩及朝贡诸国则于后作附录。这部大书的内容，除京师之外，每个省均先立统部，冠以图、表，首分野，次建置沿革、形势、职官、户口、田赋、名宦等内容。而对省以下的各府和直隶下辖各州，以图、表陈述，按照分野、建置沿革、形势、风俗、城池、学校、户口、田赋、山川、古迹、关隘、津梁、堤堰、陵墓、寺观、名宦、人物、流寓、列女、仙释、土产等二十一门罗列，所述情形上自清朝开国之初，下至乾隆八年（1743 年）。乾隆前期，经过平定准葛尔部和大小和卓叛乱之后，天山南北以及哈萨克、东西布鲁特、霍华、安集延、拔达克山等部落先后归顺，清王朝的统治范围不断得到巩固。在这样的形势下，乾隆二十九年（1764 年），开始重修《大清一统志》，经过二十年的重新整理和增加了新疆等地的图、表等资料后，于乾隆四十九年（1784 年）完成。此外，乾隆时期还开"三通馆"，仿照"三通"体例，编写《清朝文献通考》《清朝通志》《清朝通典》，于乾隆五十二年（1787 年）修成。《清朝文献通考》，当时刊行时又称为《皇朝文献通考》，全书三百卷，体例参照《文献通考》，在《通考》二十四门的基础上，又增设"群庙""群祀"两门，主要记载清代初年到乾隆五十年（1785 年）前后大清国典章制度。

《清通典》一百卷，依旧例分为九门，记述清代典章制度。《清通志》一百二十六卷，由嵇璜、刘墉等奉乾隆谕旨编撰，所收典章制度自清朝初年开始，到乾隆五十年（1785 年）为止，有氏族、六书、七音、校雠、图谱、金石、昆虫草木等二十略。

　　当然，乾隆年间最大、也最为突出的典籍纂修是《四库全书》的编修。《四库全书》是我国历史上最大的一部官修典籍，也是我国古代最大的一部丛书。"四库"之说源于唐代初期的官府藏书的分类，我国古代图书分类一直沿用经、史、子、集四部。《四库全书》依据经、史、子、集四部分类，辑汇了先秦至乾隆间的图籍三千四百六十一种、七万九千三百零九卷，全书分为三万六千三百零九册。存目六千七百九十三种，九万三千五百五十一卷。乾隆三十七年（1772 年）正月四日，乾隆皇帝下诏搜求各地官私藏书，这是《四库全书》的编纂的序幕。乾隆三十八年（1773 年），乾隆下令在京开"四库馆"，编修《四库全书》，"闰三月己巳……命刘统勋等充办理《四库全书》总裁"[①]。"四库馆"由质郡王永瑢、大学士刘统勋、于敏中任总裁，兵部侍郎纪昀、大理寺卿陆锡熊为总纂官主持编务，陆费墀、戴震、邵晋涵、王念孙、姚鼐、翁方纲、周永年、朱筠、任大椿、金简、程晋芳等一大批名儒大家先后进入四库馆参加编修工作，《四库全书》整个编纂过程中参加编校工作的人员达三千余人。乾隆三十八年（1773 年）三月二十八日，乾隆又一次下诏，措辞严厉地限定各省督抚在半年之内将民间图书搜求完毕，不得延误。

　　当时所征集和选录的图书主要有以下六个来源。

---

　　① 《清史稿·高宗本纪四》，北京：中华书局 1977 年版。

一是敕撰本，即由皇帝下旨编纂的典籍。敕撰本又分为御定、御纂、御批、御制、御注、御选、御编等不同类型，《四库全书》中总计收录敕撰本经、史、子、集四部著录一百四十九种，并均列于各门类清人著述之前，以示敬重。

二是内府藏书，这部分藏书多在皇史宬、懋勤殿、摛藻堂、昭仁殿、武英殿、景阳宫、上书房、内阁大库、含经堂等处，通常称为"内府藏本"。《四库全书》中收录内府藏本三百二十七种，另存目的有四百二十种。

三是从《永乐大典》辑佚图书，乾隆时期武英殿自《永乐大典》中辑出大量典籍，收录到《四库全书》中的有三百八十五种，四千九百二十卷，另有一百二十七种存目。

四是由各省督抚征集进呈的各种典籍，这部分图书各地官府陆续进呈四千六百余种。

五是私人进献本，这部分多是江南地区收藏名家进献的，像宁波范家的天一阁、昆山徐家的传是楼、秀水朱家的曝书亭都曾经进献过珍藏之书。当然有的是自愿进呈，有的则是奉旨进献。对进献品种多的，乾隆还特意赏赐《古今图书集成》一部，以示褒奖，进献百种以上的赏赐《钦定佩文韵府》一部。

六是采用当时社会的通行本，像经部的《周易郑康成注》、史部的《通鉴纪事本末》、子部的《新书》、集部的《山带阁注楚辞》等约百种之多，另有存目八十七种。

《四库全书》通过多种渠道征集和反复遴选，最后确定收录三千四百六十一种，是我国历史上所收录古代典籍最为丰富的。丛书按照图书的内容分经、史、子、集四部，下分四十四类、六十六属。

经部所包括的有易类、书类、诗类、礼类、春秋类、孝经类、五经总义类、四书类、乐类、小学类十类，史部包括正史类、编年类、纪事本末类、杂史类、别史类、诏令奏议类、传记类、史钞类、载记类、时令类、地理类、职官类、政书类、目录类、史评类等十五类，子部包括儒家类、兵家类、法家类、农家类、医家类、天文算法类、术数类、艺术类、谱录类、杂家类、类书类、小说家类、释家类、道家类十四大类，集部包括楚辞、别集、总集、诗文评、词曲五大类。为了编纂《四库全书》，乾隆动用了倾国之力，他自己亲自过问和参与纂修工作，从选本、收录、辑撰，到抄录、刊刻乃至装帧等均一一过问。尤其是中间出现差错和问题时，乾隆对责任人直接训斥。

当然，乾隆也充分利用这次编撰的机会，对流传下来的古代典籍进行了大量的删改、抽减，甚至是把他认为不利于满族统治者的图书实行禁毁政策，因编纂《四库全书》而禁毁的图书达两千八百余种。

乾隆四十六年（1781 年）《四库全书》编纂完成，并抄录出第一部进呈御览，被收藏于紫禁城的文渊阁。这部《四库全书》册首钤有"文渊阁宝"的朱文方印，卷尾则钤有"乾隆御览之宝"朱文方印。随后两年多的时间，又先后抄录了三部，分别收藏于圆明园的文源阁、沈阳故宫的文溯阁和承德避暑山庄的文津阁。乾隆四十七年（1782 年）到乾隆五十二年（1787 年）再先后誊抄了三部，分别藏于镇江金山寺文宗阁、扬州大观堂文汇阁和杭州圣因寺文澜阁。《四库全书》所采用的纸张均为质量上乘的开化榜纸和坚白太史连纸，每册用绢面包背装，经、史、子、集均用不同的颜色以示区分。经部为古代典籍之首，若新春更始，故用绿色。史部喻示繁盛，若盛夏之火，所以用红色装潢。子部博采百家，如同秋实之貌，用浅色装帧。集部荟萃诸家名著，犹如冬藏，皆用深色装潢。《四库全书》的编纂，对整理和保存我国古代典籍，传播华夏传统文化有着极为重要的意义，也彰显了清代在整理以汉族儒家文化为主体的中国传统文化所作出地积极贡献。《四库全书》的编修、整理的思路，对后世的古籍整理工作，特别是在辑佚、校勘、目录学、汇刻丛书等方面给后人留下许多有益的启示和重要的借鉴。不仅仅如此，乾隆年间开四库馆编修《四库全书》，也给北京琉璃厂书肆业的发展提供了强大的动力和优越的外部环境，同时也带动和刺激了琉璃厂其他文化经营类别的发展。

当然，谈清代在典籍文化大规模的整理上的成就，就不能不涉及清廷的中央政权典籍编撰刊行机构——武英殿修书处。为了有系统地对满汉文典籍进行整理、编纂和刊行，满族统治者以皇帝的名义设立了专门的修书、刊刻的机构武英殿修书处。康熙十九年（1680 年）康熙下旨专门设立武英殿造办处，还特意谕示："凡放匠之处，妃、嫔、贵人等不许行走，待晚间放匠后方许行走。"[①] 后来武英殿造办处又改称为武英殿修书处，隶属于内务府。武英殿修书处由亲王大臣总理，或选派翰林院词臣负责管理，并任用博学的词科学士参与编校刻印书籍，下设监造、主事、笔帖式、总裁、总纂、纂修、协修等数十人。另外还从南方招募各类工匠担任雕版、刷印、装帧等活计。

作为皇家的编辑出版机构，武英殿修书处在清代文化史的发展上，有过极为显著的促进作用，也成为北京文化发展史上一个重要的标志。由于武英殿特殊的地位和它的优越的条件，其所刊刻的典籍图书不论是在内容上、出版方式上还是刊行手段上都具有它的特殊价值，被后

---

① 《清实录·圣祖实录》，北京：中华书局、中国书店 1986 年版。

人称为"殿本"。武英殿不仅用木版刻印的形式出书，还采用铜活字、木活字等工艺刊刻书籍。武英殿刊本通常使用特制的开化纸印刷，字体秀丽工整，绘图完善精美，以书品华贵、版印精良而享誉天下，其中有很多极为珍贵的版本。康熙年后期，武英殿先后刊行了铜活字的《律吕正义》《御制律吕正义》《御制数理精蕴》《御定星历考源》等书。雍正四年（1726年），武英殿刊行的《钦定古今图书集成》是我国历史上最大部头的铜活字典籍。到了乾隆年间，武英殿在整理典籍和编纂古书上更是极为活跃。乾隆三十八年（1773年），为了编修《四库全书》，乾隆诏令将《永乐大典》中"实在流传已少，其书足资启牖后学，广益多闻者，即将书名摘出，撮取著书大旨，叙列目录进呈，俟朕裁定，汇付剞劂"①。最初从《永乐大典》中辑录的《帝范》《汉官旧仪》《易纬八种》《魏郑公谏续录》等书还采用传统的木版刊刻手段，但随后武英殿总管大臣金简发现"不惟所用版片浩繁，且逐部刊刻，亦需时日"②，在这样的情形下金简提出雕造木活字排印这批图书。乾隆三十九年（1774年）五月，武英殿工匠雕凿出木活字共计二十五万，并按《佩文韵府》诗韵进行分类。《永乐大典》辑录出来的每一种典籍，均用木活字排出样稿，交翰林校刊处校对无误后着手正式排印。用这样的方式和木活字印出的书籍，称其为活字本。对用木活字刊行书籍，乾隆大加赞赏，他说："校辑《永乐大典》内之散简零编，并蒐访天下遗籍不下万余种，汇为《四库全书》，择人所罕睹、有裨世道人心及足资考镜者，剞劂流传，嘉惠来

---

① 《四库全书总目提要》，上海：商务印书馆1933年版。
② 《武英殿聚珍版办书程式》，北京：中国书店2009年版。

学。第种类多，则付雕非易。董武英殿事金简以活字法为请，既不滥费枣梨，又不久淹岁月，用力省而程功速，至简且捷。"① 为此，特赐木活字排版为"聚珍"，故以后用木活字印行的典籍，皆被称为"聚珍本"。从《永乐大典》中辑录的这批古书被后人称为《武英殿聚珍本丛书》。《武英殿聚珍本丛书》始印于乾隆三十八年（1773 年）十月，止于乾隆五十九年（1794 年），先后刊行了一百三十四种书籍，二千三百九十三卷，一千四百二十余册。嘉庆年间，武英殿又排印了《钦定平苗纪略》《畿辅安澜志》《续琉球国志》《乾隆八旬万行盛典》《西巡盛典》《吏部则例》《钦定重举千叟宴诗》八种聚珍本。

三、乾隆年间《乾隆大藏经》《满文大藏经》的刊行

清王朝建立初期，刊行佛教经卷主要在我国的南方地区，尤其是顺治到康熙年间，嘉兴楞严寺是当时刊刻佛经最主要的集中地。雍正在位期间对佛教的崇信，不仅其个人在佛学领域多有著述，也格外重视对传播已久的佛教经典进行收集和整理。雍正十一年（1733 年），雍正下旨开设藏经馆，由和硕庄亲王允禄负责，收录流传中原大地的佛教经卷。雍正十三年（1735 年）雍正下令聘请对佛教经典著作熟识的僧人在北京贤良寺开始对收集的各种佛教经卷进行重新整理、编刊。雍正皇帝下令整理的这批佛教经卷，在乾隆三年（1738 年）刊行，命名为《大清重刊三藏教目录》，也就是人们后来俗称的《乾隆大藏经》《龙藏》。

《乾隆大藏经》是以祝崇寺所藏明代永乐年《永乐北藏》为底本进行整理、编校的，藏经为七千一百六十八卷，收录经卷

---

① 《武英殿聚珍版办书程式》，北京：中国书店 2009 年版。

一千六百六十九部，共七百二十四卷，其中正藏为四百八十五卷，续藏二百三十九卷，诸经文以《千字文》单字排号。雍正十三年（1735年）在陆续整理的经卷基础上开始雕版，到乾隆三年（1738年）全部完成雕版。雕版完成后，刷印一百部，分送全国名寺宝刹收藏。这部藏经因其经页雕版边缘雕有龙纹作为装饰，所以人们将这部大藏经也称之为《龙藏》。

清廷雕刻规模宏大的《乾隆大藏经》仅仅是其礼佛敬释整理刊行经书的活动之一。除了这部藏经之外，早在康熙二十二年（1683）康熙皇帝命第二世章嘉活佛为总校阅对藏文甘珠尔进行整理，并付梓刊印。随后，乾隆五十五年（1790年），乾隆皇帝下令以藏传佛教高僧章嘉国师为首，整理并翻译佛教经典，编撰刊行《满文大藏经》，共两千五百三十四卷，分为一百零八函。清代大量佛教经卷在北京整理、雕刻和刊行，将清代北京佛教发展以及佛学典籍的研究推向了一个新的高峰，也让北京宗教在全国第一次具有统领全国佛教发展的地位和影响。

清代前期对汉族文化典籍的大规模整理、编纂和刊行，以清廷武英殿修书处、明史馆、三通馆、四库馆等纂修机构的设立和一系列的古籍整理活动，以及《乾隆大藏经》《满文大藏经》等重要典籍的整理出版活动，使得清代北京城在文化、学术方面成为整理、研究、出版和流通的中心，并在全国范围内占据了主导地位。

第五章　清代北京书肆发展及琉璃厂文化街兴起

第一节　琉璃厂及其文化街的兴起

一、琉璃厂早期历史变迁

　　琉璃厂在北京的历史发展中，特别是在北京文化史的发展过程中有着极为独特的影响和作用，自清代前期到以后的民国乃至今天，这里聚集着众多以经营古旧书刊、文献典籍和传统字画、文房四宝、碑帖尺牍、古玩珠宝等中国传统文化用品的店铺。我们今天通常所说的琉璃厂，东起延寿寺街、桶子胡同，西至南北柳巷，整条街全长 866米。其中，东街长 506 米，最宽处 9 米，最窄处 5 米；西街长 360 米，最宽处 15 米，最窄处 8 米。在清代前期则是以琉璃厂东西街为中心，北至西河沿，南到虎坊桥的一个相对广泛的区域，一直是一个以经营文化商品及相关行业的文化消费街区。琉璃厂被视为中国传统文化的窗口，有"中国博物馆街"的美誉，被文人学士视为安身立命之所。

甚至有的学者将这里经营古旧书刊的书店和销售文房四宝的店铺称为"开架的图书馆""免费的博物馆"。数百年来，这里曾经集散、保护和流通了不可估量的文化财富，成为中国传统文化物质载体的"聚宝盆"，在北京的历史文化发展史上显示出特有的作用。

琉璃厂地区最早叫海王村，在辽金时期是辽南京或金中都城东的一个村落。清乾隆三十五年（1770 年），工部衙门在琉璃厂掘土中发现辽代御使大夫李内贞的墓葬，并出土有墓志，上面记录李内贞于保宁十年（978 年）"八月八日，葬于京东燕下乡海王邨（村）"。这是历史上最早关于琉璃厂一带地名的历史记述。今天的琉璃厂中心地带的中国书店所在地——海王村公园就是出自辽代地名。辽金时这里曾经因有大延寿寺而著名。金天会五年（1127 年），金兵攻破北宋都城，北宋灭亡，宋徽宗、宋钦宗被押往北方，途经北京时徽宗赵佶、郑后被囚禁于此。

海王村与"琉璃"结缘始于元代大都城的建设。琉璃，古代又作流离、瑠璃，是一种有色半透明的矿物质材料。一般泛指在陶质的筒瓦、板瓦、脊瓦及其他建筑构件上烧制一层薄薄、细腻的彩色釉的建筑构件。西周时期我国就出现了用陶质板瓦和筒瓦建造的屋宇。战国时期已经有琉璃工艺制作的器物。宋代时用琉璃烧制建筑构件的工艺趋于成熟。元代时，琉璃建筑构件已经广为使用。特别是明清两代，烧制琉璃制品的工艺水平达到了顶峰，不仅烧制的物件品种丰富，而且在釉色上也从一般的黄、绿、蓝三色发展到翡翠绿、孔雀蓝、紫晶色以及黑白等二十余种釉色。中国的古代建筑很注重色彩的运用，并且作为一种地位和身份的象征列入典章制度之中。《易经》所言："君子黄中通理……正位居体……美在其中而畅于四支，发于事业，美之至也。"① 也正是出于此典，黄色便成为历代帝王所独享的专色，皇家的宫殿自然也是用黄色的琉璃瓦来装饰。

元代至元元年（1264 年），忽必烈将燕京城改名为中都，至元四年（1267 年），元统治者开始在大都城营建皇城和宫殿。建造一个规模宏大的帝国都城，需要大量的建筑构件。元统治者对琉璃瓦构筑的宫殿极为倾心，金黄的琉璃瓦在耀眼的阳光下闪烁着迷人的光彩。当年马可·波罗在描述元代大都城的宫殿时，曾将皇宫宫殿上的琉璃瓦形容为铺满黄金的瓦，以至多少年来欧洲人总认为元大都的宫殿是那样的富丽堂皇，遍布黄金。也就是由于大都城建设的需要，昔日的海王村便成为烧制琉璃构件的窑场。海王村位于元大都城的南侧，距离大都城的位置比较近，但又在城市的外面。这里地旷人稀，有一些水洼、河道，在这里建立琉璃窑，烧制琉璃瓦，既可以利用河道从西山将烧窑的木柴煤炭源源不断地运抵海王村，又可以在地旷人稀之处取土建窑，颇为便利。从此，这里便成为烧制琉璃构件的主要窑区。

明洪武元年（1368 年）徐达率军攻入北京，元王朝灭亡。明初定都于南京城，后来燕王朱棣推翻了建文帝自己登上皇位，改元永乐。永乐元年（1403 年），朱棣下诏以北平为北京。永乐五年（1407 年）明成祖朱棣下诏营造北京城，整个修建工程到永乐十八年（1420 年）十一月才基本完成。明王朝建造北京城时，对建筑用料的需求很大，其中琉璃构件需求量更大。明代设立"厂衙"管理官家督办的手工业作坊，是明代官府督办的手工业发展的一个基本模式。明永乐年营造北京城也是采用设立"厂衙"的办法，由内务府和工部派员管理。当

---

① 《周易本义》，北京：中国书店 1987 年版。

时为准备建造北京城所需要的建筑材料和加工建筑构件，明官府在北京建立了五大厂，即：神木厂、大木厂、黑窑厂、台基厂和琉璃厂。琉璃厂就是在元代海王村琉璃窑的基础上设立由官府开办的烧制琉璃构件的琉璃窑厂，并设立"琉璃厂衙署"，由宫内太监掌管，督办琉璃构件的烧制，"琉璃厂"之名，也就是在这时候才开始出现的。

现在经常听到有人在介绍琉璃厂时，常常说琉璃厂的出现是从元代开始的，这种说法是不正确的。元代时这里开始出现烧制琉璃的琉璃窑，并无明确的史籍记载此时有琉璃厂衙的设置。因此，不能说"琉璃厂"在元代开始出现。

明永乐年之后，这里的琉璃窑的规模逐渐缩小。明嘉靖年修筑外罗城，将琉璃厂圈在外城城内，这里逐渐热闹起来。清代初年，这里的琉璃窑厂还曾经有过一段兴旺，但很快琉璃窑的发展逐渐被京西模式口一带的琉璃窑所替代。但窑厂衙署的设置，一直持续到清代。据《帝京岁时纪胜》记载："琉璃厂在正阳门外之西。厂制东三门，西一门，街长里许，中有石桥。桥北为公廨，东北楼门为瞻云阁，即窑场之正门也。厂内有官署、作房、神祠……"[①]。根据乾隆年间绘制的琉璃厂地图所标注的位置，结合今天琉璃厂的实际状况看，厂东门在今天的东琉璃厂邮局的位置，西门应在今天的椿树医院西侧。琉璃厂官衙的位置应在今天的一得阁大楼及其前面的停车场的位置。清代末年琉璃厂衙关闭，但是其名称"琉璃厂"却留存下来。

二、清代初年的旗民分城而居与宣南文化形成

清王朝占据北京城后，立即开始在城内圈地占房。清兵 1644 年

---

① 《燕京岁时记 帝京岁时纪胜》，北京：北京古籍出版社 1981 年版。

五月二日进城，六月十日便由摄政王和硕睿亲王诏谕："京城内官民房屋被圈者，皆免三年税赋。其中有与被圈房屋之人同居者，亦免一年。"① 从进城到发布上谕，不过一个月多一点的时间，足见清统治者急于将八旗兵丁安置于城内的迫切心情。当年十月，顺治皇帝在即位诏书中则明确表示"京都兵民分城居住"为"合行条例"的内容之一。这是清统治者第一次明确地提出旗民分城而居的要求。清廷在最初还是一种积极倡导原居住在内城的汉族居民迁移出城的引导政策，"顺治元年（1644）五月朔以前，凡属通征，概予豁除。兵民散居京城，实不获已，其东中西三城已迁徙者，准免租赋三年；南北二城虽未迁徙，亦免一年"②。到清顺治五年（1648 年），情况发生彻底的变化，八月十九日，顺治皇帝颁布谕令："凡汉官及商民人等尽徙南城。"这道谕令标志着清朝政权以强制的手段，彻底地实行旗民分城而居的管理政策。从此，北京城的居民分布和城市社会格局产生了重大变化，并对有清一代北京的发展与北京文化的形成产生了重大影响。为确保旗民分城而居的政策得以落实，清王朝对内城汉族居民的搬迁做出了具体的规定，对居住于内城的原来的汉族官民，其房屋不管是拆掉另行修造，还是直接将房屋卖与八旗兵丁，均由户部和工部派人"详查房屋间数，每间给银四两"。核准后，"令各亲身赴户部衙门，当堂领取"。而搬迁的时间，明确规定为"定限来岁岁终搬尽"③。为推动和刺激内城居民加快搬迁，同年十月，清廷又做补充规定，除了原房屋任其拆卖和按房屋间数领取银两之外，"有土地者，准免赋税一

---

① 《清实录·世祖实录》卷五，北京：中华书局、中国书店 1986 年版。
② 《清史稿·世祖本纪》，北京：中华书局 1977 年版。
③ 《清实录·世祖实录》卷四十，北京：中华书局、中国书店 1986 年版。

年，无土地者，准免丁银一年"①。与此同时，还派工部、五城御史核查南城官民空地，择址造屋。就这样，原内城居民纷纷举家外迁，搬到北京外罗城琉璃厂所在的宣南坊一带居住。当然，在这个迁徙的过程中，汉族的平民百姓饱受盘剥，但又无可奈何。对于这段历史过程，清康熙年间汪文柏在《庚辰秋琉璃厂监造屋宇册籍随笔书怀》中写道："有明户口聚，九门惠居民。皇朝定鼎初，出入从城闉。圈地分八旗，天兵为比邻。外城是官地，架屋许都人。所以琉璃厂，衡宇如鱼鳞……"②，琉璃厂也就是从这时开始形成密集的居民区。

旗民分城而居，使得北京城的居民居住布局和城市的发展产生了根本性的调整和改变。元代时，依据的是前朝后市的营城规则，明朝也基本如是。特别是明朝近三百年的发展，北京城的市民阶层和市井文化有了相当程度的发展，北京内城显示出浓郁的城市市民文化特点和城市发展格局。而清廷实行旗民分城而居，北京的内城八旗兵丁拱卫着紫禁城，昔日的繁华都城变成了更大的"皇城"，以往人烟稀少的南城却变得熙熙攘攘，具有丰富的城市社会生活和旺盛的文化活力，这在北京城市的发展历程中是一次重大的转折，对北京城的政治、经济和文化的演变历程有着重大的影响。尤其是在南城居住着大量的汉族官员、社会贤达和文人雅士，使得这里形成了一种全新的文化氛围，并逐渐构筑起新的士文化体系——"宣南文化"。

"宣南"一词源于明代的"宣南坊"。明嘉靖年间，北京外城扩建，京师在原来三十三坊的基础上重行划定，外城分划为七坊，宣南

---

① 《清实录·世祖实录》卷四一，北京：中华书局、中国书店1986年版。

② 《琉璃厂小志》，北京：北京古籍出版社1982年版。

坊为其一。宣南坊的范围大约在今天的宣武门外骡马市大街以南，东起潘家河沿，西至教子胡同。清代以后，人们逐渐将宣武门以南的地区统称为"宣南"。清廷实行旗民分城而居的政策以后，内城由八旗兵及其家属居住，汉族官员、士绅和民众等皆迁于外城。当时，外城分为商业聚集区和士绅聚集区。以崇文门、前门一带为主要的商业区域，而大多数汉族的官员和文人学士便主要地集中在宣南地区居住。这样的京城居民结构新格局的出现，对北京城的文化活动中心和城市文化氛围形成了全新的分布，并由此产生了清代京城文化新的发展阶段和发展特征。

在琉璃厂附近的宣南地区，一方面集中居住了大量的汉族官员和文人学士；另一方面，各地会馆也多集中于此。这使得宣南地区成为汉族文化的汇集区和交流地带。

宣南一带，特别是琉璃厂附近，集中居住了许许多多著名的学者文人，像龚鼎孳、吴伟业、孙承泽、朱彝尊、王士禛、李笠翁、纪晓岚、戴震、钱大昕等。这些文人学士在琉璃厂一带的宣南地区居住，并活动于宣南一带，使得琉璃厂地区的社会文化氛围极为浓厚。而会馆的大量集中，特别是专门为文人学士服务的会馆集中在这里，使它客观上成为各地的文化养分在北京融合和升华汇聚之地。会馆是各地在京城为官、寓居或经商之人为同籍贯或同行业的人在北京所设立的馆所，以供同乡同行集会、寄寓之用。北京会馆的出现最早见于明永乐年间，到嘉靖、隆庆年间已经颇为普遍。清代旗民分城而居，各地的会馆便主要集中在琉璃厂一带。以琉璃厂东西两侧为例，东起前门、西至宣武门，就有大大小小会馆数十家。吴长元的《宸垣识略》记载，琉璃厂附近的会馆主要有："延寿寺街曰潮州、长元，吴柴儿胡同曰鄱阳，杨梅竹斜街曰和含，李铁拐斜街曰襄陵、三延、肇庆，韩家潭曰广东，章家桥曰渭南……"[1]而居住在这些会馆的或为应试的举子，或为进京述职、候补的官员。文人士绅的聚集和各地学子、官员在琉璃厂一带官邸、宅第、会馆间相互走动，吟诗唱和，结诗社、兴诗会，使得这里形成了北京的主要文化集散地，构成了全新的士乡社会文化氛围，也就是我们所说的"宣南文化"。

三、琉璃厂书肆的集中发展及文化街的兴起

琉璃厂作为京城宣南文化的中心区域，拥有浓郁的中国古代士大夫氛围。这对琉璃厂的发展，特别是对形成以文化消费为主体的街区有着良好的社会文化环境和文化消费需求的基础。此外，从北京城的社会生活消费的整体结构和布局上看，崇文门、前门一带是商业发展中心，北京清代早期主要的经济活动集中在这里，这种分布使得南城一带颇为繁华。与之相呼应，在较为繁华的商业聚集区域的西侧琉璃厂一带形成相应的文化消费区域也就是顺理成章的事情了。

琉璃厂文化街的兴起，首先是书肆业的集中而带动起来的。

清代初年，北京书肆多集中于慈仁寺一带，即今北京广安门大街北侧。慈仁寺位于北京城外，其面积较大，且位置优越，清初许多文人皆在此赁居。清康熙九年（1670年），顾炎武就曾在此居住。常年的发展，使这里逐步成为较为繁华的集市。据《大清一统志》记载："每月朔望及二十五日有集。"[2]书肆也就随之而迁，落户于此，并且逐渐发展、壮大起来。清初学者王士禛在《古夫于亭杂录》中记述

---

① 《宸垣识略》，北京：北京古籍出版社1982年版。
② 《大清一统志》，上海：上海古籍出版社2008年版。

说："庙是凭廊地鬻故书，小肆皆曰摊也。"① 当时的慈仁寺书肆吸引了大量的文人学者留连光顾，并以此为乐。王士禛便是其中一个较为典型的"书癖"，他终日盘桓于慈仁寺的书肆之中，乐而忘返。当时一些人仰慕他的名声，很想拜望，但经常吃闭门羹，有人便到慈仁寺的书肆寻访他的踪迹。王士禛在《古夫于亭杂录》中也曾承认此事："昔在京师，士人有数谒予而不获一见者，以告昆山徐尚书健庵，徐曰：'此易耳，但值每月三五，于慈仁寺书摊候之，必相见矣。'如其言，果然。"在回忆他逛慈仁寺书肆时，《居易录》中这样记载："官都二十余载，俸钱之入尽以买书。尝冬日过慈仁寺，见孔安国《尚书大传》，朱子《三礼经传通解》，荀悦、袁宏《汉纪》，欲购之。异日侵晨往索，已为他人所有。归来怅不可释，病卧旬日始起。"② 前日所见之书，隔日再往而求，却已被他人所购，如此高的交易率，可见当时慈仁寺书肆的红火。

慈仁寺书肆始于清初，盛于康熙年间，但到康熙十八年（1679 年）北京大地震之后逐渐衰败。当然，其衰败的主要原因还是商业集市的逐渐东移和琉璃厂的兴起。这在戴璐的《藤阴杂记》中有明确的记载，其曰："慈仁庙寺久废，前岁复兴，未几仍止。盖百货全资城中大户，寺距城远，鲜有至者。国初诸大第宅皆在城西，往游甚便，自地震后六十年来，荒凉已极。"③ 王士禛晚年在《香祖笔记》中记述慈仁寺书肆衰败状况时说："每月朔望及下浣五日，百货集慈仁寺，书摊只五六，往时间有秘本，二十年来绝无之。"④ 从这里可以看出康熙后

---

① ②　《琉璃厂小志》，北京：北京古籍出版社 1982 年版。
③　《藤阴杂记》，北京：北京古籍出版社 1982 年版。
④　《香祖笔记》，上海：上海古籍出版社 1982 年版。

期慈仁寺的书肆已经日渐萧条，到乾隆年间则完全消失，代之而起的是琉璃厂文化街市的兴起。

清康熙年间，琉璃厂逐渐繁荣起来，特别是前门外的大栅栏等地区成为北京最为繁华的商业区，带动了琉璃厂街道集市的发展，并开始出现书肆。至乾隆初年，随着慈仁寺集市的衰落，书肆逐渐东移，集中到琉璃厂一带，并快速发展。当时，由于汉族官员以及文人学士多居住于琉璃厂一带，成为最常光顾琉璃厂书肆的顾客，这对于琉璃厂书肆的兴起有着直接的作用。乾嘉时期，考据之风尤甚，许多文人致力于考据之学，讲求版本、目录及注释之说，许多书肆便投其所好，广罗珍善之本，以供学者选购、收藏，以致清代藏书家、考据大师旅居京城，"无不往游琉璃厂，盖收集善本，罔不求厂肆也"[①]。而居住在琉璃厂附近会馆的客人，或为应试的举子，或为进京述职、候补的官员，他们成为琉璃厂书肆的忠实顾客，时常以此为消遣、消费的场所。像撰写《琉璃厂书肆记》的李文藻乾隆三十四年（1769年）在京候补时就是琉璃厂书肆的常客，在京逗留期间，他终日盘桓于琉璃厂肆，对琉璃厂的书肆留下了深刻的印象。离京途中闲闷，便将在京时逛琉璃厂书肆的情景一一记述，写出《琉璃厂书肆记》，为后人研究琉璃厂书肆之发展留下了极其珍贵的资料。

在以往研究北京文化发展史或记述北京书业发展时，不少人认为琉璃厂书肆是由于乾隆朝开四库馆而开始兴起。这种观点实际上并不准确。据李文藻在清乾隆三十四年（1769年）记载，当时的琉璃厂已经有书肆三十余家，而开四库馆则是在清乾隆三十八年（1773年），

---

① 《琉璃厂小志》，北京：北京古籍出版社1982年版。

此时的琉璃厂书肆已经形成一定的规模。

清代的《四库全书》等编纂活动，确实给琉璃厂的发展提供了强大的动力和优越的外部环境。清乾隆三十八年（1773 年），朝廷下令调集各地 2000 多名文人学士，到京开四库馆，广征天下藏书，编修《四库全书》。"闰三月己巳……命刘统勋等充办理《四库全书》总裁"①。书贾们借此良机涌入京城，设店开肆，图书交易异常活跃，琉璃厂的书肆发展得到极大地促进，同时也带动和刺激了琉璃厂其他文化经营类别的发展。翁方纲曾记述，参加编撰《四库全书》的编修官们，"……午后归宿，各以所校阅某书应考某典，详列书目，至琉璃厂书肆访之。是时，江浙书贾奔辏辇下。书坊以五柳居、文粹堂为最"②。四库馆的开设，成为琉璃厂书肆繁荣的重要契机，琉璃厂的书肆发展出现了第一次高潮。很多书肆从小小的书摊或书铺发展成为十分讲究的大店，在经营上也形成一定的规模。清乾隆五十五年（1790年），有人记述琉璃厂的聚瀛堂"特潇洒，书籍又富，广庭起簟棚，随景开阖，置椅三四张，床桌笔砚，楚楚略备，月季花数盆烂开。余卸笈据椅而坐，随意抽出看之，其乐也。"③这里记述的聚瀛堂，仅仅是乾隆时期琉璃厂众多书肆中的一家。在李文藻的《琉璃厂书肆记》中，就记载了书肆三十余家，足见当时已经形成相当的规模。

琉璃厂地区书肆的繁荣发展，带动了这个街区的文化经营氛围的兴盛，使这里成为文人雅士"安身立命"之所。在这条街衢上，书肆的大规模出现使大量图书典籍聚集于此，伴之而起的是其他为文人服

---

① 《清史稿·高宗本纪四》，北京：中华书局 1987 年版。
②③ 《琉璃厂小志》，北京：北京古籍出版社 1982 年版。

务的行业如文房四宝、书画碑帖以及装裱、古玩珠宝等随之发展，诸多与文化消费有关联的店肆也纷纷落户于此。除了书肆、南纸店以及古董铺之外，裱字画、雕印章、包写书禀、刻板镌碑等与文人学士有关的行当莫不纷集。琉璃厂的老人，有时在聊起琉璃厂文化街兴起的时候，喜欢争论琉璃厂的兴起是书肆业为开端，还是古玩行为肇始。甚至在撰写文章时也常有这种争议的流露。实际上，在琉璃厂的兴起过程中，很难说是哪个行业最先开始在琉璃厂设肆开店。在书肆开业经营的同时，琉璃厂也同时有其他文化类经营店铺。就目前所见的文献记载，琉璃厂的兴起之初，书肆业相对集中，而且留存下来的文献资料较多，其他行业相对要少一些。据李文藻记载的清乾隆三十四年（1769 年）琉璃厂的情景："桥以东，街窄，多参以卖眼镜、烟筒、日用杂物者。""桥以西，街阔，书肆外，惟古董店及卖法帖、裱字画、雕印章、包写书禀、刻板镌碑耳……遇廷试，进场之具，如试笔、卷纸、墨壶、镇纸、弓绷、叠褥备列焉。"[①] 李文藻的记载，说明在清乾隆年中后期，琉璃厂已经形成了以书籍、文玩、字画、碑帖、文房四宝、珍宝翠钻以及相关的为文化人服务的行当为文化消费主体的文化商业街区。文人学士盘桓于琉璃厂各个店肆之中，各个方面的文化消费需要可以在此一并满足，这对文人雅士来说是极为便利的。因此，这里被文人学士视为"安身立命"之所，这就奠定了琉璃厂文化街的特殊地位，并使之成为京城重要的文化活动区域和最为繁华的文化消费区域。

---

① 《琉璃厂小志》，北京：北京古籍出版社 1982 年版。

第二节 清代北京书肆及代表性图书的刊行传播

一、清代北京主要书肆

清代的北京书肆在北京图书业的发展过程中具有突出的特点，也是北京古代书肆业发展的鼎盛时期。而这种书肆的繁荣，就是以琉璃厂书肆的发展为标志的。琉璃厂书肆的兴盛和起伏，代表了北京书肆业的发展主体，并且在经营活动中，以其特有的经营风格、经营品种和经营方式，成为北京古代书肆业的代表。琉璃厂书肆的很多经营传统一直延续到今天，依旧是北京古旧书业的行业传统和经营特色。

清顺治、康熙年间，北京的书肆多集中在慈仁寺。清康熙十八年（1679 年）北京大地震之后，慈仁寺的书肆渐渐衰落，代之而起的是琉璃厂的书肆和古玩店的集中发展。

据现有的资料看，康熙末年琉璃厂就开始有书肆出现。到乾隆前期，逐渐增多，特别是一些规模较大的书肆的出现，标志着琉璃厂文化街区的成型。琉璃厂的书肆，从乾隆年开始，形成了较为集中的规模发展，很多书肆在当时具有相当的经营规模和影响，吸引了很多文人学士眷顾，终日盘桓在书棚之间，或搜求善本，或遴选杂文典籍，悠然自得。同时，这些书肆也给文人雅士留下了深刻的印象。他们把在琉璃厂书肆"淘书"作为一种乐趣，而且还将自己的"淘书"生涯加以著述，为我们后人研究琉璃厂书肆的发展变迁留下了珍贵的资料。与此同时，有的琉璃厂书肆从业者也仿效文人，记录和整理琉璃厂书肆的历史沿革，为后人研究北京图书业的发展提供了翔实的资料。其中，李文藻在《琉璃厂书肆记》中记载了乾隆三十四年（1769 年）琉璃厂的三十余家书肆，并对书肆的经营情况作了相应地记录。他所记述的书肆，有的一直经营到民国时期。李氏之后，同光年间乃至民国初年，江阴人氏缪荃孙数次寓居北京，为琉璃厂常客。缪荃孙留心琉璃厂书肆之变迁，并仿效李文藻对琉璃厂书肆逐家记录，写下了《琉璃厂书肆后记》，为后人研究清末民初的琉璃厂书肆提供了大量的第一手资料。他所记载的很多书肆是李文藻记载的乾隆年老书肆被倒手转卖后继续经营的。李、缪之后，琉璃厂书肆从业者开始重视对北京书肆业的记录和考证，琉璃厂通学斋掌柜孙殿起、其外甥雷梦水二人再作《琉璃厂书肆三记》《琉璃厂书肆四记》，完整和详实地记录了北京书肆业的变化。当然孙殿起、雷梦水记载的重点是民国以后琉璃厂的书肆，雷梦水先生更是注意民国后期到新中国成立以后北京书肆业的情况，甚至他不仅记录琉璃厂的书肆，还扩展到北京隆福寺书肆。从李文藻、缪荃孙，到孙殿起、雷梦水，他们对琉璃厂书肆的记载，对保留清朝乾隆年以来，一直到新中国成立之初北京书肆历史面貌做出了积极的贡献，也对研究北京图书发行业的历史有着重要的促进作用。

根据李文藻《琉璃厂书肆记》、缪荃孙的《琉璃厂书肆后记》和孙殿起、雷梦水先生的《琉璃厂书肆三记》《琉璃厂书肆四记》以及笔者在中国书店三十余年来所收集的历史文献资料，笔者对清乾隆年以来琉璃厂的书肆进行了一个梳理。为了让人们对北京书肆业发展有一个比较完整的了解，这里所列的北京琉璃厂书肆，包括从清乾隆朝到宣统朝在琉璃厂出现过的书肆，从其设立到其经营结束，这之中有一大批书肆一直经营到1958年北京古旧书业"公私合营"时期，其中，琉璃厂的来薰阁、松筠阁等老书肆字号，至今仍在经营。

清代北京书肆能有文献可查的主要有以下店铺。

聚瀛堂：是琉璃厂见于文献记录比较早的书肆之一，开设于乾隆年间。朝鲜人柳得恭在《燕台再游录》中记载："聚瀛堂特潇洒，书籍又富，广庭起簟棚，随景开阖，置椅三四张，床桌笔砚，楚楚略备，月季花数盆烂开。初夏天气甚热，余日雇车至聚瀛堂散闷。卸笠据椅而坐，随意抽书看之，甚乐也。"

声遥堂：位于琉璃厂东门外路北，据传为乾隆十年（1745 年）左右开业，销售古旧书，李文藻曾在此店购买《广东新语》一书。同治年间，声遥堂被一个姓周的江西书商盘下，改名为文光楼。其店肆匾额"文光楼书坊"为戴恩溥题写。清光绪二年（1876 年），该书肆盘给北京良乡人石静庵，后又几次倒手，民国初年转卖给河北冀县人郭继庄，1938 年转手崔恺，以经营经史类古书和占卜书为主。1946 年文光楼歇业，一个前后延续了二百年的老书肆就此消失。

嵩秀堂：位于东琉璃厂路北，乾隆年间为唐姓所开。《琉璃厂小志》据李文藻所著刊刻本将该书肆误为"嵩口堂"，实际上是原刊刻本"嵩口堂"之误。王冶秋撰写《琉璃厂史话》，据李文藻的稿本校正，为"嵩秀堂"。

名盛堂：东琉璃厂路北，乾隆年间李氏所开。

带草堂：东琉璃厂路南，乾隆年间郑氏所开。

同升阁：东琉璃厂路南，乾隆年间李氏所开。

宗圣堂：东琉璃厂路北，乾隆年间曾氏所开。

圣经堂：东琉璃厂路北，乾隆年间李氏所开。

聚秀堂：东琉璃厂路北，乾隆年间曾氏所开。

文锦堂：东琉璃厂路南，乾隆年间营业。

文绘堂：东琉璃厂路南，乾隆年间营业。

宝田堂：东琉璃厂路南，乾隆年间营业。

京兆堂：东琉璃厂路南，销售古旧书，乾隆年间营业。

荣锦堂：东琉璃厂路南，乾隆年间营业。

经腴堂：东琉璃厂双鱼胡同路口，乾隆年间营业．从二酉堂到经腴堂，均为李氏所有，由此可见该号买卖的规模相当可观。民国二十年（1931年）以后由魏桂辰经营。

宏文堂：东琉璃厂路南，乾隆年间郑氏所开。同治年间为赵鸿儒经营。

英华堂：东琉璃厂路南，乾隆年间徐氏所开。

文茂堂：东琉璃厂路南，乾隆年间傅氏所开。

聚星堂：东琉璃厂路南，乾隆年间曾氏所开，缪荃孙《琉璃厂书肆后记》中曾记载该店，但不久便歇业。

瑞云堂：东琉璃厂路南，乾隆年间周氏所开。

积秀堂：销售古旧书，乾隆年间营业，李文藻曾在此店肆看到《杨万里文集》《洪盘洲文集》钞本，索价颇高，李文藻"庋数日仍还之，而不能释于念也"。李文藻嗜书如命，时常"或典衣卖之"。但是，当时的积秀堂又如此坚持高价而不退，颇有店大欺客之嫌。从一个侧面可见其经营还是很有规模和档次的。

文华堂：东琉璃厂西端路南，乾隆年间徐氏所开。咸丰年间曾易手，清末转手给孙邦杰，同治年间又转手卖给丁福堂。

文粹堂：沙土园北口路西，乾隆年间营业。东家为金氏，掌柜的姓谢，为江苏苏州人氏，对古书颇为钟情。李文藻在该店购书极多，有《续资治通鉴长编纪事本末》《芦浦笔记》《滏水集》《吕敬夫诗集》《焦氏经籍志》《长安志》《鸡肋集》等钞本或刻本二十余种。

先月楼：西琉璃厂路南，多经营内府刻本，乾隆年间李氏所开。

宝名堂：西琉璃厂路北，乾隆年间周氏所开，为一家颇具规模的古书店，曾购得果亲王府流出的善本古书，列架而陈设，十分排场。李文藻在此购得《元史略》《读史方舆纪要》等钞本，还在这里淘到宋版《自警编》《温公书仪》等书以及方苞（望溪）原书稿。

瑞锦堂：西琉璃厂路南，与宝名堂一样，均为乾隆年间周氏所开，也以销售古旧书为主。

鉴古堂：位于西琉璃厂，乾隆年间因店主对古书颇有造诣而在琉璃厂享有盛名。店主老韦也因在版本鉴别方面的出众，成为文献记载中古旧书业的一个在版本上具有较高水平的书商。老韦为浙江湖州人，其名早已为人淡忘，但其在古书经营上的造诣却在李文藻的《琉璃厂书肆记》中被记载得活灵活现，为后人所了解。曾刻有《辑宋诗钞》一书，在古书版本上有一定的影响。

焕文堂：位于西琉璃厂，与宝名堂、瑞锦堂一样均为周氏乾隆年间所开。

五柳居：位于西琉璃厂路北，乾隆三十四年（1769 年）开业，销售古旧书，其店主为陶正祥，江苏吴县人。陶正祥少年时家境贫寒，后来以经营书肆为业，在琉璃厂书肆业颇有影响，曾购得璜川吴氏藏书而引得文人学士光顾。璜川吴氏藏书前后历经四代，始自吴铨。吴铨，字容斋，号璜川，生于徽州歙县之璜源，雍正年间曾任江西吉安太守，归乡后建遂初园，因故里为新安璜源，故题其藏书处为"璜川书屋"。吴铨藏书逾万卷，其中珍本秘籍无数，"璜川吴氏"藏书在当时享有盛名。吴铨殁后，其藏书稍有散佚，五柳居当在此时收得吴氏藏书。此外，五柳居曾在道光年间刊刻宋司马光所撰著的《太玄经集注》《十三经注疏》《抱朴子》等古书。

延庆堂：西琉璃厂路北，刘氏乾隆年间所开。该店曾收到曹寅的藏书数十部，每部书上均有曹寅楝亭之印。

博古堂：西琉璃厂路南，乾隆年间李氏所开。

文盛堂：东琉璃厂路北，道光年间开业，店主为江西人王氏，后经楼氏之手，光绪二十年（1894年）转手刘氏经营。道光年间该店肆曾刊刻《关帝事迹征信编》，同治九年（1870年）刊行《元龙杂字》。停业后原店铺转售于博韫斋字画铺。

宝林堂书铺：位于琉璃厂桥西路南，道光年间开业。其店铺门联曰"宝气腾辉瞻典籍，林花启秀灿文章"，被人们视为琉璃厂上颇具风格的书肆门联。

崇文堂书坊：位于琉璃厂中间路南，道光年间开设，门口有对联云"崇山峻岭琅环地，文薮书田翰墨林"。

宝文斋：东琉璃厂路北，咸丰年间开业，店主安徽人徐苍匡。宝文斋原址为敬古斋书肆，徐氏在版本目录学方面有较高的造诣，颇受文人学士称颂。其店擅长经营方志图书，缪荃孙曾在该店购买《定海县志》《江阴县志》等。店堂的店招"宝文斋书铺"为贾桢所题写。

宝森堂：位于西琉璃厂，咸丰年间开业，店主原为江西人徐氏，光绪年间转给河北衡水人李雨亭。李雨亭在琉璃厂古书业颇有声望，与徐苍匡齐名。其尤其对宋元版古书鉴定尤为擅长，曾得姚文僖、王文简、李芝龄藏书。该店店招"宝森堂书铺"由清内阁侍读、光禄大夫潘祖荫题写，店肆前后经营三十余年歇业，店铺转给慎记书庄。

富文堂：东琉璃厂路北，咸丰年间饶氏所开，人送雅号"饶老康"，店招为何绍基题写。曾自行刊刻图书，有稽古楼袖珍本《十三经古注》

《经世文编》《全唐诗》《皇朝经世文编》等。民国时店肆被倒手转给文宝斋墨盒铺。

　　来薰阁：西琉璃厂路南，为陈氏开办于清咸丰年间，最初为古琴店，收售古琴和古琴谱等，故原店铺中有"琴书处"的匾额。后其店铺匾额为近代著名的诗人、书法家、学者成多禄题写。清光绪年间，陈家将店面租与他人经营。民国元年（1912 年），陈连彬（字质卿）将店铺收回专营古书，由自己经营。20 世纪 20 年代中期，由于陈连彬年事已高，无力再支撑下去，便邀请其侄陈杭（字济川）帮忙经营来薰阁。陈济川原师从北京隆福寺的文奎堂老板王云瑞学习古书业务。陈济川接手来薰阁的经营后，将文奎堂的经营传统带到来薰阁，同时也带来一些过去结识的老顾客。短短的几年，来薰阁从一开间的店铺变为两开间的大店，伙计也从六七个发展到二十多人。这些学徒和伙计中，后来成为在版本上出众的行家里手者甚多，如韩砚农、段静庵、马健斋、魏丽生、韩景秀等。陈济川本人在古书上造诣甚高，后人评价陈杭，称其："对版本学甚精，业务经验亦广……凡稀见之书，某年售价若干元，归何处，随口说出，无稍差。"[1] 来薰阁曾收到大量的珍善本古籍。1938 年，从天津李某家中购到古书两大卡车，其中宋版图书数种。曾以 1800 元收得宋刊本《欧阳行周集》又名《欧阳文集》。日伪统治时期，曾收购到上海孙毓修藏书一批，后又购得浙江嘉兴沈氏藏书一批，其中不乏善本。20 世纪 40 年代，曾经在民间购得明万历年间刊刻的百回本《水浒》，极为罕见。新中国建立后，陈济川将此书无偿地捐献给国家。此外，来薰阁与蜚英阁合伙购到一

---

　　① 《琉璃厂》，北京：北京出版社 2006 年版。

部明弘治十一年（1498 年）北京岳家书坊刊印的《新刊大字魁本全像参增奇妙注释西厢记》。此书一般书目未见著录，可谓海内孤本。

来薰阁不仅在古书的收购和流通上颇具成就，还积极刊行典籍，丰富其经营品种，如清代胡敬所撰的《胡氏书画三种》，《南薰殿图像考》《国朝院画录》《古文声系》《永乐大典戏文三种》等百余种图书。在北京古旧书业社会主义改造中，陈济川先生以北京私营古旧书店主要代表的身份，积极参加公私合营的改造工作。1958 年，来薰阁在完成公私合营改造后并入中国书店，并作为北京著名老字号，为古旧书事业继续发挥着突出的作用和影响。

龙威阁：位于琉璃厂，咸丰年开业，店主为江西李氏。其店铺匾额由曾国藩题写，同治四年（1865 年）曾刊行巾箱本《北徼汇编》，经营四十余年停业。

文宝堂：东琉璃厂路北，同治年间开业，店主江西人曹光圃。光绪年后期，其子继承父业继续经营，前后经营五十余年。

善成堂：东琉璃厂路南，同治年间江西饶起凤所开。该店肆曾刊行《十朝京华录》《十朝圣训》《诗韵合璧》等书数十种之多。光绪十八年（1892 年）倒手由河北束鹿人孙广盛经营，后店址迁至西琉璃厂路南，店名改为善成堂东记，前后经营五十余年。其门联颇有意境，上联为：善言善行其则不远，下联为：成己成物斯文在兹。

书业堂：位于琉璃厂，同治年间开业，店主为山西人崔贞礼和河北深县人韩均，经营三十余年后歇业。

大酉堂：位于东琉璃厂，同治年间开业，光绪八年（1882 年）河北衡水人马崇基接手经营，该店经营近二十年始歇业，店铺倒手卖给戴月轩笔墨庄。《琉璃厂小志》中对该店位置的记载相互矛盾。

来鹿堂：位于东琉璃厂，咸丰末年开业，店主王永田，河北深县人，未几便易手富强斋，经营新书。

黎光阁：位于东琉璃厂，咸丰年间开业，原为江西人所开，光绪年间被文光楼掌柜石静庵所购买，经营若干年后卖给成文斋文玩铺，前后一共经营五十余年。店肆的匾额"黎光阁书林"为王祖光所题写。

三槐堂：位于东琉璃厂路北，咸丰年间开业，店主为江西人夏麒麟。后该店为来鹿堂掌柜王永田买下，光绪二十六年（1900年）庚子之变后歇业。后转卖给文明斋。

槐荫山房：位于东琉璃厂，咸丰年间开业，店主为江西曹氏，因该店肆有明代古槐树一棵，故起名为槐荫山房。后该店肆倒手，光绪年间该店转手给河北衡水人马崇基，民国元年（1912年），将店铺租给刘际唐开松筠阁。民国六年（1917年），马崇基子孙马寅生承其祖父之业自己经营，三十余年才歇业。后该店倒给一家字画铺。

玉生堂：西琉璃厂路北，同治年间开业，店主为江西王氏，光绪年间店铺倒手给河北冀县人辛立章，民国元年（1912年）又倒手给谢氏，未几，再次易主给胡金声，再转给来薰阁掌柜陈连彬。

敬业堂：西琉璃厂路北，同治年间开业，店主康氏，光绪年间倒手给河北冀县人师奎兆，民国三年（1914年）又转手给丁恒昌经营十余年，后由其子继续经营。

宝名斋：位于东琉璃厂路北，清同治年间开设，店主是山西文水人李钟铭字春山。李钟铭交往甚广，也时常与官府来往，结交权贵，与贺寿慈、潘祖荫、翁同龢等交往过甚。该店曾收有汉阳叶东卿藏书，有百箱之多。同治年间，大内欲重新装订修补天禄琳琅之书，由内府发给该店承办。宝名斋经营颇为显著，资本雄厚，为琉璃厂古书业首屈一指的大店肆，仅铺面房就有九间之多，当时琉璃厂有人称"琉璃厂一条龙，九间门面是宝名"。该店经营显赫，且李钟铭"手眼通天"，故颇有点"店大欺客"的味道，其店内伙计也时常给一些京城穷翰林颜色看。据说早在光绪初年，翰林院侍讲张佩纶到宝名斋看书，欲取架头上某书，店内伙计懒得去取，颇为怠慢，并时常如此，张佩纶为此记恨心中。因其过于张扬，终为京城翰林恶之，光绪年张佩纶以"侵占官街""私侵窑产""包揽户部报销"以及"戴五品官服、出入景运门"等事上奏查封。张佩纶所奏受到光绪皇帝的重视，宝名斋被查封，李春山逐回原籍。

同雅堂：西琉璃厂西门路南，同治年间开业，店主乔氏。光绪年间转手给河北冀州人张林怀。张氏早年住在文昌馆内，在行内窜行，在古书版本方面颇有能力，后开同雅堂。经营若干年后又迁至南柳巷，经营三十余年后歇业，店铺转售给鉴古堂。

宝珍斋：西琉璃厂路南，同治光绪年间吴氏所开。其店肆招牌为光绪朝工部尚书贺寿慈所书。

书业堂：位于沙土园，同光年间由山西人崔氏所开。门面虽小，但是经营古旧书颇有门道，缪荃孙明刻本《宰辅编年录》《桯史》等均由此店搜求。

酉山堂：位于西琉璃厂，同光年间李氏所开。

文焕堂：西琉璃厂路南，光绪初年开业，原店主乔氏，开业经营几年后店铺转给肆雅堂掌柜丁梦松，后又转手给宝坻人赵文元经营，民国年间歇业，店铺卖给同好堂做库房。

宏京堂：位于西琉璃厂路南，光绪初年开业，店主为河北冀县人张庆霞，以经营古书为主，曾到江苏扬州及山东等地收购古书。光绪三十二年（1906 年），该店铺由张庆霞外甥郭长林经营，后店铺转卖给保古斋。宏京堂店肆匾额是由黄绍其题写的。

耀文堂：位于琉璃厂，光绪初年开业，店主为山东德平人朱光谱，后易手给河北冀州人李彦坤。清光绪二十年（1894 年），李彦坤之子承其父业继续经营到民国年间。

铭德堂：位于琉璃厂，光绪初年开业，光绪三十三年（1907 年）转手黄玉怀经营，经营三十余年后转卖给鸿文斋。

二酉斋：东琉璃厂，光绪四年（1878 年）开业，店主江西人徐春祐，前后由张质卿、傅青峻经营四十余年。同治十三年（1874 年）刊行四卷《鉴撮》，后店铺倒手给鉴光阁字画铺。

文瑞堂：位于琉璃厂，光绪二十三年（1897 年）开业，店主为河北束鹿人王贞和，但经营数年后便歇业，店铺倒给新学会社，后转卖给商务印书馆。

大文堂：东琉璃厂路南，同治光绪年间江西刘氏所开。光绪年间转让给河北冀县人马鹏远开设文琳堂。

宝华堂：位于东琉璃厂，光绪年间开业，河北冀县人张宝善所开，张氏长于经营善本古书，先后经营四十余年。其店肆匾额由李鸿达题写。宝华堂后期由其徒弟经理，后转卖给河北冀县人李庆聚，未几歇业，转手石墨斋法帖铺。

修文堂：位于东琉璃厂，也为宝华堂张宝善光绪年间所开。店招"修文堂书坊"由伦五常题写。书肆经营十余年后倒手给黄氏，曾有宋版《徐节孝文集》三十卷，版本精美，为传是楼藏书。

鸿文斋：东琉璃厂观音阁内，光绪二十年（1894 年）开业，店主为河北冀县人刘英怀，主要经营新书。民国年间，刘氏买下铭德堂，将店铺迁至琉璃厂街面上。

翰文斋：位于东琉璃厂路南，店主韩心源，河北衡水人，曾在宝文斋学徒，颇得徐苍厓真传。他出徒后自己摆摊，清光绪十二年（1886年）开业，店招为孙贻经、李文田所题。其书肆曾收到李文藻、李勤伯藏书，并逐渐壮大起来，短短几年翰文斋变成琉璃厂著名的书肆。缪荃孙曾在韩心源的翰文斋购得诸多宋版古书。但韩心源去世较早，清光绪二十一年（1895年）翰文斋由其子韩自元继续经营。韩自元经营期间，较为得意之笔是从北洋政府教育部卖出的故宫八千袋明清文件档案中挑选部分文献而获得丰厚利润。民国十一年（1922年）北洋政府教育部无法正常发放职员薪水，便将原故宫所收藏的一部分明清档案以一万三千块现大洋卖给位于西单的同懋增纸笔店。韩氏闻听后捷足先登，与同懋增纸笔店掌柜程林坡商议，用二百块现大洋挑选了五百余斤，其中有宋元旧版古书和奏折等珍贵文献资料一百三十多种。最为突出的有宋刊大字本《苏文忠奏议》《居士集》《资治通鉴》《博古图录》《尚书正义》和宋巾箱本《周礼》等，元刊本有《通鉴续编》《王氏玉海》《新编古今事文类聚》《朱文公校昌黎集》以及元大德年间重校勘本《圣迹总录》等。这批典籍文献让韩自元获利极丰，甚至有的以页论价，每页现大洋十元。西单同懋增纸笔店掌柜程林坡闻听此事，颇为感慨地对其店里伙计说：还是不懂古书，让人家去挣大钱了。翰文斋不仅仅销售古书，还刊刻古籍图书，先后刊行了《蒙古源流》《元遗山先生全集》《清秘述闻》《士礼居藏书题跋记》《樊川全集》《百宋一廛赋注》等。翰文斋一直经营到解放以后，1958年公私合营后并入中国书店。

正文斋：位于东琉璃厂，清光绪二十五年（1899年）开业，店主为河北冀县人谭锡庆。谭氏在光绪十六年（1890）年开始在文昌会馆开古旧书买卖，后才开正文斋。其店藏有诸多钞本和家刻本，尤以仿旧钞本而见长，常有人为此而被蒙骗。1900 年庚子之变后，该店经营颇为出色，曾经从大内太监手中收购到太监从内府盗出的皇家藏书，并以此起家。他的店里藏有不少宋版书，并收有部分古书木版。1912 年谭氏早亡，店经营二十余年歇业，所藏图书转卖给孔群书社，由其在文昌馆内以封货的形式将所剩古书分三四次转卖给琉璃厂书业同行。

安德堂：东琉璃厂南，原为明远堂，光绪年间开业，店主河北冀县人韩克顺，经营数年后歇业，后转卖给宏远堂。

宏远堂：东琉璃厂路南，光绪年后期从安德堂店主手中盘下来开设，店主为河北冀县人赵宸选。在其经营期间，将歇业后的正文斋部分古书购入该店，奇货可居。民国年间，赵氏请其胞弟赵朝选为其经营，该店在琉璃厂前后经营四十多年。

深柳书社：位于琉璃厂延圣庵内，清光绪十九年（1893 年）开业，店主为束鹿人邓存仁，但经营没有多久便歇业。

积山书局：位于东琉璃厂，光绪年间开业，店主河北冀县张林怀，宣统年歇业。

瑞铭斋：位于琉璃厂，光绪二十年（1894 年）开业，未几歇业。

文明斋：位于东琉璃厂路北，光绪年庚子事变后在琉璃厂开业，其原址为三槐堂，由河北深县人姜士存将原店铺盘下来，经营古旧书二十余年后歇业，店铺盘给师竹斋裱画铺。

文澜堂：位于西琉璃厂，光绪年开业，店主为河北人孙占喜，经营十余年歇业，店铺倒给有益堂经营。

有益堂：东琉璃厂路北，光绪二十五年（1899年）开业，店主为束鹿人邓存仁，光绪十九年（1893年）曾在延圣庵内开深柳书社，深柳书社歇业后又开有益堂。邓存仁，字峻山，在经营中颇能吃苦，曾到广东等地收书，在清代末年琉璃厂书业中多有称颂。该店经营十余年后停业，倒给锦章书局卖新书，后又转手给文楷斋刻字铺。

荣禄堂：东琉璃厂路北，光绪十年（1884年）开业，店主束鹿县丁福毓，曾开分号文蔚堂。民国年间，该店交由梅俊卿经理，后丁福毓之侄接替经营，前后经营四十余年，后店铺倒卖给博文斋文玩铺。

福润堂：位于琉璃厂，光绪二十九年（1903年）开业，店主为束鹿人王福田。王氏颇有心计，以经营残本古书为主，所以其店铺匾额书曰"配书处"，主要服务于大内，甚至有入大内之腰牌。该店经营十余年后倒手给延古斋字画铺，后为中华书局门市所在。

松筠阁：开业于清光绪二十六年（1900年），由刘际唐（字盛虞）开办。旧时对松筠阁开办时间多有疑问，缪荃孙《琉璃厂书肆后记》及孙殿起《琉璃厂书肆三记》等文献言及松筠阁开业时间之处，均未作明确的时间说明。但在1958年北京古旧书业公私合营的档案材料里，琉璃厂私营书店清产核资时，有店主和公方代表共同核定的登记表，登记表中对松筠阁的开业时间有明确记载。刘际唐开设松筠阁初期，店铺在地藏庵内。民国元年（1912年）迁至琉璃厂路南的槐荫山房，以后又经数次迁址，但始终都在琉璃厂地区，是这里的一家老店。刘半农先生在京时，经常光顾松筠阁，从中选购各种古籍。一次，他从松筠阁偶尔购得金圣叹贯华堂原刊的七十一回《水浒传》，书品极佳。刘半农先生后将此书影印出版，他在影印本的"自序"中写道："从金圣叹到现在，三百年中，这七十一回本《水浒传》不知道翻刻过了多少次，可都是刻的不大好。因为这是我生平最喜欢的书中之一种，我在近二十年中，各处探访，很想买一部精刻本，到了去年3月，琉璃厂松筠阁书店居然替我找到了完整的，二十年寻求，得于一旦。这一乐，非同小可！"民国十四年（1925年），刘际唐在北京西晓市打鼓摊上廉价购到旧抄曲本1400余种、5131册。经北大教授马隅卿、沈尹默先生鉴定，这批图书为清末北京蒙古族车王府抄本，其内容包括戏曲、俗曲、小说、鼓词、子弟书、乐曲等，而且是未刻之稿本，为研究戏曲小说和民间通俗文学的重要资料，极为珍贵。这批书刘氏卖与孔德学校收藏，抗战时部分转归北京大学，余下的214种、2358册解放后转归首都图书馆收藏。20世纪90年代北京出版社出版的《车王府曲本》就是根据这批图书为底本影印的。民国三十年（1942年）前后，松筠阁改由刘际唐之子刘殿文经营。刘殿文，字擘选，以经营旧期刊而闻名京城，人送雅号"杂志大王"。他对各种期刊的版本日趋精湛，在京城古旧书业中，被公认为精通杂志目录之学的第一人。其著有《中国杂志知见目录》，代表了他在期刊集配以及杂志目录学上的成就。1958年，松筠阁经过公私合营改造，并入中国书店，成为中国书店的一家主要经营古书和新印古籍的专业店。

古芬阁：位于琉璃厂，光绪年开业，店主为河北冀县尚善修，经营十余年后停业，后转卖给悦古斋字画铺。

文友堂：东琉璃厂，光绪八年（1882年）开业，店主为河北冀县人魏占良、魏占云，以经营古书为主，颇有善本。缪荃孙在这里曾购得明刻本《二妙集》和《说文篆韵补》等书，并与双鉴楼主傅氏在此店结识。民国年间，魏占云之子魏文厚及其侄魏文传继长辈之业，前后经营六十余年。该店以1931年收购到明万历四十五年（1617年）

刻本《金瓶梅词话》而闻名于琉璃厂书肆业。后易手给文禄堂。文友堂的店肆匾额由刘廷琛、傅增湘书写。文友堂还曾刊刻过《景德镇陶录》《景德镇陶说》《中国艺术家征略》《明诗纪事》等图书。

博文书局：位于东琉璃厂火神庙内，清光绪年间开业，店主为宝坻人王连城，该店经营不久便歇业。

同善堂：东琉璃厂火神庙内，光绪年间开业，店主为马永，主要经营线装书的刷印，经营三十余年后停业。

荣华堂：光绪年间开业，店主为宝坻人张宏。该店铺原为江西人所开文英堂，后为宏文书局所有。再后归孙华卿，迁至海王村公园内，民国十七年（1928年）开业。其店肆的匾额由光绪年进士范振绪题写。孙氏经营期间曾收得大量善本古书，如明万历年间蓝墨印本《开源图说》、原稿本《闽中石刻初编》、明万历戊午（四十六年，1618年）刻本《少室山房四部类稿》等。1947年孙华卿曾在西晓市打鼓摊上以三元的价格购得清乾隆五十七年（1792年）程伟元刊行的程乙本《红楼梦》，并转售给来薰阁。1950年，因海王村被北京市电话局占用，荣华堂被迫迁走。

勤有堂：位于沙土园，光绪十七年（1891年）杨维舟所开，其店铺的匾额由李文田题写。杨氏颇识古旧书，曾为缪荃孙购得诸多古书。民国二十八年到三十二年（1939—1943年），店里的业务由郭纪森经理，后该店停业。

肄雅堂：位于沙土园，光绪年间开业，店主丁梦松，字子固。肄雅堂以经营古书为主，擅长古书装订修补，同治年间，曾与宝名斋一起承担大内所藏天禄琳琅之书的修补。据载，丁子固待人颇傲，后因宝名斋之事而被官府斥责，遂有所收敛。该店前后经营六十余年，

1958 年公私合营后并入中国书店。

蔚文堂：位于琉璃厂，光绪年间开业，店肆的匾额"蔚文堂书铺"为王淮珍所书，另有冯文蔚所书"蔚文堂书肆"匾额。该店肆为肆雅堂之分号，经营数年后于宣统年转手给书业公司。

会文斋：位于文昌馆内，光绪二十二年（1896 年）开业，店主河北衡水人何培元。何氏对古书版本颇为熟识，对于他所经眼的古书都将每种书的行款、序跋以及每书多少函多少册、每页几行每行几字均一一记录在册，积累了相关的古书经眼记录十余册，很多古书的版本未见著录，其在目录学方面贡献突出。经营二十余年后，从民国十年（1921 年）开始，聘请李善祥经理店铺生意二十余年，前后达五十余年。会文斋与文人学士交往甚密，他的店肆匾额由光绪年进士、国子监祭酒王懿荣题写。

毓文斋：位于文昌馆内，光绪年间开业，店主河北冀县人魏文智，该店铺曾在天津开分号，民国二十年（1931 年）前后停业。

德友堂：原位于文昌馆内，光绪二十七年（1901 年）开业，店主河北任丘人王凤仪。民国四年（1915 年）王凤仪之弟王景德继续经营，民国二十年（1931 年）迁至南新华街路东继续经营，后又迁到吉祥胡同头条。德友堂的匾额由光绪十五年（1889 年）进士、翰林修编、国史馆协修，曾任袁世凯大总统顾问的著名藏书家李盛铎书写。

会文堂：琉璃厂文昌阁内，光绪年间开业，店主为刘会堂。在文昌阁经营十余年后，又迁至西琉璃厂宝森堂之东。民国年间其子承其业。

文德堂：琉璃厂文昌阁内，光绪年间开业，店主韩逢源，经营古书。

韩逢源擅长古书版本，民国年间迁至西琉璃厂路南文贵堂旧址，经营三十余年。韩氏民国初年曾在一次为一王爷装订修补溥仪从故宫带出的宋绍兴年刊刻的《资治通鉴》时，以宋百衲本《资治通鉴》作伪仿制，将原真本匿藏。而那位王爷并不知晓版本，依旧被蒙蔽。事后，韩氏先将《资治通鉴》目录三十卷卖给北洋政府教育总长傅沅叔，而将全书以一万元现大洋的价格卖给北洋政府财政部次长潘复。民国十二年（1923年）潘复用宋绍兴刻本《白孔六帖》交换，才将《资治通鉴》目录三十卷得到，让这部重要的善本得以完整收藏。古旧书业经营之恶习，由此可见一斑。

宝仁堂：位于琉璃厂小沙土园附近，光绪年开业，店主河北枣强县人张继德，多经营新书，前后经营四十余年，后易手王文升笔墨庄。

复古堂：位于琉璃厂，清光绪三十二年（1906年）开业，店主为河北深县人张凌贵，经营数年后歇业。

文琳堂：东琉璃厂路南，光绪年间在大文堂旧址开业，店主为河北冀县人马鹏远。该店主要经营古书，较为讲求版本，经营三十余年后于民国七年（1918年）前后转让给南阳山房。

萃文堂：西琉璃厂路南，光绪二十年（1894年）开业，店主为河北冀县人常永祥。萃文堂主要经营古书，曾与益文堂魏氏联合到河南收购古书，为京城藏书家所重视。

尚友堂：位于西琉璃厂路北，光绪年间开设，店主为河北冀县人赵鸿儒。赵鸿儒同治年间曾经营宏文堂，后自己开尚有堂。后尚友堂转手卖给师存志，又倒手给开设古芬阁的尚善修。

益文堂：西琉璃厂路南，光绪年间河北冀县人魏声斋所开。魏氏曾与萃文堂、文琳堂到河南收购古旧书，为藏书者所器重。缪荃孙曾

在该店购得《书画史》《会要》等钞本以及元刊本《礼记集说》。该
店经营十余年后歇业，店铺倒给古雅斋。

龙文阁：光绪年开业，店主为河北冀县人傅鸣谦，一般经营新
书，光绪三十年（1904 年）改由其次子傅金魁、三子傅金泉继续经
营三十余年，后将店铺转手给自强书局。

会经堂：位于西琉璃厂，光绪年间开业，店主为河北冀县人程永
江。光绪年后期转手给张秀俊，民国三年（1914 年）倒手给刘建卿、
陈殿维经营，前后经营三十余年后歇业。

文贵堂：位于西琉璃厂路南，光绪年间河北冀县人魏显泰所开。
该店经营古书颇为出名，多服务于前清显贵和王公大臣，店铺也颇为
讲究，悬有"文兼两汉三唐盛、贵比黄金白璧多"门联。曾刊行《御
批历代通鉴辑览》等书，前后经营二十余年才歇业。店铺转卖给浣花
书局和墨妙斋法帖铺。

宝林堂：位于西琉璃厂，同治年间开业，店名与道光年间所开"宝
林堂"一致，店主河北冀县人魏清祥，经营十余年后歇业，店铺转手
给奎文堂。

奎文堂：位于西琉璃厂宝林堂旧址，光绪年间河北冀县人魏清彬
所开。宣统元年（1909 年）魏氏聘请族人魏捷百经理，未几便歇业，
店铺转卖给式古斋。

开通书社：位于西琉璃厂，光绪三十三年（1907 年）开业，店
主河北枣强人鹿氏。但仅仅经营两年后，宣统元年（1909 年）转手
给孟庆德，民国三十二年（1943 年）又转手卖给郭纪森。郭纪森民
国二十八年到三十二年（1939-1943）曾受聘经理勤有堂业务，民国
三十二年（1943 年）自己开设店铺，主要经营大部头古书和考古类

图书，与北京大学等院校的学者交往颇为亲密，像洪煨莲、侯仁之等先生都与之有着极为密切的联系。1958年公私合营时，开通书社合并进中国书店，郭纪森曾任过副经理，晚年被聘为中国书店顾问。

慎记书庄：光绪三十三年（1907年）在宝森堂旧址开业，店主为河北衡水人张慎田，以卖新书为主。经营数年后歇业，店铺倒给九经堂。

宝经堂：西琉璃厂路南，光绪年间开业，店主为河北冀县人程永年。该店经营十余年后歇业，店铺倒给文鉴斋裱画铺。

同好堂：琉璃厂西门外，光绪六年（1880年）河北冀县人阎文炳所开。民国七年（1918年），店肆由其次子接替经营，颇有成效，曾购买文焕堂店铺做库房，足见其经营实力。民国十七年（1928年）转手给郑冠卿经营，民国三十四年（1945年）歇业，前后经营六十多年。

宏道堂：西琉璃厂，光绪年间开业，店主河北冀县人程存立。宏道堂的店招是由光绪年进士、翰林院庶吉士、清代著名书法家戴彬元题写。宣统年间其聘请同族人程锁成经理店铺生意，民国十年（1921年）改由邢继有经理。先后经营四十余年，民国后期将店铺转卖给富晋书社。

文蔚堂：位于琉璃厂，光绪年间开业，曾是荣禄堂的分号。经营者为束鹿县人丁福毓。

鸿宝阁：西琉璃厂路南，光绪年间开业，店主为河北冀县人刘氏，光绪三十年（1904年）转由崔连山经理，民国年间改由崔连山之子经营，前后经营三十余年。

述古堂：西琉璃厂路南，光绪年间开业，店主原为新河县人乔氏，宣统年间由乔度才经营。民国三年（1914年），河北深县人于魁祥将店铺买下经营。于魁祥在古书经营上造诣颇高，也很会做古旧书生意，店肆经营很是红火。他曾到各地收购古书，先后在山东等地购得《宋本八经》、宋版《唐十家小集》等善本古籍，但经营不到十年便因病而故。

九经堂：九经堂店主为河北冀县人邢东璧，原来在琉璃厂小沙土园胡同内开书店，宣统三年（1911 年）从慎记书庄张慎田买下西琉璃厂路南宝森堂的店铺，重新开业，经营古旧书，民国年间将店铺转卖给孟繁荣。

文雅堂：西琉璃厂路南，宣统二年（1910 年）开业，店主为河北冀县人郭长林。郭长林从光绪三十二年（1906 年）开始，为其舅舅张庆霞打理宏京堂生意，三年后自己单独开店经营。之初在琉璃厂小西南园北口，后又迁到南新华街，前后经营三十余年歇业。

清代北京的书肆从康熙末年以后，主要集中在琉璃厂。这些书肆在北京古代、近代以及现代史的发展历程中也是几经波折。有的店肆虽其字号保留下来，但其店主早已换人。有的字号由于历史资料记载不全，会出现重复或者名称上的交叉。但就清代北京书肆整体的历史发展脉络看，清代北京书肆尽管是私人经营而为了谋取利润，但在其经营过程中，对我国传统典籍文献的保护、传承和弘扬有着积极的促进作用，在有清一代图书刊行及其流通上做出了重大贡献。

二、清代北京书肆代表性图书的刊行和传播

清代北京书肆的图书刊行和流通，依旧如同明朝北京书肆经营活动一样，除了刊刻文人学士的经、史、子、集著作和诸医药图书、历法之书等以外，更多的经营放在京城百姓的读书喜好上，大量刊行和

流通各种小说、唱本、子弟书等。其中，具有代表性的有《红楼梦》以及清后期的京味小说《小额》《儿女英雄传》等，在清代北京文化发展上形成了深刻的影响。

《红楼梦》作为我国古代文学的不朽名作，无论其思想还是艺术成就均达到中国古典小说之极，是中华民族传统文化的结晶，对中国文学和中华文明的发展产生了巨大而深远的影响，在我国古典小说史乃至华夏文化发展历程中树立起一座丰碑。《红楼梦》诞生二百余年来，始终以它丰富的思想内涵、巨大的艺术魅力和广博的知识体系，深深地吸引和感动着广大读者，它一问世就受到社会各界的广泛喜爱。王公贵人、黎民百姓争相阅读，"几于家置一集""家家喜阅，处处争购"。及至乾隆后期，《红楼梦》的抄本在民间卖到十两银子的高价，当时流传有"开谈不说《红楼梦》，纵读诗书也枉然"的说法。虽然《红楼梦》曾多次遭到朝廷的明令禁毁，但屡禁不绝，影响也愈来愈大。甚至其续作、拟作也超过以往的任何一部小说。

《红楼梦》的作者曹雪芹是清代北京文学发展史上永远写不尽的人物，更是世界文化史上最伟大的作家之一。曹雪芹（1715—1764年），名霑，字梦阮，号雪芹，又号芹溪、芹圃，通常认为其祖籍为河北的丰润县，红学界也有认为其祖籍为辽宁铁岭等观点。曹雪芹出生于一个与清王朝皇室关系极为密切的达官显贵家庭。天命六年（明天启元年，1621年）他的高祖曹振彦归附后金，初为佟养性属下，之后又改隶多尔衮所部，任"旗鼓牛录章京"，并入满洲正白旗旗籍，为汉族包衣。其曾祖母孙氏是康熙皇帝的乳母，历史记载，康熙在南巡时曾召见曹玺的妻子孙氏，当孙氏拜见康熙时，"上见之，色喜，且劳之曰：'此吾家老人也'"①。而其曾祖父曹玺曾经长期追随多尔衮征战，立有军功，再加上其曾祖母为康熙乳娘这一层关系，更受器重。康熙二年（1663年）曹玺被委派任江南织造，康熙十七年（1678年）曹玺被"加正一品"，后又转任江宁织造。曹雪芹的祖父曹寅由于这一层特殊的关系成为康熙的侍读和御前侍卫。康熙二十九年（1690年）曹寅始任苏州织造，三年后又兼任江宁织造，后再兼任两淮巡盐监察御史。曹寅与康熙皇帝的关系非同一般，极受康熙的宠信。康熙曾经六下江南，其中有四次是由曹寅负责接驾，甚至住在曹家。曹寅虽掌管江南织造，但喜好结交江南士子，且精通诗词，知晓音律，曾先后主持编撰和刊刻《全唐诗》《佩文韵府》等书，并有《楝亭诗抄》八卷、《诗抄别集》四卷、《词抄》一卷、《词抄别集》一卷、《文抄》一卷传世。曹寅死后，其子曹颙继任江宁织造。康熙五十四年（1715年）正月，曹颙病故，在康熙皇帝的直接过问和干预下，曹頫过继为曹寅嗣子，继任江宁织造。曹頫就是曹雪芹的父亲。曹家祖孙三代四人担任江宁织造达六十年之久，足见其家族与康熙皇帝的密切关系。雍正五年（1727年）年底，曹頫因骚扰驿站离职受审，同年十二月二十四日，雍正下令江南总督范时绎查抄曹頫家产。从此，曹家的权势和财产都丧失殆尽。而曹雪芹也随着他的家境突变改变了他的生活轨迹，从昔日的显赫世家子弟变成生活极不稳定的飘零之人。雍正六年（1728年）曹雪芹随其家庭回到了北京，暂居于崇文门外磁器口东北角的蒜市口，也就是后人所说的曹雪芹故居的"蒜市口十七间半"。乾隆元年（1736年）乾隆登基后，曹家得以赦免各项"罪款"，家境渐渐地得到一定

---

① 《解春集文钞》卷四《御书萱瑞堂记》，上海：商务印书馆1933年版。

的改善。但是好景不长，乾隆五年（1740年）胤礽长子弘皙谋乱事发，曹家再次因此事而被卷入，又一次被抄没，曹家至此彻底败落。曹雪芹经历了少年时期锦衣玉食到成年之后"举家食粥"的贫民百姓生活的跌宕起伏，使得曹雪芹对清王朝统治阶层内部相互倾轧的黑幕及其罪恶有了深刻的认识。他蔑视权贵，远离官场，过着贫困如洗的艰难日子，并开始着手写作《红楼梦》。乾隆二十二年（1757年）前后，曹雪芹移居北京西郊黄叶村。这段时间，他的生活更加穷苦，"满径蓬蒿""举家食粥"。但他依旧以坚韧不拔的毅力专心《红楼梦》的写作和修订。乾隆二十七年（1762年），曹雪芹幼子夭亡，使他陷于极度的忧伤和悲痛之中，并由此而卧床不起。除夕之夜，这个为后人留下不朽名作的文学巨匠终因贫病无医而逝。

曹雪芹创作《红楼梦》，从某种意义上是对他的家世以及人生的一次刻骨铭心的反省，也从一个侧面对清代满族统治阶层内部政治倾轧是一种揭露或控诉。曹雪芹所经历的家世跌宕，不仅对他的人生轨迹产生极大冲击，也造就了他的内心对清王朝满族统治核心势力的那种客观上抵触的情绪。因此，他在北京生活期间，所交往的诸多满族文人，或为闲散宗室，或为家道中落的旗民后裔，像曹雪芹的挚友敦敏、敦诚兄弟以及有过接触的怡僖亲王弘晓等人，都是家世经历过如过山车一般的跌宕起伏。应该说，如果没有曹雪芹家世的坎坷，如果不是在京城与满族宗室文人的密切交往，曹雪芹在《红楼梦》创作上就难以把大观园的兴衰跌宕刻画得那么精辟。

《红楼梦》最早流传于世间，是由抄本的形式传播的。曹雪芹在世时，仅仅是在其亲朋好友中流传。

曹雪芹在北京创作《红楼梦》前后，交往的大多是满族宗室后裔，也有一些在政治上遭遇冷落的王公大臣，像敦诚、敦敏、明义等，都是他交往的诗文挚友。明义，字我斋，富察氏，是镶黄旗人，曾经任乾隆皇帝侍卫，著有《绿烟琐窗集》。他在《题〈红楼梦〉》组诗注中谈道："曹子雪芹出所撰《红楼梦》一部，备记风月繁华之盛""余见其钞本焉。"明义是曹雪芹创作出《红楼梦》之后并在世时，撰写评论曹雪芹《红楼梦》诗作最多的人，被曹雪芹视为知己，他的《题〈红楼梦〉》组诗也成为后人研究曹雪芹《红楼梦》创作的重要文献参考依据。清代宗室诗人永忠看到《红楼梦》之后也为其文学魅力所倾倒，他也赋诗大力赞许，并称："传神文笔足千秋，不是情人不泪流。"至今在红学界一直引发学术争论的"脂砚斋""畸笏叟"，除个别学者认为是曹雪芹个人化名之外，一般都认为是曹雪芹身边极为熟识的好友，或为曹雪芹家中的亲属。《红楼梦》创作以后，"脂砚斋""畸笏叟"做了大量的批语，留下了《脂砚斋重评石头记》等诸多早期的钞本，是后人研究《红楼梦》最重要的早期钞本。乾隆朝颇受冷落的怡僖亲王弘晓，看到《红楼梦》后也引发了他的极度共鸣，并组织人力抄录《红楼梦》，成为《红楼梦》早期传播的重要推广、传播者。

正是由于《红楼梦》动人心弦的情感和无穷的文学魅力，当时很多人一旦看到，便难以释手。曾任刑部主事、福建按察使等职的乾隆三十四年（1769）进士戚蓼生，在入京参加会试、殿试期间，在琉璃厂无意中购到《红楼梦》的钞本，喜出望外。他评价曹雪芹的《红楼梦》："写闺房则极其雍肃也，而艳冶已满纸矣；状阀阅则极其丰整也，而式微已盈睫矣；写宝玉之淫而痴也，而多情善悟，不减历下琅琊；写黛玉之妒而尖也，而笃爱深怜，不啻桑娥石女。他如摹绘玉钗金屋，刻画芎泽罗襦，靡靡焉几令读者心荡神怡矣，而欲求其一字一句之粗鄙猥亵，不可得也。盖声止一声，手只一手，而淫佚贞静，悲戚欢愉，不啻双管之齐下也。噫！异矣。其殆稗官野史中之盲左、腐迁乎？然吾谓作者有两意，读者当具一心。"①曹雪芹去世以后，《红楼梦》的流传范围逐渐扩展，并成为当时极为流行的小说读本。正如程伟元在甲戌本的序言中曾经写道："好事者每传抄一部，置庙市中，昂其值得数十金，可谓不胫而走者矣。"

在以往的研究中，很多人对程伟元在序言中所说的"置庙市中"的"庙市"二字看作是该书抄本上市买卖的形容词。实际上，程伟元所说的"庙市"就是以东琉璃厂火神庙书肆、出摊为主的琉璃厂诸书肆代称。乾隆年间，北京的图书流通场所基本上只有琉璃厂的书肆。据《琉璃厂小志》记载："火神庙在琉璃厂东门内，琉璃厂书摊多在该处陈列，最早约在康熙年间，谓之庙市。"②另外，《京师坊巷志》也记载："厂东门有观音阁，北为火神庙，岁正有庙市。"③而《郎潜纪闻》也说："京师书摊，今设琉璃厂火神庙，谓之庙市。"④由此可见，早在《红楼梦》早期的抄本流通时，琉璃厂就是其传播的主要地点。

清乾隆五十六年（1791年），程伟元将其历年"竭力搜罗"的《红楼梦》抄本，"同友人细加厘剔，截长补短，抄成全部"⑤，以

---

① 《戚蓼生序本石头记》，北京：人民文学出版社 2011 年版。
② 《琉璃厂小志》，北京：北京古籍出版社 1982 年版。
③ 《京师坊巷志稿》，北京：北京出版社 1962 年版。
④ 《郎潜纪闻》卷八，上海：上海进步书局校印。
⑤ 《红楼梦程甲本》，北京：中国书店 2013 年版。

"萃文书屋"的名义，出版了一百二十回本《红楼梦》。其扉页题为《新镌全部绣像红楼梦》，封面题为《绣像红楼梦》，各回首及中缝均题为"红楼梦"。这就是人们通常所说的"程甲本"。程甲本问世后没有多久，程伟元、高鹗在程甲本的基础上又加工整理，于清乾隆五十七年（1792年）再一次以活字的形式刊行了百廿回本《红楼梦》，世称"程乙本"。程伟元在其《新镌全部绣像红楼梦》序中，对他四处搜罗《红楼梦》的抄本的艰辛过程做了详细的描述，他说："《红楼梦》小说本名《石头记》，作者相传不一……好事者每传抄一部，置庙市中，昂其值得数十金，可谓不胫而走者矣。然原目百廿卷，今所传只八十卷，殊非全本……为竭力搜罗自藏书家甚至故纸堆中，无不留心，数年以来，仅积有廿余卷。一日偶于鼓担上得十余卷，遂重价购之，欣然翻阅，见其前后起伏，尚属接榫，然漶漫不可收拾。乃同友人细加厘剔，截长补短，抄成全书。复为镌版，以公同好，《红楼梦》全书始至是告成矣。"① 这里所说的"偶于鼓担上得十余卷，遂重价购之"就是当时众多文人学士，包括书肆的店主收罗古旧图书的主要方法之一。从当时北京的城市格局和图书刊刻、流通的情况看，其萃文书屋应该是在宣南地区的琉璃厂一带。

程甲本、程乙本刊行后，《红楼梦》开始在民众中广泛流传，一时间，京城竟出现红楼热的文化时尚。逍遥子在《后红楼梦序》中记述："曹雪芹《红楼梦》一书，久已脍炙人口，每购抄本一部，须数十金。自铁岭高君梓成，一时风行，几于家置一集。"② 郝懿行在《晒

---

① 《红楼梦程甲本》，北京：中国书店2013年版。
② 《后红楼梦》，沈阳：春风文艺出版社1985年版。

书堂笔录》中记载："余以乾隆、嘉庆间入都，见人家案头必有一本《红楼梦》。"① 对于京城文人、士大夫来说，交往中以对《红楼梦》的了解、认识为交流内容，并开始称其为"红学"，颇为兴盛，并且成为当时京城文人雅士或社会上层的一种文化时尚。据李放在其《八旗画录》一书的注中有这样一段记述："光绪初，京朝士大夫尤喜读之，自相矜为红学云。"②

应该看到，程甲本、程乙本的问世，基本上结束了《石头记》以抄本而流传的状况，使得《红楼梦》的传播速度和传播范围大大地改变，这在《红楼梦》版本发展史上具有划时代的意义，也形成了清代前期北京文学的发展巅峰。程甲本、程乙本的刊行不仅仅推动了嘉庆、道光年间出现文学史上第一次《红楼梦》的阅读、评点、改编和续书的高潮，将清代前期北京的文学发展推到一个新的高度，而且对以后的《红楼梦》的普及、传播和研究等，也产生了深远的影响。这一点恐怕当初程伟元、高鹗在整理、刊行《红楼梦》时未曾想到的。

程甲、程乙本在京城广泛流传后，带来当时京城文人和显贵对《红楼梦》的追求和痴迷，也在小说版本的传播上刺激了不同版本《红楼梦》的出现，甚至有的人开始撰写《红楼梦》的续书。

程甲本、程乙本《红楼梦》的刊行，不仅是清代文学史上一个划时代的重大文学里程碑，也是清代北京图书出版工艺发展的重要标志。程甲本、程乙本《红楼梦》采用的是木活字摆印工艺刊行的图书。程甲本刊布于乾隆五十六年（1791 年）腊月初三，程甲本刊行才两个

---

① 《晒书堂笔录》，中国书店藏清刻本。
② 《郎潜纪闻》卷八，上海：上海进步书局校印。

多月，清乾隆五十七年（1792 年）二月程伟元、高鹗又刊印了程乙本。程乙本对程甲本的文字进行删补达五千九百余字，改动调整的文字数量两万五千字左右。在这么短的时间，一个私营的萃文书屋能有这么大的摆印能力，说明清代北京书肆图书刊印能力和水平已经发展得非常突出。结合乾隆三十八年（1773 年）金简上奏以木活字刊行武英殿聚珍版的《永乐大典》辑校稿，可以看出清代乾隆年间北京地区木活字摆印刷印工艺已经发展得极为成熟，在清代典籍的整理、刊行方面发挥了重要的作用。

清代北京还有一部由书肆刊行的京味小说，在清代北京文化发展史上有着颇为突出的影响，这就是满洲镶红旗人文康写的白话长篇小说《儿女英雄传》。

《儿女英雄传》，又名《金玉缘》《日下新书》，署名燕北闲人。燕北闲人，即文康。文康，满洲镶红旗人，字铁仙、悔庵，号燕北闲人，费莫氏。具体生卒年不详，应生活在道光年到光绪年间。其祖父为乾嘉时期陕甘总督，后出任武英殿大学士、军机大臣等要职。文康家世显赫，其受祖辈之荫，先后担任理藩院郎中、徽州知府，复任观察之职，后丁忧回家，期满后曾被任命为驻藏大臣，但因病未到任。文康年幼时家境显赫，中年又长期为官，对清代官场状态体味深刻，但其后来家境逐渐衰落，诸子不肖，以致家道中落，只能靠变卖家产度日，再加之疾病缠身，文康后来只能独居一室，终日以笔墨相伴。他有感于事事变迁、人情反复的悲喜炎凉和人生大起大落、悲喜跌宕的生活历程，尤其是其诸子不肖而带来的家庭冲突和变故，便以警教式的笔墨，将其心中理想化的概念化为文学创作的动力，撰写了小说《儿女英雄传》。

　　《儿女英雄传》围绕着县令安学海之公子安骥与副将之女何玉凤、民女张金凤三个人的曲折经历展开故事情节。清朝副将何杞为大将军纪献唐陷害而屈死狱中，其女何玉凤决意为父报仇，改名为十三妹闯荡江湖寻机报仇。在此期间遇到汉军世族旧家子弟安骥和民女张金凤，安骥父亲为上司陷害入狱，安骥筹措银两赶赴救父，途中与张金凤一同遇险能仁寺，恰逢十三妹（何玉凤）出手将安公子、金凤营救。十三妹（何玉凤）同情安骥遭遇，解囊相助，并说合安骥、张金凤结为良缘。后安学海脱险复职，十三妹（何玉凤）闻听害父仇人为朝廷所诛，遂意削发为尼。安骥之父感念十三妹（何玉凤）救子之恩，四方寻找十三妹（何玉凤）下落，并将其身世经历一一查访清楚。经过众人相劝，十三妹放弃出家为尼的念头，恢复原名何玉凤，嫁给安骥为妻，与张金凤情同姐妹，同侍安骥。何玉凤与安骥成亲后，不断激励丈夫，诚勉其懈怠，激励他奋志成名。而安骥也在这样的贤妻辅佐下，考取功名，出任要职。金凤、玉凤各为安骥生下一子，安家老夫妻亦寿登期颐，从此子贵孙荣。因为小说中两个女主角一个金凤、一个玉凤，所以这部小说也曾用《金玉缘》之名刊行。

　　《儿女英雄传》作为中国封建时代创作的小说，自然有其时代的局限性和受作者文学创作水平的制约，从文学价值上看并不能说有太高的价值。但是，这部小说采用京城民众特别是八旗旗民中下层民众喜闻乐见的评话形式，犹如作者面对读者娓娓道来。不论是小说中的人物对话，还是涉及小说情节时的绘声状物，文康大量使用北京话，特别是北京八旗旗民中下层日常使用的北京方言土语，京味京腔极为浓郁，在运用北京话、北京地方方言土语等方面是一个跨越性的突破，北京京味小说滥觞于此。胡适在评价《儿女英雄传》时这样认为："《儿女英雄传》也用北京话，但《儿女英雄传》出世在《红楼梦》出世之后一百二三十年，风气更开了，凡曹雪芹时代不敢采用的土语，于今都敢用了。所以《儿女英雄传》里的谈话有许多地方比《红楼梦》还生动。如张亲家太太、如舅太太，她们的谈话都比《红楼梦》里的刘姥姥更生动。"[①] 有学者认为文康在《儿女英雄传》的写作中，追求琐屑的细节描写，致使小说结构冗长、松散。从文学的角度看这无疑是一个要命的缺憾。但是从了解清代北京，认识京城八旗旗民生活，这个缺点倒成了"优点"，甚至可以称为京城八旗生活形态的"活化石"。比如，在描述在旗女子与汉民女子走路的样子，小说里这样说：在旗的女子"走道儿却和那汉装的探雁脖儿，摆柳腰儿，低眼皮儿，跷脚尖儿，走的走法不同，她走起来大半是扬着个脸儿，振着个胸脯儿，挺着个腰板儿走"[②]。在安家祭祖的一节中，小说对旗籍人家的祭祖场景描述颇为细致："大家把祭品端来摆好，玉凤姑娘看了一看，那供菜除了汤饭茶酒之外，绝不是庄子上叫的那些楞鸡、匾丸子、红眼儿鱼、花板肉的十五大碗。却是不零不搭的十三盘；里面摆着全羊十二件，一路四盘，摆了三路，中间又架着一盘，便是那十二件里片下来的攒盘，连头蹄下水都有。"[③] 上面所列举小说中的两段文字，一个是走路的姿势，一个是祭祖贡品的摆设，将旗人女子与一般汉族女子、在旗旗民祭祖与一般人家常用的"楞鸡、匾丸子、红眼儿鱼、花板肉"的区别，刻画得极为到位，无形中让这部小说成为清代后期京城八旗旗民生活的"活化石"。

---

① 　《儿女英雄传·序》，海口：海南出版社 1996 年版。
②③ 　《儿女英雄传》，北京：中华书局 2013 年版。

　　文康的《儿女英雄传》最初只有抄本在北京传播，国家图书馆藏有该书的抄本。光绪四年（1878 年）北京隆福寺的聚珍堂书肆以木活字版将此书刊印传播。仅仅过了两年，光绪六年（1880 年）聚珍堂书肆再次刷印刊行此书。一部京味小说在两年的时间两次刷印传播，可见这部小说在清代后期北京民众中所受到的欢迎程度，也能体现出当时的北京书肆在百姓生活娱乐中注意抓人们所喜爱的内容题材进行刊印、流通，反映出清代北京书肆的经营形态。

　　清代北京书肆刊印、销售的图书中，有一类图书的刊印和传播与其他地区书肆关注点有很大不同，就是在北京旗人中颇为流行"子弟书"。

　　北京子弟书兴起于清乾隆年间，其源于满族早期萨满教祭祀活动的巫歌，并吸纳了东北满族居住地区俗曲。清军入关后，需要逐渐征服和占领全国各地，大批八旗子弟要奔波各地征战，并且驻屯于各地。八旗兵丁战时四处讨伐，平时则聚集于军营，闲极无聊为排解寂寞，这些八旗兵丁便以萨满教巫歌为基调，吸纳了流行于东北地区的家乡俗曲，填词唱诵，以此作为平日的娱乐。久而久之，在八旗兵营逐渐兴起了一种新的娱乐形式。因这种曲调皆为八旗兵丁所传唱，故人们把这种曲调称之为"八旗子弟乐"。乾隆初年八旗兵丁征讨平定边疆兵乱班师还朝，正白旗阿桂部八旗兵丁用八角鼓击节而歌，以唱诵"八旗子弟乐"庆贺凯旋班师，在京城引起轰动。清人曾记述说："文小槎者，外火器营人。曾从征西域及大小金川。奏凯归途，自制马上曲，即今八角鼓中所唱之单弦杂排（牌）子及岔曲之祖也。其先本曰小槎曲，减（简）称为槎曲，后讹为岔曲，又曰脆唱，皆相沿之论也。此皆闻之老年票友所传，当大致不差也。"① 由此以后，"八旗子弟乐"
逐渐广而流传，尤其是居住于京师的八旗兵丁，以此曲调为基础加以
改良，借鉴流传于北京地区的大鼓、弹词等艺术表现形式，用北京民
间流行的发花、梭波、乜斜、一七、姑苏、怀来、灰堆、遥条、由求、
言前、人辰、江阳、中东等十三道大辙，创立出以七言为唱词、用八
角鼓伴奏的一种新的说唱形式，这就是后来的"子弟书"。北京子弟
书的兴起的具体时间，史书记载多有差异。实际上，由于这种曲调是
由八旗兵丁自发创作而成，很难具体说从何时开始。通行的说法和子
弟书艺人们口传心授所言，皆称之为乾隆初年。人们公认的满族子弟
书作家罗松窗的子弟书代表作之一的《庄氏降香》，是在乾隆二十一
年（1756 年）初刻刊行，刊行者为北京琉璃厂的文翠堂。这是我们
现在知道的形成完整、系统文字的子弟书最早刊行的时间和刊印的书
肆名称。随着子弟书的逐渐的兴旺，北京的其他书肆也开始刻印子弟
书唱本，像清乾隆年间琉璃厂的张氏百本堂、聚卷堂以及后来的亿卷
堂、别埜堂、乐善堂等书铺都曾经抄卖或刊刻过子弟书唱本。

---

①　《道咸以来朝野杂记》，北京：北京古籍出版社 1982 年版。

第六章　清后期北京近代出版发展

第一节　晚清北京中西文化交锋及传统文化的裂变

一、清中期的衰败与外国侵略者第一次占领北京

18 世纪中后期，当乾隆皇帝及其子民沉浸在泱泱天朝大国无所不有、无所不能的"盛世"之中时，中国之外的世界在发生着巨大的变化。

18 世纪 60 年代正是乾隆年发展颇为兴盛的阶段，英国爆发了工业革命。1764 年（乾隆二十九年）英国人詹姆斯·哈格里夫斯发明了以其女儿命名的"珍妮纺织机"，将纺织效率大幅度提高。而在此之前的乾隆王朝正很得意地规定着："允英吉利商人之请，许其每船买土丝、二蚕湖丝八千斤；仍禁头蚕湖丝及绸缎出口。"[①]1774 年（乾隆三十九年）英国人詹姆斯·瓦特发明了蒸汽机，随后的 1776 年（乾隆四十一年）瓦特制造出第一台直接用于工业生产的蒸汽机。1785 年（乾隆五十年），英国人卡特莱特发明了水力织布机，让织布工效迅猛地提高了四十倍之多。就是在这一年，瓦特改良的蒸汽机开始被

---

① 《中外历史年表》，北京：中华书局 1961 年出版。

用作于纺织机的动力，并且很快地在英国推广，引起了第一次工业革命的发展高潮，人类也从此进入了机器和蒸汽机时代。而在这一年的元月，乾隆皇帝很开心地在紫禁城举办着千叟宴，以此来彰显他的文治武功。1803年，美国人富尔顿制造了第一艘以蒸汽机为动力的轮船，并在法国塞纳河试航成功。1807年，富尔顿制造的蒸汽机轮船"克莱蒙托"号在纽约哈德逊河进行了历史性的航行。1814年，英国发明家乔治·史蒂芬逊制造出第一台使用蒸汽机为动力的机车。西方各国在工业技术方面的成就和新的生产力革命，带动了这些国家在科学技术、文化、经济等各个方面的发展，推动着西方整个社会突飞猛进的前进，也带来了世界政治力量、国家格局的改变。1775年（乾隆四十年）北美爆发了独立革命战争，八年之后，英国被迫与美洲殖民地代表签订正式合约，承认美利坚合众国的独立。1789年（乾隆五十四年），巴黎人民攻占巴士底监狱，法国大革命爆发，国王路易十六被处死。这些具有划时代意义的历史事件，标志着世界新的社会政治制度的建立，标志着全球范围内新的工业技术、新的经济结构和新的政治势力开始占据这个世界，资产阶级时代开始。与此同时，新的思想、文化也伴随着新的技术革命和新的社会结构，出现了新的文化体态和文化成果。1755年（乾隆二十年），俄罗斯女皇伊丽莎白签署命令，建立莫斯科国立罗蒙诺索夫大学，也就是后来人们习惯于简称的莫斯科大学。1863年美国国家科学院也由林肯总统签署法令成立。

正当西方各国在工业技术、文化、经济和政治制度甚至国家体制上发生着巨大变化时，清朝统治者浑然不知，还在抱着我天朝泱泱大国无所不有、无所不能的狭隘概念而自得。乾隆二十四年（1759年），乾隆皇帝抱着"内地物产富饶，岂需远洋些微不急之货"的心态颁行《防范外夷规条》，实行闭关锁国的对外贸易政策。在闭关锁国的对外贸易政策的管控下，乾隆三十七年到四十七年（1772—1782 年）期间，英国对中国贸易花费一百万镑，其中进口茶叶花费七十二万镑、生丝二十余万镑，瓷器两万多镑①。对于这样一边倒的贸易逆差，英国人自己都认为："在一个相当长的时期中，中国市场上对欧洲商品确实不太需要。外国人在中国购进中国商品所使用的外币，这在许多需外币购买外国产品的国家看来是非常可贵的，但在中国确认为是换进许多外国硬币只是一个麻烦而不是什么利益。"②在这样的情况下，英国人决定派使臣到中国，就贸易逆差问题进行交涉。

乾隆五十七年（1792 年）英国派遣马嘎尔尼出使中国，试图打通与中国的贸易关系。当马嘎尔尼出使中国的消息传到北京，清王朝统治者却认为这是番邦小国为叩祝圣上八十大寿而进贡朝贺。事实上，马嘎尔尼这次出访带有很明显的政治、军事、文化炫耀的成分，他所乘坐的旗舰"狮子号"是当时英国海军最好的军舰之一。东印度公司还为使团配备了东印度公司最大吨位的"印度斯坦号"和"豺狼号"等九艘舰船，使团成员、辅助的工种人员以及水手共计八百余人。乾隆五十八年（1793 年）八月，乾隆在承德召见马嘎尔尼一行，拒绝了英国提出的在中国沿海的天津、宁波等地增开商埠以及允许传教士传教等要求。乾隆认为："英吉利在西洋诸国中较为强悍，且闻其向在海洋有劫掠西洋各国商船之事，是以附近西洋一带夷人畏其恣

---

① ②　《英使谒见乾隆纪实》，北京：商务印书馆 1963 年版。

横。"① 但对于马嘎尔尼等英国使臣而言，此次中国之行看到了中国清王朝的诸多腐败、落后的弊端。他们认为："在中国以及其他东方国家，下级向上级、当事人向法官，送礼的风气是很盛行的。""中国官吏的薪金不高，使他们容易接受礼物诱惑。"他们还发现在中国官吏体系中，"满汉之间地位悬殊是很大的，任何一个低微的鞑靼人② 在汉人面前都有一种优越感""鞑靼人的特殊待遇造成鞑靼人和汉人之间的隔阂"③。也正是由于马嘎尔尼等人出使过程中从不同的侧面观察到当时大清国的诸多弊端，所以马嘎尔尼才直言不讳地说："清帝国好比一艘破烂不堪的头等战舰，他之所以在过去的一百五十多年中没有沉没，仅仅是由于一班幸运的、能干而警觉的军官们的支撑……一旦一个没有才干的人在甲板上指挥，那就不会再有纪律和安全了。"④

事实上，从乾隆中期以后，大清帝国确实开始走向衰败。乾隆年后期，和珅的贪墨成为中国古代史上一个极为典型的事例。而从嘉庆到道光年以后，清王朝官僚体系更加的腐败，其官吏系统内纳捐为官的比例越来越重。清道光二十三年到道光三十年（1843-1850）户部统计报捐人数多达六万两千余人，报捐银两六百七十三万两⑤。当时京城户部主持纳捐的是纳捐房，咸丰年后改称户部京铜房。具体办理官阶银数、收呈取结、行查给照等手续的是顺天府。卖官鬻爵者纷纷

---

① 《英使谒见乾隆纪实》，北京：商务印书馆 1963 年版。
② 这里指满洲人。
③ 《英使谒见乾隆纪实》，北京：商务印书馆 1963 年版。
④ 《英使谒见乾隆纪实》，北京：商务印书馆 1963 年版。
⑤ 《北京通史》第八卷，北京：中国书店 1994 年版。

齐奔京城，而京城金店原本为金银珠宝经营店肆，纳捐之风盛行时，京城的金店"一变而为捐纳引见者之总汇。其上者兼能通内线，走要津，苞苴之入，皆由此辈，故金店之内部必分设捐柜焉。其掌铺者，交结官场，谙习仪节，起居服饰，同于贵人"①。一个号称"天朝大国"的封建王朝动辄能冒出六七万纳捐官员，京城金店能专设"捐柜"，其吏治之差可谓到了无以复加的地步。官员可以纳捐为官，而作为清王朝享有特权的旗人群体到此时也开始出现生计上的困窘。道光、咸丰年间旗人生计问题越来越突出，道光五年（1825 年）清王朝放宽不准旗人从事其他行当的禁令，允许闲散旗人向佐领、参领告假后外出谋取营生，且日后仍准许挑差。咸丰二年（1852 年）咸丰还发布谕令，准许顺天府、直隶等地旗地互相契卖。闲散旗人准许外出谋取营生，旗地放宽可以买卖，这些在清初都是被视为大清国基本基业的政策被迫放松，显示出清王朝此时已经是日趋衰败，与快速崛起的西方列国相比，中国封建时代已经被快速崛起的西方资本主义远远地抛在后面。

1840 年第一次鸦片战争爆发，英国侵略军在攻打广州后，又北上先后攻占浙江定海，抵达天津。道光皇帝被迫与英国侵略者媾和，于 1842 年签订不平等条约《南京条约》，中国开始逐渐沦为半封建半殖民地社会。然而，第一次鸦片战争并没有让大清王朝从昏聩中警醒。

1856 年，第二次鸦片战争再次爆发，英法联军再次北上，1860 年攻陷天津，七月"初五日……（大沽）炮台失陷，提督乐善登时阵

① 《旧京琐记》，北京：北京古籍出版社 1986 年版。

亡"①。随后英法联军经通州八里庄再向北京进发。

对于英法联军越来越逼近京师，咸丰皇帝开始恐慌，意欲出逃，但是遭到大臣的劝阻。对此，咸丰皇帝惶惶不安，不得已说出自己的真心话："尔等所言固为有理，设夷匪入城，将置朕于何地？"② 八月七日，咸丰皇帝还是假借巡幸热河以备亲征而逃离北京。出行之前，咸丰皇帝决定留恭亲王奕䜣在圆明园全面负责主持"抚局"。《庚申英夷入寇大变记略》记载：咸丰皇帝出逃时，"銮舆不备，扈从无多。随行者惟惠王、怡王、端华、肃顺等，并军机穆荫、匡源、杜翰诸人。车马寥寥，宫眷后至，询迫不及待矣。是日，上仅咽鸡子二枚。次日，上与诸宫眷食小米粥数碗，泣数行下"③。京城达官显贵闻听天津失陷，又耳闻咸丰皇帝"巡幸"热河，纷纷逃离北京，"王公、大臣，汉官、富户之家属，乍闻天津失守，犬羊内窜，早已迁徙出都，百无一存"④。

八月中旬，英法联军兵临京城，开始着手攻打北京。一时间京城内大乱，大清王朝豢养的八旗兵丁几乎没有做任何有效的军事抵抗，而京城居民也纷纷外逃，竭力躲避西洋蛮夷。据当时记载："至寇氛近逼，危迫之时，勉强迁徙出都者，亦十之三四。因此车价为之顿昂，每出都一站，单套骡车一辆，需京钱百余千，四五套大车一辆，需四五百千之多，车夫尽获厚利。买卖各铺，关闭者半，伙计散去者过半，都市人踪稀少，殊萧然也。"⑤ 吏部郎中吴可读在《冈极篇》也记载：

---

① 《清实录·咸丰朝实录》，北京：中华书局、中国书店 1986 版。
② 《庚申英夷入寇大变记略》，中国书店旧藏本。
③ 《庚申英夷入寇大变记略》，中国书店旧藏本。
④ 《庚申夷氛纪略》，赘漫野叟撰，中国书店旧藏本。
⑤ 《庚申夷氛纪略》，赘漫野叟撰，中国书店旧藏本。

"是日，所有在京大臣眷口，及有力之家眷口，借移徙远避，车价贵不可言。"[1] 此时的北京城已经完全陷入一片混乱，大清国的官僚统治机构也基本上处于停顿状态，所以才有"各衙署当差无人，弃官者不知几何。是日彰仪门开，出城者络绎不绝"[2]。

八月二十二日，英法联军进攻海淀，并决意火烧圆明园以对清王朝和咸丰皇帝形成压力和直接打击。英法联军攻入圆明园后，立即开始了大肆抢劫和肆意的破坏。《庚申夷氛纪略》记载："凡御园内陈设珍宝书籍字画，御用服物，尽被搜括全空，人扛车载，送往天津夷船。"随后，英法联军一把大火将世界瞩目的圆明园焚毁。当时英法侵略军"焚御园大宫门，延及同乐园、慎德堂等十八处，市肆间如娘娘庙、老虎洞各大街，王公大臣之平泉、绿野各名园，尽付劫灰，火光烛天，数曰不灭"[3]。当时因患病而未能逃离的道光皇帝的常嫔"闻事急，自勒死"。圆明园总管大臣文丰"投御河殉难"，"宫女内监，死者更多"[4]。就连英法侵略军自己也承认："当我们第一次走进这些园林时，它使我们想起童话故事中所描写的仙境，而 10 月 19 日我们从这里离开，身后留下了一片空旷荒凉的土地，到处都是无法形容的瓦砾。"[5]随后，英法侵略军不断地在北京制造事端，主要针对北京西部清朝皇家园林一再肆虐，力求对咸丰皇帝形成巨大的压力，以逼迫清王朝屈从英法两国的要求。九月初五日，英法联军分别放火焚烧了万寿山清漪园、香山静宜园、玉泉山静明园，"御园万寿三山，

---

[1] [2] 《庚申英夷入寇大变记略》，中国书店旧藏本。
[3] 《庚申夷氛纪略》赘漫野叟撰，中国书店旧藏本。
[4] 《庚申英夷入寇大变记略》，中国书店旧藏本。
[5] 王道成《圆明园之劫》，《清史参考》2012 年第 1 期。

复遭夷火，烟焰连天，射入城中，五曰乃熄"①。

八月二十九日，英法侵略军从安定门攻进北京，北京城第一次遭到西方列强的侵占。英法侵略军攻进北京城以后，留京抚局的恭亲王奕䜣等作为清王朝的代表，被迫在九月十一日、十二日和十三日分别与英国、法国和美国、沙俄等签订不平等的《北京条约》。条约内容主要为"开天津为商埠，准许英法等国招募华人为工匠出国，割让九龙给英国，退还清朝政府先前没收的天主教资产，赔偿英法军费各八百万两，恤金英国五十万两，法国二十万两"②。法国在谈判过程中还擅自在条约中增加了"并任法国传教士在各省租买田地，建造自便"的条款。清王朝政府对此也一一表示同意。远在热河的咸丰皇帝，得知恭亲王奕䜣已与西方列国签订合约，忙不迭地批准了与英法侵略军签订的不平等条约，并亲自下达谕旨："恭亲王奕䜣奏互换和约一折，本月十一二等日，业经恭亲王奕䜣，将八年所定和约及本年续约，与英、佛各国互换。所有和约内所定各条，均皆允准，行诸久远。从此永息干戈，共敦和好。彼此相安以信，各无猜疑。其和约内应行事宜，即通行各省督抚大吏，遵照办理。"③英法联军在清政府签订《北京条约》后退出北京，第二次鸦片战争结束。

英法联军在第二次鸦片战争中第一次攻占北京，在清后期北京历史发展进程中引发了巨大的震撼，这是西方外来势力第一次直接地冲击北京。大清国治下的北京和北京人，从来都自诩为"天朝大国"的子民，总是认为其他的都是番邦异族。而那些被视为番邦异族的西洋

---

① 《庚申英氛纪略》，赘漫野叟撰，中国书店旧藏本。
② 《1860年〈北京条约〉》，北京：商务印书馆1975年版。
③ 《庚申英夷入寇大变记略》，中国书店旧藏本。

人居然打进了北京城，吓跑了大清国的皇帝，"圆明园、三山等处，全行烧毁。烟焰迷天，红光半壁。连烧五日五夜，不啻咸阳一炬"①。同时，英法侵略军的入侵也让大清国的那些平日颇显威风的官员们"弃官者不知几何"。京城普通百姓更是受到外国侵略者的摧残、侵扰，当时"城北居人，受侮不少，纷纷南迁，街市间累肩接踵，扶老携幼，牵男抱女，背负袱被，手提筐笼，竭蹶喘汗，妇女纤弱，蓝缕羞缩，踉跄颠仆，蓬首垢面，号啼之声，相续不绝于路"②。这一切对于久居于此的北京人来说，不啻一记闷棍。而这次历史劫难，拉开了近代进程中北京文化动荡的序幕。

二、清后期北京史上第一次中西文化的交锋

1840年第一次鸦片战争，中国近代史的序幕被拉开。1860年的第二次鸦片战争，英法联军侵占北京以及战争结束后的总理各国事务衙门、同文馆等机构的设立，外国使团直接进驻北京，天主教会的重新活跃等一系列变迁，使得北京在近代史的发展中第一次直接面对着西方势力的进入和西方文化的冲击。

作为隋唐以来的军事重镇、辽金时期中原文化与北方少数民族文化的交融地，到元、明、清三代全国的政治文化统治中心，北京这座城市虽然也有少数民族的进入和统治，但以儒家思想为主体的华夏文明一直是这座城市的文化主导。虽然辽朝的契丹人、金代的女真人、元朝的蒙古人、清代的满洲人是少数民族，在一定程度上也有过不同文化的碰撞和冲击。契丹人、女真人、蒙古人以及满洲人，其文化有

①　《庚申英夷入寇大变记略》，中国书店旧藏本。
②　《庚申夷氛纪略》，中国书店旧藏本。

本民族的突出特征，与中原农耕文化也曾经出现诸多冲击和碰撞，但从其文化发展脉络和不同民族文化交融上，契丹人、女真人、蒙古人以及满洲人还是逐步认同中原文化，尤其是清王朝的统治阶层满族统治者，在其入关之前就全盘地接受了中原汉族文化，甚至经常刻意地强调自己对中原儒家思想和汉族文化体系一脉相承，自己有儒家文化的法统地位。因此，无论是契丹人、女真人、蒙古人还是满洲人，他们在文化理念上都接受中原汉族文化理念，在不同的民族文化碰撞和交融之中，逐渐都同归于儒家思想为主体的华夏文化体系。而1860年第二次鸦片战争以后，西方侵略势力直接进入北京，西方思想、科学技术以及其文化也随之大规模地传入，中西方两种文化第一次在北京形成激烈的交锋，两大文化体系开始了第一轮的文化较量。

第二次鸦片战争，清王朝与英法等西方列强签订不平等条约之后，西方各国开始在北京派驻公使，这无疑让昔日将西方人视为蛮夷的北京人不得不直接面对这些谓之为"鬼子"的外国人。1860年11月，英国人威妥玛、巴夏礼受英国公使普鲁斯指派，与恭亲王奕䜣商定，以年租金一千两白银为代价，租用清宗室奕梁的梁公府作为英国公使馆馆址。随后，法国也与奕䜣等商议，租用清宗室景崇府第纯公府作为法国公使馆。1861年（咸丰十一年）3月25日，法国公使布尔布隆由天津抵达北京，进驻原纯公府改建的法国公使馆。第二天，英国公使普鲁斯进驻原梁公府改建的英国公使馆。同年，俄国公使巴留捷克也在北京设立了俄国公使馆，并进驻北京。1862年，美国公使蒲安臣、德国公使列菲士也分别在北京建使馆并入住京师。之后，西方列国纷纷在北京东交民巷一带设立使馆，自1861年至1873年间，先后有十一个国家的公使进驻北京东交民巷，[①]北京城内出现了一个拥有治外法权的特殊地域。

与此同时，西方的传教士也开始重新在北京活跃起来。康熙朝以后，清王朝对待天主教一直是采取抑制的手段。第一次鸦片战争后的1846年（道光二十六年）道光皇帝颁行谕旨，准予将位于宣武门的天主教南堂发还，但京城其他天主教的教堂仍然处在关禁状态。第二次鸦片战争后签订《北京条约》，特别是在英文文本中，法国传教士私自加入"传教士在各省租买田地，建造自便"的内容，天主教势力重新进入北京，尤其是法国天主教传教士，更是作为急先锋一般地紧随着各国公使进入北京，并开始在北京城内恢复或新建天主教堂。第二次鸦片战争结束后，清廷陆续发还了位于王府井北侧的天主教东堂房舍、位于中海西侧的天主教北堂旧房。天主教传教士利用清政府的战争赔款，或者另筹资建，开始重新修建原来的南堂、东堂、北堂和西堂等天主教教堂。

除了公开恢复和重建天主教堂外，英国、法国、美国的传教士都先后担任同文馆洋文教习，他们充分利用这一特殊身份，开始在京城官员阶层积极活动，传教布道。另外，西方传教士利用其教会的力量，在北京开始设立中小学初中级教育的机构。1864年，美国基督教公理会在北京开设了"育英学堂"，这是北京第一所西方教会开办的教会中学。随后，就在这一年美国基督教公理会艾莉莎贝满夫人在灯市口大街北面的大鹁鸽市胡同设立贝满女子小学，贝满女子小学后逐步发展，逐渐形成四年制的女子中学，也就是后来的贝满女子学校。

---

① 《近代京华史迹》，北京：中国人民大学出版社1985年版。

1865 年，长老会美国传教士丁韪良创办崇实馆，1891 年改为崇实中学。1867 年，美国基督教公理会创建潞河男塾，后改称潞河书院，也就是后来的潞河中学。西方教会陆续在北京开设的教育机构，采用西式教育模式进行西方文化知识教育，这对传统的中国教育模式是一次重大的冲击。

中西方文化在北京的交锋与碰撞，更多的是从同文馆的开办和洋务运动开始，在清王朝内部出现了两种截然相反的声音，折射出中西方两种文化的对抗。1861 年第二次鸦片战争，让恭亲王奕䜣等人交涉洋务的官员们不仅在战争和交涉中屡受磨难，在对待西方技术以及文化上，也遭受了一次摧残性的打击，这使得在京城中央统治中枢的奕䜣、文祥、桂良以及地方大吏曾国藩、左宗棠、李鸿章、张之洞等开始重新认识西方世界和西方军事、科技、文化等内容。奕䜣率先认为"华夷混一，局势已成"，主张"师夷之长技以制夷"，"中学为体、西学为用"。因此，咸丰十一年（1861 年）一月，奕䜣、桂良、文祥上《统筹全局酌拟章程六条呈览请议遵行折》，提出对西方诸国要采取"外敦信睦、隐示羁縻"的政策，奕䜣等人的这道奏折，成为后来洋务运动的纲领性文件，也显示出在清王朝中央中枢机构内以奕䜣、桂良、文祥等为代表的洋务派的形成。

洋务派的形成以及之后的一系列洋务举措，对清王朝固守祖宗旧制的清流派，甚至更多的传统文人而言是一个极大的冲击。军机大臣、协办大学士李鸿藻，理学大家倭仁以及陈宝琛、吴大澂等在京清流派官员，对奕䜣等洋务派的主张嗤之以鼻，他们抱定了"尊王攘夷"的信念，以不谈洋务为高尚之举，把讲求西学之人斥责为"名教罪人""士林败类"。对于这些以"清流雅望"而负有盛名清流派，几乎对西方一切事物持强烈的反感态度，甚至"一闻修造铁路、电报，痛心疾首，群起阻难，至有以见洋人机器为公愤者"①。他们将同文馆作为重要的攻击对象，针对开办同文馆招录"满汉举人及恩、拔、岁、副、优贡"正途学子入同文馆学习洋务极力攻讦，时任监察御史张盛藻专门上疏，提出："科甲正途，读书学道，何必令其习为机巧，专明制造轮船、洋枪之理乎？于士习人心大有关系。"②寓京候补知州杨挺熙上呈对同文馆的"十不可解条陈"，认为设同文馆其事、其理、其言、其心有十不可解。他的"十不可解条陈"认为："今年自春及夏，久旱不雨，屡见阴霾蔽天，御河之水源竭，都中之疫疠行，本月初十日大风昼晦两时之久，此非寻常之灾异也？然天象之变，必因时政之失，京师中街谈巷议皆以为同文馆之设，强词夺理、师敌忘仇、御夷失策所致。"③并且态度激烈地提出："招取翰林、进士、五项正途京外官员考试录取，延聘西人在馆教习。此尤大伤风教。"④

很多与清流派思想一致的人借用各种方式以表达他们对洋务派以及洋务运动的不满，甚至用楹联的方式对同文馆进行讥讽，称同文馆"未同而言，斯文将丧"，还直接针对奕䜣等写道："诡计本多端，使小朝廷设同文之馆；军机无远略，诱佳弟子拜异类为师。"对清流派的指责，奕䜣等洋务派反驳说："西人制器之法，无不由度数而生。中国欲讲求制造轮船、机器诸法，苟不藉西士为先导，师心自用，无裨实际？若以师法西人为耻，其说尤谬。中国狃于因循，不思振作，耻孰甚焉。今不以不如人为耻，独以学其人为耻，将安于不如而终不

---

① 《筹办夷务始末·同治朝》，上海：上海古籍出版社2008年版。
② 《筹办夷务始末·同治朝》，上海：上海古籍出版社2008年版。
③④ 《眴庵杂识 眴庵二识》，长沙：岳麓书社1983年版。

学，遂可雪耻乎？"① 而时任江苏巡抚李鸿章也与奕䜣等遥相呼应，上疏力辩开设同文馆的好处，而且提出在其他城市也效仿京师同文馆开设洋务学堂，他认为："京师同文馆之设，实为良法。惟洋人总汇地，以上海、广东两口为最。拟仿照同文馆例，于上海添设外国语言文字学馆，选近郡年十四岁以下资禀颖悟、根器端静之文童，聘西人教习，并聘内地品学兼优之举、贡生员，课以经、史、文艺。学成送本省督、抚考验，作为该县附学生。其候补、佐杂等官，年少聪慧者，许入馆一体学习，学成酌给升途。三五年后，有此一种读书明理之人，精通番语，凡通商、督、抚衙署及海关监督，应设繙译官承办洋务者，即于馆中遴选派充。庶关税、军需可期核实；无赖通事，亦稍敛迹。且能尽阅西人未译专书，探赜索隐，一切轮船、火器等巧技，由渐通晓，于自强之道，不无裨助。"②

同治年间影响到京城乃至全国的洋务派与清流派之争，表面看是清王朝统治阶级内部两种不同政治势力在统治施政上的争论，但从本质上说，是中西两大文化体系及其思想第一次直接交锋和辩争。此时的北京城内还依旧保持着以儒家思想为核心的东方文化体系，并且仍然作为一种文化主体牢牢地统治着人们的思想。但是，洋务派在"中学为体、西学为用"的思想主张和西方外来势力的支持下，西方文化开始大举进入，两大文化体系自然会产生激烈的碰撞。洋务派、清流派的争论此消彼长，两种文化的对抗还一时难以形成一边倒的局面。最后，清廷以明发的上谕表明了最高统治者的态度，上谕中明确谈到："朝廷设立同文馆取用正途学习，原以天文、算学为儒者所当知，不

---

① ②　《清史稿·志八十二·选举二》，北京：中华书局 1977 年版。

得目为机巧，正途人员用心较精，则学习自易，亦于读书学道，无所偏废，是以派令徐继畬总管其事，以责专成，不过借西法以引证中法，并非舍圣道而入歧途，何至有碍于人心士习？"① 至此，洋务派、清流派关于中西方文化之争告一段落，但两种文化之间并没有形成某一方的绝对压倒性的优势，北京文化的发展处在一个两种文化相抗衡的阶段。

三、晚清时代京城传统文化体系的裂变

第二次鸦片战争以后，北京文化格局开始出现以儒家思想为核心的中国传统文化与西方文化相互冲撞、抗衡的格局。两种文化此消彼长，彼此互相较量，形成了两种文化彼此对峙的形态。然而，1895年的中日甲午战争，中国的大清政府及其北洋水师的惨败让很多文人学士在心理上彻底失衡。中西方两种文化对峙的局面也被这场战争彻底地打破。而 1900 年的庚子事变，把中国的社会彻底推向半封建半殖民地的深渊，到 1911 年辛亥革命结束，清王朝统治的日益瓦解、其政治势力的崩溃，北京原有的文化体系也随之而产生裂变。

中日甲午战争、1900 年的庚子事变，带来的是西方文化的全面进入。尤其是八国联军进占北京，不管是外来政治势力的作用，还是大清国连年不断的战败的耻辱，清王朝的统治阶层乃至广大的知识分子开始被迫全面接受西方外来文化的影响。有识之士开始深刻地反思中国传统儒家文化的弊端，思想固化的封建官僚和文人代表也不得不发出无奈的哀叹。在这样的西方外来文化大举进入北京的社会环境下，北京文化结构形成了重新地构筑过程，在北京文化成分中，除了帝王

---

① 《筹办夷务始末·同治朝》，上海：上海古籍出版社 2008 年版。

文化的残存成分外，传统的市俗文化迅速地丰满起来，而西方殖民主义文化、新兴的资产阶级文化也同时并存，北京文化呈现出史无前例的多元化趋向。与此同时，伴随着清王朝统治的逐渐瓦解和封建统治势力的削弱，昔日以皇权中心文化为主体的完备的、系统的、成熟的北京文化，在其裂变过程中，迅速地民间化和市俗化。其原有的文化成分，在不同的北京社会阶层中，以不同的认知程度和不同的承受能力被社会各个阶层所分别接纳，形成了丰富的文化层面和文化内容。这时的北京文化多元化的成分，已经不仅仅是清代前期中国各个不同地域文化的集成，而具有更为复杂、更加丰富层面的文化成分。这种文化结构对以后民国时期的北京文化的发展形成了极大的作用力，使得北京文化的近代化乃至形成我们今天的北京文化结构的主流成分有着关键性的作用。

清同治年间，随着洋务运动的快速发展，清王朝的统治状态一度得到恢复，甚至出现了所谓的"同光中兴"的局面，但是，清王朝的腐朽和政治的腐败，难以改变大清王朝日趋没落的脚步。清光绪甲午年（二十年，1894 年）7 月 25 日日本海军在朝鲜牙山湾口丰岛西南海域向中国北洋海军发起进攻，中日甲午战争开始。随后，日本军队占领朝鲜全境，并从海路、陆路侵占我国山东威海和旅顺等辽东地区，大清国曾自命不凡的北洋水师全军覆灭。清王朝面对着穷凶极恶的日本侵略军束手无策，只得谈判求和，1895 年 4 月 17 日，清王朝与日本签订丧权辱国的《马关条约》，中日甲午战争结束。《马关条约》是继第一次鸦片战争签订的《南京条约》、第二次鸦片战争签订的《天津条约》《北京条约》以后与外国侵略者签订的最不平等的条约。条约签订之后，西方列强纷纷援引片面最惠国待遇，不用一兵一卒，获得了除割地、赔款以外给予日本所有的特权。它给近代中国社会所带来的历史灾难和民族危机可谓空前，大大加深了中国半殖民地程度，给中国民众造成的历史劫难也是极为惨重的。

中日甲午战争以大清国割地、赔款，并授予日本诸多特权而宣告结束，消息传到北京，中国民众普遍极度愤慨和强烈反对。时值北京会试期间，各地赶考举子闻听中国战败并签订丧权辱国的《马关条约》之后，群情激奋，纷纷联名上书请愿，反对清朝政府签订《马关条约》。是年4月22日，广东、湖南两省举子到京城都察院联名上书，其他省份举子闻听也纷纷赶到都察院随同请愿。随后，各省举子汇聚宣武门外松云庵，商定全体联名上书，公推南海康有为起草上皇帝书，表达众举子要求抵御外辱、捍卫主权的要求。康有为连夜起草一万八千字上皇帝书，力陈"拒和、迁都、变法"的主张，参加上书联名签字者多达一千三百余人。这就是著名的"公车上书"。"公车上书"虽然在清王朝统治者的压制下最后以失败而告终，但是它开启了北京近代思想解放的先河。上书活动打破了清王朝历来禁止的不准士民上书言事的禁令，标志着以康有为等人为代表的资产阶级维新派正式登上近代史舞台，其对晚清后期北京文化的裂变和多元化发展起到了重要的思想引导作用。

"公车上书"之后，康有为又接连上书光绪皇帝，谏言变法。康有为的连续上书，得到光绪皇帝的认可，并开始着手进行变法图强的"百日维新"。清光绪二十四年（1898年）6月11日，光绪皇帝颁发《明定国是诏》，正式开始进行变法维新活动。在"百日维新"期间，光绪皇帝连续下达几十道实行新政的诏令，包括在经济方面设立农工商总局，鼓励开垦荒地；提倡私人开办新兴实业，颁发著书及发明给奖章程，保荐格致人才，奖励民众效仿西方进行发明创造；设立铁路、矿物管理衙门，鼓励商办铁路、矿业；设立西式邮政，裁撤旧驿站。在军事方面，裁减绿营兵丁，采用西法编练新式陆军、海军。在文化教育方面，百日维新所涉及的更深、更广，包括改革科举制度，废除八股文，改试策论；改造传统书院、官学、义学、社学，一律改为兼习中西学的学堂；各省会设高等学堂，郡城设中等学堂，州县设小学，创设京师大学堂；准许民间开办报馆、学会，并设立译书局，翻译外国图书；派人出国留学，增加与西方诸国联系；广开言路，准许各级官员和民众上书言事，禁止官吏阻格。然而，光绪皇帝以及康有为等资产阶级维新派施行的维新变法，受到以慈禧等旧政治势力的强力反对，在"百日维新"期间光绪所颁行新政几乎难以推行半步。维新派与清政权中慈禧为首的旧势力最终彻底决裂，光绪二十四年（1898年）9月21日，慈禧幽禁光绪皇帝，宣布废除新政，搜捕维新党人，最后，康有为、梁启超等人流亡海外，谭嗣同、杨锐、林旭、刘光第、杨深秀、康广仁六君子血染菜市口刑场，"百日维新"以失败而告终。

"百日维新"虽然失败，但其对晚清后期北京文化发展的影响极其深远。在变法维新思想的影响下，一些知识分子喜欢阅读西学书籍，当时，梁启超作有《西学书目表》，学者们纷纷按表以求。有人记录下了当时琉璃厂书肆西式新书盛行的情况，"而京师书贾亦向沪渎捆载新籍以来；海王村各书肆，凡译本之书无不盈箱插架，思得善价而沽"。"今则蓝皮之书，充牣肆市，西域之韵，篡夺风骚；宋椠贵至千金，插架等于古玩，廖板齿侪十客，牟利甚于榷场。"①

---

① 　《琉璃厂小志》，北京：北京古籍出版社 1982 年版。

　　1900年庚子事变，八国联军侵占北京。清王朝被迫与英国、美国、法国、俄国、日本、德国、意大利、奥匈帝国等西方列强签订了让中国彻底沦为半殖民地半封建社会的《辛丑条约》。《辛丑条约》规定：清政府赔款价息合计 9.8 亿两白银；划定北京东交民巷为使馆界，允许各国驻兵保护，不准中国人在界内居住；清王朝政府要保证严禁人民参加反对西方诸国的运动；清政府拆毁天津大沽口到北京沿线设防的炮台，允许列强各国派驻兵驻扎北京到山海关铁路沿线要地。《辛丑条约》是清王朝与西方列强签订的最为丧权辱国的条约，这个条约的签订意味着大清国已经彻底沦落为西方帝国主义统治中国的代用工具，其自身的统治地位和民众心理上的国家政权概念已经开始彻底的崩溃。在这样的一种历史背景之下，北京传统文化完全进入了一个裂变过程。

第二节　现代印刷技术引进与北京近代出版发行业崛起

一、西方文化及西式图书大量涌入北京

　　1900 年的庚子事变后，外国侵略势力牢牢地控制了大清政府，西方文化长驱直入，以外来军事压力和政治上的高压，在北京占据了极为重要的影响地位。1900 年以后，西方文化侵略可谓是肆无忌惮，在北京的外国人开办的书店快速崛起。经营外国图书的书业人员不再局限为西方传教士，一些外国商人、西方教会学校、各类外国在华文化机构也开始加入北京书业行列。例如日本商人在 1900 年后在北京开设了一些书店，发售图书，如"有正书局，菊地荣氏，位于前门外

琉璃厂。上海作新社支店，位于前门外琉璃厂，有阪氏为主任，专卖新书。北京教育品社，位于前门外琉璃厂，斋藤利平为主任，专卖文具、学校用品。"另外，在北京饭店中也有法国商人开办的书店，发售法文图书。与教会书店相比，这些由商人创办的书店主要以销售本国出版的图书为主，自己刊行的书籍则很少。这些外资书店，基本上都是属于外国列强对中国进行文化侵略的附属机构，其主要使命是通过书籍的销售将西方殖民思想灌输到中国人头脑当中。如广学会的宗旨就是通过出版发行书报，宣传基督教教义和宣扬殖民主义，以"争取中国士大夫中有势力的集团，启开皇帝和政治家们的思想"，"控制这个国家的头和背脊骨"。其经营的计划书中则更露骨地表示，"他们反对西方的观点、计划以及商业、政治、宗教等各方面的活动，几乎完全是由于无知。因此，消除这种无知，在人民各阶层中推广学识，就具有极端的重要性。""送他们几本我们出版地的好书，可以瓦解他们的反抗。利用一些合适的书籍来指导他们，就可以完全渗透这个帝国，并且有效地改变中国的舆论和行动。"[①] 其文化侵略的本质昭然若揭。

中日甲午战争以后，尤其是 1900 年庚子事变，西方文化在北京已经不是第二次鸦片战争之后与以儒家思想为核心的中国传统文化之间的撞击、对持，而是快速地渗透到北京文化的各个领域，不仅仅对京城清朝官员以及读书人形成强力的影响，甚至也开始逐渐渗透到一般民众之中。以往对西洋蛮夷的鄙视，渐渐被西方列强的船坚炮利所震撼，从以往的歧视、鄙视，颇为自得的泱泱大国自豪心态，逐渐的

---

① 《全国文史资料选辑》第 51 辑，北京：文史资料出版社 1962 年版。

开始转入对西方技术、文化的羡慕，尤其是大量西方商品向中国倾销，北京城内西洋商品越来越多，早已经从昔日帝王、王公大臣享用的"海外贡品"，发展成为普通民众也能享用的西洋舶来品。洋枪、洋炮，过去仅仅是在清王朝统治群体层面的概念，逐步地扩大为洋布、洋火、洋油、洋灯、洋车、洋酒、洋烟等等等等，甚至连小小的钉子都变成了"洋钉"。这种渗透和潜移默化的影响，在京城民众的文化心理上是一种颠覆性的转变。而相比之下，以儒家思想为核心的中国传统文化从思想、教育、传播载体以及生活方式等各个方面已经客观上不再具有大清国鼎盛时代那种绝对的文化统治主体优势，逐渐被西方思想、文化和新兴的资产阶级思想逐步的挤出强势统治地位，甚至越来越显示出衰落和萎缩之态。

这样的文化格局的转变，是北京历史发展进程中一个极为重要的转折点。北京文化不再为封建文化体系所彻底垄断，传统儒家思想为核心的士大夫文化及京城特有的帝王文化、满族贵族文化从政治到文化上都受到西方文化的挤压，并伴随着清王朝统治势力的瓦解，也开始出现文化裂变。

二、晚清时期西方印刷技术传入京城

自隋唐时期雕版印刷术发明以来，经过快速发展，到宋朝雕版刷印工艺水平已经极为成熟，并被广泛使用，成为我国古代图书复制的基本生产形式。尤其是自南宋以来，我国的江浙地区、福建的建阳、麻沙以及四川等地，都出现了雕版刻书中心。相比之下，两宋同期的北京地区，作为北方少数民族建立的辽、金的辽南京或金中都，虽然也出现了雕版刷印的作坊，但图书刊刻水平和生产规模与我国南方几个雕版刻书中心地区相比差距极大，甚至与北方地区的山西平阳刻书相比，都有很大的差距。清王朝确立在全国统治地位以后，伴随着满族统治者强化文化统治，北京终于确定了全国文化中心的地位。但就雕版刻书整体规模看，图书雕版、刷印的生产规模和工艺水平与我国南方的刻书中心还有很大的距离。清乾隆年间，皇家刻书机构武英殿成为北京雕版刻书的突出代表。雍正年间采用铜活字刊行《古今图书集成》，乾隆年间为整理《永乐大典》内务府又大规模采用木活字刊印工艺刊行聚珍版图书，使得北京图书刊行工艺水平有了极为显著的提高。乾隆五十六年（1791年）和乾隆五十七年（1792年）程伟元、高鹗以北京萃文书屋刊行的木活字程甲本、程乙本《红楼梦》就是北京图书刊行工艺水平高度发展的一个具体的体现。虽然有清一代北京在图书雕版刷印生产规模上远远不能与南方图书雕版刊刻中心地区相提并论，但由于北京特有的文化中心地位，其刊行的图书在文化学术水平上有着突出的学术地位和重要的文化影响。特别是在铜活字、木活字工艺发展水平上看，北京具有一定的工艺发展水平的优势。

　　清代后期随着西方文化和科学技术的大量传入，西方的现代印刷技术也随之进入中国，这使得我国的图书出版进入了一个全新的时代。早在清嘉庆年间，英国传教士马礼逊在澳门等地传教时，就曾经将西方近代石印等印刷技术设备带进中国，并开始尝试将汉字与西方近代印刷工艺进行结合，着手秘密地试验镌刻汉字字模。但事情很快被官府察觉，马礼逊只好将试验的汉字字模销毁了事。此后，西方传教士为了传经布道，不停地想尝试用西方近代印刷技术来印制有关宗教印刷品。美国传教士卫三畏在1833年（道光十三年）曾记载说："上季一个石印所开设在广州，我们高兴地知道它是成功地在运行"①。
当然，在第一次鸦片战争前，西方近代印刷技术的传入和在中国的使
用，往往是伴随着西方传教士在中国传教活动而带进来的，其处于地
下隐秘的状态下使用。第一次鸦片战争和第二次鸦片战争之后，清王
朝与西方列强签订的诸多丧权辱国的条约中，除了开通商口岸之外，
也开始允许西方传教士在中国内地传教。对于西方传教士而言，用相
应的宗教印刷品来传播其宗教思想，是一种非常直接的手段。这客观
上形成西方传教士想尽办法将西方近代印刷技术带进中国，并在这块
土地上落地、发展。在这样的一种需求形势下，西方近代石印技术及
其设备开始流入中国，也进入到北京。第二次鸦片战争，英法联军占
领北京，在其撤出北京时，法国军队将其携带的一台铅石两用小型印
刷机留给北堂主教孟振生。次年，孟振生又从法国带回一部手摇印刷
机。这两台印刷机便成为北堂设立印书处的基本印刷设备。1863年（同
治二年），美国传教士也开始在北京设立装备石印印刷设备的印刷所，
印制英文的宗教印刷品。但是，这两个西方传教士开办的印刷机构，
只是使用西方近代印刷设备和印刷工艺技术来印制外文印刷品，对北
京地区图书刊行还没有什么直接的影响。

　　1860年，美国长老会在上海设立美华书馆。这家美国传教士开
办的书馆极为重视将西方近代印刷技术与中国汉字结合起来，让西方
印刷设备能够印出中文文字的图书。因此，美华书馆开始尝试用电镀
的方式创制汉字字模，并且获得成功。美华书馆用电镀技术制作出来

---

　　①　《石印术的传入与兴衰》，《装订源流和补遗》，北京：中国书籍出版社
1993年版。

的汉字字模，可以铸刻出七种大小不同的汉字铅字，按照西方铅印排版方式排出中文的版面，用铅印印刷机器进行印刷。同时，他们还参照《康熙字典》部首检字法研制出专用的排版字架，使得汉字铅字的排版更为准确、高效。美华书馆汉字字模研制的成功和汉字铅字的使用，在中文印刷品大量印制上是一次革命性的突破。它刚刚研制出来以后，美华书馆就开始大量制作汉字的铅活字，向各地报馆出售。当时这种革命性的排版、印刷技术很快就引起人们的关注，北京总理各国事务衙门因办理洋务的需要，以及其对西方新技术的重视，很快购买了美华书馆创制的汉字铅字排版印刷技术及其相关的设备，极大地提高了总理衙门印刷品的刊印速度。

同治十二年（1873 年），总理衙门所隶属的同文馆设立印刷所，装备手摇印刷机七部，中文铅字排版体统四套。同治三年（1864 年）同文馆刊行丁韪良的《万国公法》还采用的是中国传统雕版刷印方式刊行，到此时已经完全采用了西方的先进的铅印机器设备。同文馆从同治十二年（1873 年）设立印刷所，到光绪二十八年（1902 年）与其他机构合并，西方印刷手段印制出版图书四十余种，成为北京近代史上第一个具有现代印刷技术和一定印制规模的机构。1896 年（光绪二十二年），孙家鼐接手强学书局，并改组成直隶官书局。直隶官书局"刊书籍：拟设刊书处、译刻各国书籍，凡举律例、公法、商务、农务、制造、测算之学，及武备、工程诸书，凡有益于国计民生与交涉事件者，皆译成中国文字，广为流布"[①]。孙家鼐负责的清朝官书

---

① 《官书局奏开办章程》，见《中国近代出版史料》初编，上海：众联出版社1954 年再版。

局所出版、印刷的各种介绍西方科学技术和西方政治、经济、文化制度等方面的图书，都是采用西方新式印制手段出版的。

光绪三十二年（1906 年）清廷官书局印刷局成立，开始用现代印刷机印刷《政治官报》等报刊。同年，京师陆军印刷局、京师海军印刷局前后成立，均采购现代印刷机承担书、报、刊、地图及其他官方印刷品的印制工作。也就是这一年，清廷又成立了"学部编译图书局"，这是当时规模较大、影响较深的官办出版机构。它主要编译出版中小学教科用书，"出书 66 种，发行十余万部"[①]。此外，原来北堂设立的印书处，在西什库新教堂落成以后，也随之搬到西什库教堂内。庚子事变以后，西什库教堂印书处开始大量添置新的印刷设备，前后购置手摇印刷机、脚踏印刷机、机械动力印刷机等，并特意购置了煤油发动机，还有铅字铸字机、五套中文铅字等设备，西什库印书处与当年北堂印书处两三台小型手摇印刷机的状态相比，可谓鸟枪换炮。该印书处先后印刷出版二十多种文字的图书四百余万册，成为清代晚期北京城里最大的宗教出版印制机构。后来的北京京华印刷厂就是由当初西什库印书处演变的西四印刷厂改造过来的。

晚清末期，除了清廷官方机构和北京外国宗教机构大量引进西方新型的石印、铅印印刷设备之外，民间的一些机构也开始引进现代印刷技术，最具代表性的就是位于北京虎坊桥原大清官书局旧址的京华印书局。清廷设立的官书局，由于形势的变化和其官方的身份，在经营上颇为艰难，难以维系下去。1905 年（光绪三十一年）官书局将

---

① 《清末北京学部图书编译图书局略考》，见《北京出版史志》第 1 辑，北京：北京出版社 1993 年版。

其原址房屋以及印刷设备等一起出让给上海商务印书馆，商务印书馆在此基础上成立了京华印书局。作为北京城规模较大的印刷机构，承担着晚清末期北京大多数报刊的印刷业务，同时，也是京城新书出版的主要承印单位之一。

三、晚清北京新书业与古旧书业格局形成

北京清朝后期西方现代印刷技术的传入和逐渐广泛的使用，带来北京晚清时期出版发行行业格局的重新调整和重要变化。事实上，随着洋务运动的发展和晚清时期的变法革新，京城读书人对图书的需求开始出现明显的变化。以往注重金石考据、钻故纸堆的乾嘉学派，开始被新的资产阶级维新思潮所替代，尤其是很多知识分子抱着抵御外强、强国富民意识，期盼着从西方的文化中去寻找发展的希望，对宣传介绍西方科学知识、政治、文化、法律等方面的图书越来越感兴趣。而清代后期科举制的废除，新型教育机构的快速发展，使以西方科学技术和西方文化体系为主导的新式教材，成为求学士子的基本读物。由于上海是最早开设的通商口岸，也是西方资金、技术最早侵入的地域，它在新型近代出版业发展上远远地超过了北京，并快速地成为我国新兴图书出版中心。据《琉璃厂小志》记载：晚清时期"京师书贾亦向沪渎捆载新籍以来；海王村各书肆，凡译本之书无不盈箱插架，思得善价而沽""及新学盛行，厂肆多杂售石印铅印版诸书，科学仪器之属，而好古之士，日见寥寥"[1]。在这种快速变化的形势下，右翻洋装的新式图书开始出现，被人们称之为洋装书，以区别在中国已经流行千余年的宣纸、线装、左开的古籍图书。当时作为北京最重要

---

① 《琉璃厂小志》，北京：北京古籍出版社1982年版。

的图书集散地和图书文化消费中心的琉璃厂出现以经营新书为主的书肆，北京书肆业开始分化为古旧书业和新书业两大分支。

北京城的古旧书业与新书业两个图书经营行当的出现，从图书贸易活动的角度看，只是不同图书经营类别的分化。但这种图书经营行当的分化，表面上看是针对读书人不同的文化消费需求形成的书店经营模式的改变，但从本质上说，这样的变化实际上直接反映了晚清时期北京知识分子阶层思想文化的整体走向，客观上折射出北京文化近现代化的演变历程。

下篇

北京现当代出版史（1912—2000年）

1911年，辛亥革命爆发，清王朝覆灭。1911年，也是中国古代封建社会体系彻底瓦解，进入中国现代史的标志。1911年，还是我国古籍划分的标志。古籍图书划分标准是以此为标志线，在此之前出版刊行的图书称之为古书。但是从北京文化发展的视角看，从西方现代印刷技术进入中国并逐步推广使用，再加之晚清废除科举，北京现代出版史已经拉开序幕。

依照传统的历史划分，北京现代出版史应该是从民国成立以后的1912年到1949年新中国建立前夕，而从1949年到2000年为北京当代出版史。但就图书出版的历史上看，1911年以后，在北京流通传播的图书，无论是从图书装帧表现形式，还是图书传播流通方式上看，西式装帧形式的图书占据北京图书的主流地位。最明显的区别只是在于是西式左翻本、繁体字图书，还是西式右翻本、简体字图书。所以，北京现代出版史和当代出版史从出版发展的视角看，都是一个大的历史阶段。所以本书下篇，将北京1912年到2000年的出版史统称为北京现当代出版史。

北京现当代出版史从历史发展的角度看，经历了民国北洋政府时期、民国北平曲折发展时期、日伪统治及国民党政府统治低潮时期、新中国建立后的快速发展时期、"文化大革命"出版起伏徘徊时期和20世纪70年代末改革开放以后的出版发展高峰期等几个历史阶段。站在北京文化史的发展视角看，北京现当代出版史的发展依旧是伴随着社会文化的发展而曲折前行。民国初年北洋政府统治阶段，北京依旧是全国的都城，由于新的民国政府的建立，大量新兴文化进入北京，带动了北京图书的出版、发行的一次小高潮。虽然当时北京并不是全国的出版中心，但其都城的地位使得北京依旧是全国图书消费的重要城市。1928年国民党政府迁都南京，北平作为故都依旧保持着浓郁的都城文化气息，在图书的出版以及图书的流通消费领域有着显著的影响。这种影响即便是到后来的日伪统治时期和1945年以后的国民党统治阶段还依旧存在，成为北京地区1928年到1949年图书出版、发行的历史主脉。

1949年10月1日中华人民共和国成立，历史翻开了新的一页，北京作为一个具有悠久历史的文化古都，也随之开启了新的篇章。北京作为首都，是全国政治、文化中心。在新中国中央政府的主导下，北京的出版发展进入了快速发展阶段，北京第一次成为全国出版中心。甚至从某种意义上说，新中国建立以后的北京当代出版发展历史，是中国当代出版史的典型代表和当代中国文化发展史的风向标。

第七章　民国时期北京出版发展

第一节　北京城现代化进程中的文化发展

一、民国期间北京城近现代化带来的城市变化

1911年辛亥革命爆发，清王朝灭亡，中华民国建立。1912年2月，孙中山辞去中华民国临时大总统职务，让位于袁世凯，但是要求袁世凯必须到南京就任中华民国大总统。孙中山特意派临时大总统专使蔡元培带队到北京，准备迎接袁世凯南下。作为北洋军阀首领的袁世凯，刚刚利用各种手段逼迫清廷皇帝退位获取统治大权，自然不会轻易南下而远离自己长期经营构筑起来的北洋统治体系。1912年2月29日，在袁世凯授意之下，北洋军第三镇发动"北京兵变"，北洋势力在段祺瑞等北洋将领带动下联名致电孙中山，坚决反对让袁世凯南下就职。以孙中山为首的南京临时政府被迫同意袁世凯在北京就职。3月10日，袁世凯在北京宣誓就任中华民国大总统。至此，北京进入了北洋政府统治阶段。

中华民国的建立和袁世凯在北京就任大总统，使北京成为北洋统治时期的都城。但是，此时的北京已经不再是清王朝的都城北京。

首先，随着清王朝的灭亡和民国的建立，从清顺治年间就开始实行的
"旗民分城而居"的城市管理政策彻底终结。清顺治年，顺治谕令：
"凡汉官及商民人等尽徙南城"，从明代修建北京城而拥有的"前朝
后市"格局被打破，内城只允许满洲八旗、蒙古八旗和汉军八旗的旗
人居住，其他民众一律迁到外城居住。民国建立以后，清王朝实行了
二百六十余年的"旗民分城而居"制度终结，各族民众纷纷迁入内城
居住，而随着民国临时政府北迁的议员及民国政府的各级官员也大量
进入北京，他们或租或买，纷纷定居于北京城。民国建立初期的这样
的变化，带来北京城现代史上第一次人口大迁移。清王朝时期居住在
内城的旗人，有的迫于清王朝政府灭亡以后政治的压力放弃北京城内
城的住房，更多的是失去了清王朝的"铁杆庄稼"迫于经济压力而出
售住房。而大量民众涌入北京内城居住，随之而兴起的图书出版、销
售的机构及其网点也开始遍布北京城，一改清朝时期图书刊行除了皇
家武英殿以及六部各衙署刊刻图书在内城之外，其他家刻和私营雕版
刊行图书皆存于南城的分布格局。

随着民国政权的建立，在北京内城集中了北洋政府的大量政府机
关以及学校、研究单位、图书馆等机构，伴之而起的是北京内城的隆
福寺、王府井、西单等商业区的快速崛起，北京城也拉开了城市近现
代化进程。民国建立以后北京城的这种变化带来的是城市居民结构的
彻底改变，北京城的文化发展板块也开始出现了新的布局。

首先是北京内城皇家禁苑的陆续开放。清代北京城，最内的核心
区域是紫禁城，往外是分布着六部各衙署以及皇家宫苑的中海、南海
的皇城，再往外是满族贵族诸王爷及八旗兵丁及其家眷所住的内城。
进入民国以后，根据《清室优待条件》，清朝逊帝宣统溥仪只能居

住在紫禁城的东西两路及乾清门以北的后宫区域。紫禁城南半部分由民国政府掌握。1914 年，紫禁城的武英殿率先开放。第二年，又开放文华殿和太和殿、中和殿、保和殿三大殿，将其改为古物陈列所。1924 年冯玉祥经过"北京政变"之后，将溥仪逐出紫禁城，并成立故宫博物院，在 1925 年开放。与此同时，民国政府陆续开放皇城内的北海、中南海、社稷坛、太庙以及天坛、地坛等处遗迹，辟为民众的文化、游艺活动场所。民国政府在建立之初就立即着手开放内城皇家禁苑，固然有为北京城的百姓开辟文化、游艺活动场所建立现代化城市的初衷，但是更多的是要以此体现民国政府彻底消灭清王朝的决心和态度。北京内城皇家禁苑的开放和将其陆续改为博物院、公园及文化游戏场所，让北京这座昔日的封建古都向近现代化城市大大地迈进了一步。

其次，是对北京城城市布局的改造和改建。清代北京城由于紫禁城、皇城的阻隔，若从东城到西城，或从皇城的南大门大清门外绕过去，或从皇城北城门地安门绕道而行。1913 年，北洋政府打通了天安门前面的东西道路（今长安街一部分）和紫禁城北门与景山南门之间的东西向交通。随后，又开辟了南长街、南河沿等南北向街道。之后，又在正阳门、宣武门之间开辟了和平门。经过不到十年的发展，北京城外城东西、南北道路基本打通，形成了全新的北京城道路格局。

民国时期，北京在城市道路、交通运输、市政设施、电力供应、电话电报通讯、自来水，以及学校、公共研究机构、近现代邮政、商业游艺业等各个方面开展建设和发展。到 1928 年都城南迁之前，北京已经逐步改造成为一座近现代化的大城市。民国初期北京的近现代化城市改造和发展，让北京快速地从封建王朝的都城转变为已初步现代化的大城市。正是经过民国初期北京城市的发展，北京的官营、外资、合资以及民族资本主义工商业也都得到了进一步发展，形成了隆福寺、王府井、西单、前门等著名商业区。民国时期，北京的商业发展与清代北京商业的发展不可同日而语。经过民国初期的近现代化进程，北京商业从清宣统年间四十个行业，4541 家商铺，[1] 发展到1935 年变成了九十二个行业，各种商铺 1.2 万家。[2] 到 1949 年新中国成立前夕，北京的商业行业发展到一百二十八个，商铺达到 7 万余家。[3] 民国期间商业的发展及其商铺的统计，不包括出版业的机构，但是其中包括传统的书店以及部分刻书铺。而民国期间北京城的王府井、隆福寺、西单等商业区的兴起，也同时带动了经营新书的书店和古旧书店的发展。王府井东安商场内的丹桂商场、桂铭商场，西单老商场的二场、三场以及隆福寺诸家古旧书店大都是民国期间逐渐发展起来的。

民国时期北京皇城城墙的拆除、市内道路的打通和交通条件的改善，为沟通北京各城区之间乃至北京与外地之间的联系和商业、图书业贸易活动创造了便利的发展条件。之所以在论述北京出版发展史的过程中，用这么多的笔墨谈论北京城近现代化过程，就是要从北京城整体发展的历史全貌中、从民国时期北京城的大社会背景下来探讨北京现代出版的发展。

---

① 《京师总商会各行业商号》，清宣统年刊本。
② 《冀察调查统计丛刊》第一卷，1936 年。
③ 《北京通史》第九卷，北京：中国书店 1994 年版。

二、民国期间北京教育及研究机构发展带来北京文化需求大增长

民国期间北京教育发展对北京文化的发展产生了巨大的影响，也极大地拉动了北京出版、发行的快速发展。

我国古代的私塾教育以及隋唐以来的科举制度，一直主导着中国古代教育发展和士大夫阶层的形成，是中国封建时代教育的主流。光绪二十八年（1902 年）清廷颁布《钦定学堂章程》，史称"壬寅学制"，对我国传统的旧教育模式进行调整，开启了我国近代教育体制的改革。光绪三十年（1904 年），清廷再次发布《奏定学堂章程》，史称"癸卯学制"。癸卯学制是在壬寅学制的基础上详细制定的更为完备、系统的教育管理制度。但是无论是壬寅学制还是癸卯学制，还保留着明显的科举制度痕迹。在光绪二十九年（1903 年）依旧例开顺天府乡试，这时清朝政府已颁行《钦定学堂章程》，实行壬寅学制的改良，像京师大学堂这样的新式教育也已经颇具影响。但是乡试期间，"大学堂两馆生均已纷纷赴汴乡试，两馆所存学生不过三十余人，每日功课亦不认真，徒存大学堂外观而已"[①]。《京师大学堂同学录》王仪通的序文中提到：光绪二十九年（1903 年）"四月间乡试渐近，乞假者盖十之八九焉。暑假后人数寥落如晨星，迨九月中，各省次第放榜，获隽者利速化，视讲舍如蘧庐，其失意者则气甚馁，多无志于学，胶胶扰扰者先后殆九十，阅月而一星终矣"[②]。所以，他颇为感慨地说道："谓学堂与科举能两存焉？"所以光绪三十一年（1905 年）

[①]　《中国近代教育史资料》上册，北京：人民教育出版社 1961 年版。
[②]　《京师大学堂同学录》，旧藏本。

时任两湖总督张之洞、直隶总督的袁世凯、盛京将军赵尔巽、两广总督岑春煊、湖南巡抚端方等联名上奏《请废科举折》，提出："科举一日不停，士人皆有侥幸得第之心，以分其砥砺实修之志。民间更相率观望，私立学堂者绝少，又断非公家财力所能普及，学堂决无大兴之望。就目前而论，纵使科举立停，学生遍设，亦必需十数年后人才始盛。如再迟十年甫停科举、学堂有迁延之势，人才非急切可成，又必须二十余年后，始得多士之用。"①。光绪三十一年（1905 年）八月，清廷颁布上谕，明确提出"方今时局多艰，储才为急，朝廷以提倡科学为急务，屡降明谕，饬令各督抚广设学堂，将俾全国之人咸趋实学，以备任使，用意至为深厚……科举不停，民间相率观望，推广学堂必先停科举"。因此，清廷以上谕的形式宣布："著即自丙午科为始，所有乡、会试一律停止，各省岁科考试亦即停止。其以前之举、贡、生员分别重予出路，及其余各条，均着照所请办理。"科举制度的废除，对于中国一千多年的封建选士体系而言，是一个终结。

虽然晚清时期废除了科举制度，但是从整个教育体系上看，一千多年的封建教育体系和教育理念根深蒂固，这对民国以后的教育发展、新兴知识分子的培养和新的教育文化体系构建还是有着巨大的压力和制衡。民国建立之初，一批有识之士大力疾呼，挽救民族危亡，建设独立富强国家，就必须改革传统教育，更新教育理念，大力发展新式教育。

民国初年，蔡元培就任北洋政府教育总长，他提出"军国民教育、实利主义教育、公民道德教育、美感教育、世界观教育"的"五育"教育理念。随后北洋政府教育部在他的主持下颁布了一系列教育法

---

① 《中国近代教育史料》上册，北京：人民教育出版社 1961 年版。

令、法规。1912 年 9 月，北洋政府教育部公布新订学制，也就是后来人们所称的"壬子学制"。壬子学制规定初等教育七年，其中初小为四年，高小为三年。中学学制四年，大学预科三年，本科三年到四年。壬子学制规定小学教育"以留意儿童身心之发育，培养国民道德之基础，并授以生活所必需之知识技能"为宗旨，中学教育"以完足普通教育、造成健全国民"为宗旨，而大学教育则是"以教授高深学术，养成硕学闳才，应国家需要为宗旨"。[①]1912 年 1 月，北洋政府教育部颁布《普通教育暂行办法》，明确规定北京过去各类学堂一律改为学校，原学堂监督、堂长均改称校长，同时明确要求学校教育要"合乎共和民国宗旨"。在北洋政府教育部壬子学制的要求下，北京的各类旧学堂纷纷按照规定改制。而以后新建的学校，自然也都按照这样的学制要求开设。以后，虽然经历南京国民党政府管理时期和日伪统治北平时期，但是学校的学制基本延续壬子学制的规定，没有做出本质性的修改。

1912 年，北洋政府改京师大学堂为北京大学，严复作为原京师大学堂总监督改称为北京大学校长。这是北京现代史上第一所国立大学。随后北京陆续开设大学，如燕京大学、清华大学、辅仁大学、中法大学、中国大学、北京高等师范大学等，北京成为中国近现代高等教育的先驱和中心。到 1935 年北平拥有高等院校 17 所，教职员 3800 多人，在校大学生 12000 多人。到 1948 年，北平的高等院校教职员达 4100 多人，在校大学生 17780 多人。[②]民国初年，北京延续

---

① 《中国近现代教育史资料》，北京：人民教育出版社 1979 年版。
② 《北京通史》第九卷，北京：中国书店 1994 年版。

清朝所办的中学堂不过近二十家。随着民国初年教育发展的大环境影响，再加之新文化运动的兴起和传播，北京除了政府公立中学之外，社会办学、私人办学之风颇为兴盛，到1935年北平国立、省立、市立以及私立中等学校有77所，教职员工2800多人，在校学生2.1万人。民国时期北京的小学发展地更为突出，到1948年北平公立、私立小学达到485所，教职员3450多人，在校学生12万人。当时在北平七岁以上人口中有47.15%的人接受过初等教育。由此可见，民国期间北京地区的高、中、初级学校发展与清朝相比，有了大幅度的增加；城市民众的文化程度与清代相比明显提高。

另外，民国期间北京的成人教育也开始有所发展。北洋政府的教育部曾经设有社会教育司，首次把城市成人教育提到议事日程。北京也开始出现许多民众学校，既有公立、市立民众学校，也有私立民众学校，甚至有的民众学校是北京寺庙所办。1930年，北平有各种民众学校93所，教员330多人，培养学生6600多人。

北京城市民众的这样的受教育程度的发展，让北京城读书之人从封建时代少数人变成向民众化发展的趋势。这就为北京图书出版、发行的发展形成良好的阅读消费群体。

三、新文化运动兴起，北京学术文化发展进入新阶段

北京作为民国北洋政府的都城，不仅是全国政治中心，也是现代文化发展的重要城市。1915年秋，陈独秀在上海创办《青年杂志》，第二期便改名为《新青年》。1916年，陈独秀将《新青年》编辑部搬到北京。陈独秀、李大钊、鲁迅、蔡元培、钱玄同、胡适、刘半农等一批受过西方教育的学者通过《新青年》发起了一场"反孔教、反

文言"的思想文化革新、文学革命运动，这就是著名的"新文化运动"。新文化运动以统治中国古代两千多年的封建礼教为抨击对象，以"德先生"与"赛先生"呼唤民主与科学的时代精神，启发民众的民族觉悟，并积极倡导使用白话文。新文化运动极大地推进了现在科学思想在中国的发展，并为马克思主义在中国的传播和"五四"爱国主义运动奠定了思想基础，也为北京文化的发展融入了全新的文化基因。

自《新青年》之后，《每周评论》《新潮》《小说月报》《东方杂志》等杂志也陆续以鼓励引导白话文创作为宗旨，不断发表反映民国共和的文学作品。在新兴知识分子鼓动引导下的思想革新、社会各界广泛参与的时代变化背景下，北洋政府教育部颁布政令，确认白话为"国语"，并要求各学校采用白话文编写的教材。

新文化运动的兴起，白话文的大力倡导和民众广泛的认同，让北京的文化发展进入了一个新的阶段。1918 年 5 月，鲁迅的《狂人日记》在《新青年》第 4 卷第 5 号上发表，这是在我国文学史上第一部用现代体式创作的白话短篇小说，成为中国现代小说的开端。1921 年，郑振铎、沈雁冰、周作人、朱希祖、叶绍钧等人在北京成立了"文学研究会"，以"研究介绍世界文学，整理中国文学，创作新闻学"为宗旨，主办《小说月报》《文学旬刊》等刊物。文学研究会创办不久，吸引了大批会员参加。他们强调"新文学的写实主义"，在《小说月报》《文学旬刊》上发表以人生、社会问题为题材的作品，产生了积极的影响。

此外，随着新文化运动的崛起和新文学的探索，在北京新兴知识分子的带动和参与下，出现了采用白话文创作诗歌的新诗运动，胡适的《鸽子》《人力车夫》、沈尹默的《月夜》、周作人的《小河》、刘半农的《相隔一层纸》、刘大白的《卖布谣》等作品陆续发表，他们以白描的创作手法将京城劳苦百姓的艰难生活表现出来，让北京的文化发展刮入了一缕新风。

新文化运动之后，在北京也出现了不同学术思想的争鸣阶段。新旧儒学的争论、实用主义哲学的传播、科学与玄学之争，让北京成为全国思想、学术所关注的热点。

北京的这样的学术文化氛围，让民国初期在北京设立的诸多研究机构成为当时北京学术发展和学术争论的重要力量。其中，国立北平研究院、中央研究院历史语言研究所、实业部地质调查所、南京戏曲音乐院北平分院、教育部中国大辞典编纂处等学术机构都是当时全国学术研究的重要机构。20世纪30年代中期，国立北平研究院下属各研究所完成了一大批科研成果，出版了研究专著、研究论文二百余种。国立北平研究院的史学所积极收集北京地区的历史史籍文献资料和风俗民情资料，编撰出版了《北平志》《北平史表长编》《北平金石目》《北平庙宇通检》等著作，是北京现代史上第一批研究北京史的学术专著。

民国时期北京的图书馆发展也非常显著。北京的图书馆初建于清末，基本上可分为两大类：一为公共图书馆，以1909年开馆的京师图书馆为最著名。此外还有通俗图书馆、北海图书馆、松坡图书馆等。还有外国在京教会、教堂所开办的北、南、东、西堂图书馆。另一类为学校图书馆，最有影响的是1898年开办的京师大学堂图书馆，此外还有燕京大学、辅仁大学、中法大学、北大医学院和中国大学等校图书馆，大都建立在20世纪20年代前后。1925年发起的"图书馆运动"，为了保存文化、建设文化，要求政府广设通俗图书馆。这些图书馆的设立，为学术研究提供了重要的参考，为京城民众的阅读开启了一个新的模式，为北京的新旧书肆销售形成了新的购买服务对象。

新文化运动以及之后的"五四运动"带来的北京思想上的活跃发展，对北京地区的文学、诗歌、话剧、艺术等方方面面都产生了积极的影响，拉动了北京地区文学、诗歌、话剧、艺术的发展，在北京文化发展史上形成了一次新的高潮。

民国初期北京新文化运动的深入发展以及在北京的政府机构、高等院校和研究机关的新兴知识分子成为北京出版发展的创作源头，而众多的学校、图书馆、研究机构，甚至一部分政府机构收藏图书，再加之北京城民众中文化程度的明显提高，又客观上让北京的图书出版、图书销售拥有了大量的新的服务对象。北京古代的书肆从面向封建士大夫阶层，变成民国以后的北京古旧书店为满足更多读书人需要提供贴心的服务。北京的出版及图书流通发展由此跨入了一个新时代。

第二节　民国时期北京出版发行业的发展

一、民国期间北京的出版发展

民国期间北京的出版发展经历了 1912 年到 1928 年的北洋政府阶段、1928 年到 1937 年的北平"文化故都"阶段、1937 年到 1945 年日伪统治阶段和 1945 年到 1948 年年底的国民党政府统治阶段。

民国时期北京的出版机构主要分为出版专营机构、出版兼营机构以及传统书店与出版社店社合一的出版机构。据不完全统计，从 1912 年到 1949 年 1 月以前，北京地区先后拥有出版社或出版公司 57 家，承担出版的编译馆、编辑所及编纂机构 26 家，各种印书馆、印书局、书局以及书社进行出版经营活动的有 124 家，各种学社、各种宗教团体机构曾经进行过出版的有 220 家，曾经兼营图书出版的图书馆、博物馆 16 家，拥有一定的出版能力和开展出版活动的学校 46 家，在北京或北平的研究机关承担出版的有 35 家，报社报馆做过图书出版的 59 家，在出版杂志期刊的同时兼营出版的杂志社有 43 家，书肆、图书公司兼营出版图书的 43 家，印刷机构自己做过出版的 39 家。[①] 这些机构或出版经营单位构成了民国时期北京出版发展的整体面貌。在这些出版机构中，有的是一直在进行出版活动，有的是出版活动很短就消失了。

民国时期的北京在不同的历史阶段，由于各个发展阶段社会环境、文化发展需要不同，也会出现一些新的出版社。这些出版社的新建、设立，往往能显示出民国时期不同阶段北京出版的一种发展走向，有的出版机构的设立或者新建表现出明显的时代特点。

北洋政府统治时期，由于民国初年一批新型知识分子的大力倡导和新文化运动的积极影响，再加之民国政府机构和研究单位汇聚于北京，北京除了延续清朝遗留下来的出版机构之外，还新开设了一批具有现代意义的出版机构。

这一时期，专营的机构有 1911 年武学官书局以及之后成立的武学书局、武学书馆，主要是出版军事方面的图书。1912 年成立的正蒙书局，重点出版农业方面的图书。另外，北洋政府时期成立或重新组建的其他出版机构有直隶书局、进化印书局、京华印书局、北堂印书局、华盛书社、华国印书局、东华印书局、同文印书局、华星印书

---

① 参见《北京志·出版志》，北京：北京出版社 2005 年版。

局、水明印书局、中华印书局、志成印书局、京津印书局、西什库天主教遣使会印书局等。当时按照现代出版社的概念成立的出版机构有1918 年成立的文史出版社，以出版历史类图书为主。1918 年成立的大学出版社，以出版自然科学教材为主，也出版一些文学读物。

专营的民营书局有 1912 年成立的文明书局，主要出版自然科学方面的图书。1913 年成立的民国书局，主要出版语言类的图书。同年成立的中国新书局，主要出版医学方面的图书。其他的还有广智书局、森宝书局、中亚书局、万全书局、公慎书局、法轮书局、平民书局、北新书局、讲武书局、海音书局、瑞文书局等。

1911 年设立的法学编译社、修订法律馆，主要出版法律方面的图书。1912 年设立的陆军编译局、印铸局编纂处，前者主要出版历史方面的图书，后者主要出版政治、法律方面的图书。1917 年成立的宣南编译社、内政部编译局，前者主要出版历史和经济类图书，后者出版范围更宽一些，包括社会科学和自然科学各方面的图书。1918 年和 1919 年前后成立的京师译学馆、商务部编译处分别出版教育方面的图书和法律方面的图书。1921 年成立的交通部编译处，重点出版工业类图书和经济方面的图书。这一年同时成立的新文化编辑处主要是出版哲学方面的图书。1923 年成立的朝阳著译处出版法律方面的图书。

1928 年国民政府南迁，北平作为"文化故都"，北平的社会生活以及文化发展进入了一个相对平稳发展的阶段，这一时期被人们戏称为北京现代史上"超稳定型结构"时代。这个阶段北平的出版机构中有几家是以出版社名义成立的，比如艺术出版社、星光出版社、"骆驼丛书"出版社、现代科技出版社、北京出版社、审淇出版社。北平的有关科研机构或学校成立的出版机构有北平资研编译社、中国大辞典编纂处、世界编译馆、民国史料编辑社、军学编译社、他山译学社、癸酉编译会、辛未编译社等。专门的私营印书局、印书馆的出版机构有公记印书局、和记印书局、震东印书馆、京城印书局、协和印书局、天华印书馆、华新印书馆、复成印书局、四维印书局、斌兴印书局、新亚印书局、集文印书局、良友印书社、新新印书局、传信书局、东亚印书局、复兴印书局等。

1937年"七七事变"之后日本侵略者占领了北平，开始了八年的日伪残暴统治阶段。在日伪统治阶段北京的出版发展明显地陷入低谷期，北平的新书业和古旧书业，不论是经营户数，还是业务数量，也都出现了明显的下滑。记得过去听书业老人讲："日本人占领北京的时候，谁还有心思做生意啊，就是做也是为了喂饱肚子勉强撑着。"所以在这一阶段，官方或公营的出版机构成立较少，即便有基本也是伪政权组建的出版机构。当时的出版社仅有北平联合出版社、建国出版社、曲园出版社、时代出版社、新春出版社、新生出版社、颖光出版社。公立编译单位成立的出版机构有伪教育总署编审会、伪中华法令编译馆、伪华北编译馆、伪中华民国史料编刊会以及中国编译社。日伪时期新建立的专营印书馆有金华印书局、增刊印书局、武学印书馆、新民书局、新民印书馆、新民书馆、光明印书局、和平印书局、华龙印书馆、强群书局。这其中，叫"新民"这样字眼的基本都是日伪统治下汉奸机构设立的出版机构。日伪时期新设立的私营印书机构有13家，分别是广益书局、乐华书局、建业书局、警学书局、新民音乐书局、义茂书局、义文书局、正气书局、大华书局、文兴书局、环球书局、华北文化书局、大新书局。

　　1945 年抗日战争胜利结束，国民党南京政府接管北平。从 1945 年夏天到 1949 年 1 月解放军进入北平城之前，北平百姓经历了短期胜利喜悦后的曲折阶段。这个不到四年的时间里，北京出版发展难有什么明显的抬升，更不用说有什么卓越之举了。但是这个阶段，由于全国出版的整体发展和现代经济社会的成熟，倒是有很多出版机构不断呈现出来。当时在北平新设立的出版社达二十家之多，有今世出版社、中外出版社、民主出版社、大道出版社北平分社、黑白出版社、华裔出版社、认识出版社、江城出版社、新纪元出版社、新文化出版社、野草出版社、艺光出版社、作者出版社、和平出版社、军学出版社、红蓝出版社北平分社、伊斯兰出版公司、大同出版社、鼓楼出版社、群力出版社。这一历史阶段北平的各种书局也有一些新设立的，比如上智编译馆、正中书局北平分社、辅江印书馆、联华印书馆、万华印书局、大有书局等。

　　除上述主要以出版为主的出版机构之外，在民国时期各个阶段，承担出版经营活动的还有京城的各种书店。这里既有新书业的书店出版印刷的图书，也有古旧书店采用现代影印技术或者传统印制方式出版刊行的各种图书。

　　民国时期的北京出版活动，呈现出多种多样的发展态势。许多出版机构甚至在整个民国出版发展史上都颇有建树。

　　其中，民国时期的北京各高等院校的出版就很有特点。民国时期北京各个大学一般都设立兼营的出版机构，像北京大学、燕京大学、清华大学、朝阳大学、北京高等师范大学、辅仁大学等都有相应的出版机构。其中北京大学的新潮社、燕京大学的哈佛燕京学社在民国时期北京出版领域都占据非常突出的地位，其出版的学术文化水平、出版品种数量以及出版整体规模一般的出版机构难以望其项背。

北京大学的前身是京师大学堂，1898年成立。清光绪二十一年（1895年）京师大学堂成立以后，孙家鼐受命管理京师大学堂。他便把原来由其主管的官书局、译书局一并划入京师大学堂，承担出版任务。光绪二十七年（1901年）京师大学堂设立编译局，继续承担出版工作，但到光绪三十年（1904年）编译局停办。民国以后，京师大学堂更名为北京大学。1917年北京大学在景山东街设立出版部，编撰、出版社会科学方面的图书。先后出版过梁漱溟的《印度哲学概论》、周作人的《点滴》以及《哲学概论》《经济思想史》《唐诗综论》《工业调查记》等社会科学类图书和北京大学的教材。燕京大学出版过《中国北部人口的结构研究举例》《引得特辑》二十二种以及《新闻学研究》《史讳举例》等。辅仁大学出版过《辅仁学志》《明理探》《华裔学志》《逻辑学》《中西交通史料汇编》《旧五代辑本》《吴渔山先生年谱》《明季之欧化美术及罗马字注音》等书。清华大学出版过《逻辑学》《中国建筑史图录》《甲午中国海军战绩考》，北京高等师范大学出版过《欧战与新潮》《民国地志总论》，交通大学出版过《铁路问题研究》《国有铁路》，民国大学出版过《中国史纲》《中国币制史》。朝阳大学的出版机构设在北京东直门内海运仓，曾经出版《民法要论总则》《民法论物权》《刑事诉讼法通义》《公司法要论》《海商法要论》《继承法要论》《中国国法制史》《中华刑法论》《中国继承法论》《中国婚姻法论》《法医学》《民事法论丛》《宪法历史及比较研究》《法学论文集》等，在我国民国时期的法律建设方面有着突出的贡献。北京民国时期各大学出版的图书，学术上都是在当时大学教育领域较为典型的出版成果。这些图书的出版在学术界、文化发展史上有着很大的影响，也体现出民国时期北京学术出版的水平。

民国时期北京的研究机构出版的图书在北京出版史上也很有影响。像实业部地质调查所出版的《中国地矿志略》《北京西山地质志》《中国北部寒武纪动物化石》等书，在我国地质领域具有重要的影响。故宫博物院出版的《清太祖实录》《故宫善本书影》《清三藩史料》以及《宋元画粹》《唐人画雪景》等，就是到今天还有着重要的文化价值和参考意义。中央研究院历史语言研究所在1929年迁到北平，曾经出版过容庚的《金石书目录》、刘复和李家瑞的《宋元以来俗字谱》、陈垣的《敦煌劫余录》、朱希祖的《宋代官私书录考》、赵万里的《宋元逸词》《校本广韵》、罗常培的《唐五代西北方音》、钱宝宗的《中国算学史》等一大批学术研究著作，对我国现代学术发展有着巨大的促进作用。

二、民国时期北京书业的发展

民国时期北京书业的发展，包括古旧书店和新书店两大部分。自晚清时期西方印刷技术传入我国以后，尤其是晚清到民国初年，采用西方平版印刷技术印制的图书以印制速度快、字体变小而图书容量增大且销售价格低廉等优势快速发展起来。在这样的一个印刷技术变革的背景下，中国传统的雕版刷印工艺刊行的图书受到严重的威胁。民国以后，新型教育体系的建立和大批新式学校的出现，学生使用的教科书也开始更为广泛地普及。在这样的一个出版变革的局面下，北京的传统书肆业产生分化，一部分依旧沿袭传统的书肆经营，大多以1911年以前刊行的典籍文献为主要销售商品。这样延续传统书肆的店铺便组成了北京的古书业，而北京专门销售流通西式图书的店铺群体便被称为北京新书业。中国古代历来有图书多次进入书肆再次流通的经营模式，晚清到民国以后，许多西式图书也时常在阅读者使用之后再次流入书店进行传播，这样的书店便被称为"旧书店"。由于经营古书的书店和经营旧书的书店，在经营内容、经营模式上更接近于中国古代传统的书肆，所以被统称为北京古旧书店。实际上，在民国时期的北京很多古旧书店也销售西式新书，但由于古旧书店的主要服务对象更多是承担传统文化研究或喜爱传统文化的读者群体，所以古旧书店销售的新书也大多是传统的经史子集方面的图书。相比于古旧书店，北京的新书店更多销售的是一些自然科学、学生教材以及外文图书。经过民国时期数十年的变迁，北京古旧书业和新书业两个不同书业的书店在"你中有我、我中有你"的经营格局下逐渐形成了各自约定俗成的经营业务范围。

民国初年，很多北洋政府任职的官员、京城社会贤达都是清朝政权时期的旧人，而清王朝的遗老遗少也仍旧聚集在北京城。由于北京是北洋政府的都城和统治中心，一大批接受新思想、西式教育的新兴知识分子也同样汇聚于京城。汇聚京城的这些人员是颇为可观的文化消费群体，他们对古书、法帖、字画、古玩以及文房四宝等消费热情依旧。特别是民国初年一拨拨地换总统、一茬又一茬地更迭内阁总理、走马灯似的军阀大帅，每一茬换人都要再来一批官吏和各种随员，这其中不乏腰缠万贯、附庸风雅之人。这些你方唱罢我登场的民国大员们，总是要让自己的住所有点文化气息，装出一副儒雅的姿态，购置珠宝、古书、字画以及精美的陶器、古朴的青铜器等等，总是一掷千金，让琉璃厂的店肆几乎没有受到清王朝灭亡的影响。民国建立以后，北京新建的研究单位、大学、中学各种社会团体等等，也急需添置图书和相应的文化用品，也成为琉璃厂的重要主顾。这一切都为琉璃厂的再度发展提供了极大的发展机遇，让琉璃厂在民国初期有了一个迅猛的发展，形成了一个新的发展高峰，北京古旧书业在这样的一个大社会背景下快速扩张。

1928 年以后，国民党南京政权将国都定为南京，北京又改为北平，一部分文化单位南迁，北京的图书出版和销售流通有所影响。但是北京地区的相对稳定的社会生活和很大一部分旧政权的政客、文人学士留在京城，文化消费群体仍旧有一定的基础。因此，琉璃厂书肆业非但没有明显地降低，规模和数量在一定程度上甚至超过了前代。张次溪在《北京琉璃厂书肆逸乘》记载说："民国初年，参众两院议员，彼此相习成风，争相购买诗文集，因而集部书价大昂。业此者获利甚丰"，"民国三四年间，袁世凯盗国，其子克文广购宋椠精本，于是宋板书籍，价值奇昂，而嗜此者乃风靡一时。"在谈到民国初年北京古旧书肆价格大涨时他说："北京图书馆成立后，在民国十五六年间，极力搜集清代禁书，书价亦遂因之而涨""小说戏曲之书，民初值甚廉，二十年左右，经胡适大力选购，价遂大起。"[1] 另外，他也谈到明清志书价格上涨的原因，"地方志最初由日本人来购求时价极廉，一罗[2] 才卖一银元，后来学风转移，大家越来越重视，价格登时腾贵，到 1935 年，一部《香河县志》就能卖 80 元""民国二十年前后，北京图书馆、燕京大学出重资购取明清两代地方志；私家如张国淦、任

---

① 《琉璃厂小志》，北京：北京古籍出版社 1982 年版。
② 一手杖的高度。

凤苞，亦不惜重资收买"①。张次溪先生作为北京民俗史研究大家，民国时期长期从事北平风土调查和北平风物考察，并参与北平志书编纂工作，著有《北平岁时志》《北平天桥志》《北平庙宇碑刻目录》《陶然亭小记》《燕都梨园史料》等北京历史方面的著作，他对民国期间北京古旧书肆发展的记载颇具权威。民国期间，在琉璃厂经营古旧书比较有代表性的古旧书店铺有来薰阁、邃雅斋、文禄堂、富晋书社、通学斋、宝纶堂、森宝堂、肆文堂、养拙斋、纯华阁、文道堂、文英阁、澄云阁、翰琳斋、崇文斋、企古堂、勤有堂、述古堂等，这些古旧书肆在民国时期北京的书业中颇具影响，像来薰阁、邃雅斋就是民国期间琉璃厂地区古书经营的大户，其中邃雅斋在宋元版图书的经营上影响极大。而来薰阁作为民国期间北京古旧书肆中经营规模非常突出的店铺，在北京古旧书业具有很强的影响力，该店铺的掌柜陈济川后来成为北京书业公会的会长。

由于民国以后北京城市格局和居民居住地域的改变，在北京的王府井、隆福寺、西单等地出现了一批新设立的书店，其中既有经营古书的古旧书店，也有经营新书、甚至是外文图书的新书店。

隆福寺由于清王朝的"旗民分城而居"的城市管理政策制约过去仅有一些伴随着隆福寺庙会设立的不定期的书摊。晚清时期清王朝统治能力下降，人们开始逐步突破"旗民分城而居"的管制政策，内城也开始出现除了以往清廷准许的杂货店之外的其他店铺，但其数量还是比较少，据《道咸以来朝野杂记》载，隆福寺当年只有书肆三处：同立堂、天绘阁、宝书堂。清王朝灭亡后，内城大量旗人生活陷于困

---

① 《琉璃厂小志》，北京：北京古籍出版社1982年版。

顿，隆福寺的地点恰好又在原来旗人居住区域之中，对旗人来说变卖典籍、碑帖、字画等颇为便利。因此，进入民国以来隆福寺书肆快速崛起，修文堂、文奎堂、修绠堂、三友堂、三槐堂、带经堂、文粹堂、宝绘斋、文渊斋、聚珍堂、文殿阁、东雅堂、粹雅堂等在民国时期的北京成为很有实力的古旧书店。其中以文奎堂的王金昌、修绠堂的孙锡龄、宝文书局的刘元奇和宝绘斋的樊文佩等人都是当时京城古旧书经营的佼佼者。

修绠堂起家是靠北洋政府时期曾任交通部次长陶湘的资助，陶湘曾将自己不用的藏书数百卷让修绠堂代卖，并交给该店一千元现洋作资本开展营业，还请人刻印《宋元四十七家诗词》交修绠堂销售。日伪时期，修绠堂曾为日本临川书店和一些英美书商收购古书，获取大量佣金。刘元奇1914年在西四北宝禅寺庙内开设店铺时，只一间小屋，提着一张包袱皮收售旧书，八年后，店铺迁至西四西安市场，又过了八年，迁至隆福寺街，每次迁址，店肆都扩大一次，成为隆福寺街著名的书商之一。宝绘斋的樊文佩，精通小说、戏曲版本，尤以收集带图像的小说、戏曲书籍为多，其藏书多为零册单本，但质量较高。有人记载说："东城隆福寺书肆林立，盛况仅亚于琉璃厂。"这里很快成为北京第二个古书集散地，最兴盛阶段聚集的古旧书店达三十余家。

位于王府井的东安市场兴起于清末民初，由于这里靠近外国使馆区，附近有外国人开设的银行、医院、服装店、教堂等，外国人经常将他们不看的洋文旧书、报刊转售给市场内的书商。同时不少洋人也很喜欢逛王府井的东安市场，书商们为谋求生意，便投其所好，大量购进洋文书刊。民国时期北京有不少教会学校，在教会学校学习外文的学生们大都到东安市场内外文书店、书摊搜求外文书籍。此外，东安市场距离北京大学、朝阳大学、北京图书馆等文化人集中地不远，许多大中学校的师生和著名文人常到这里选购图书。久而久之东安市场经营新书、外文图书的书店逐渐发展起来，让这里成为新书和外文书的集散地。民国初期的1914年，冯桂亭率先在头道街开设新兴书店，随后，韩子单在这里开设了进贤书社。因为看到在这里开设新书店经营颇为兴盛，所以于锡贞、张佩林、吕锡九、孙振锡、刁达臣、魏殿魁等人也先后在这里开设书铺。1919年东安市场曾被大火焚毁，1920年复建后新书店、古旧书肆再次汇聚于此。经过一段时间的发展，东安市场集中了新书铺、古旧书肆近六十家，既有经营上海、北京西式新版图书和教材的新书店，又有传统的古旧书肆。其中销售外文图书的中原书局、春明书店，经营新书的华盛书局、新智书局、双益书局、中兴书店、华兴书店、联合书局，经营古旧书的五洲书局等都是东安市场较有名气的书店。东安市场的各个书店主要集中在丹桂商场、桂铭商场、中华商场和畅观楼。另外，在东安商场的二道街、南花园、夹道等处还有一些书摊和租书摊。

西单地区在清末民初集中了一批新兴学校，各个学校的教职员和在校学生成为一个需求量很大的文化消费群体，所以在西单商场的二场和三场内各个书铺、书摊先后达八十余家。这些书铺、书摊主要经营学生教材、中外文杂志和小薄本的文学读物，比较有代表性的有以销售外文科技图书的龙门联合书局和大众书社、知行书店、文光书店等。

另外，在宣武门大街内、头发胡同等处也开始出现了一批书铺和书摊。

实际上，整个民国时期北京的古旧书业一直是北京书业中占有较大比重的店肆。民国时期北京古旧书业最鼎盛时期，全市有古旧书店铺或书摊 300 余家，从业人员接近 600 人。这一阶段北京古旧书业的发展，是北京传统书肆发展最具有代表性的阶段，在其经营规模、经营方式、服务手段等各个方面已经发展得极为成熟。北京著名学者张次溪先生回忆说："北京书估之能长袖善舞者，其销售之法，首在察言观色，揣摩购买者之心理，某也治经，某也究史，某收方志，某售曲本，某为研习词章，某为搜讨掌故，某所企求者宋元精椠，某所物色者绝版禁书，一一志其所好，牢记在心，既有所获，望门投止，则购者倒履承迎，欢喜赞叹，不吝重价，书估饱欲而归，购书者犹感念不已。然购者所需，得一已足，则必熟知购者某书已收得，某书尚未备，然后不致劳而无功，徒取人厌。顾此犹脑力之敏捷，脚步之勤快已耳，而尤重要者在其特擅之专长，即此中人多染曩时京中士大夫之习气，清谈娓娓，典雅安详，不亢不卑，恰到好处。"[1] 而这也恰恰反映出古旧书店从业者对服务对象的了解和古籍版本、目录学的专业水平。民国时期京城古旧书肆继续延续传统书肆刊刻典籍的传统，依旧从事古代典籍的刻版印书业务。例如富文堂、双峰书屋刊刻的《皇朝经世文编》《全唐诗》，富晋书社刊刻的《说契》《殷契钩沉》等都是民国期间北京地区销售较为热门的新印古籍。一些财力雄厚的古旧书店在上海等地使用西式印刷技术重印古籍的影响下，也开始运用新技术自印古籍，成为古旧业发展的一个新的变化。如琉璃厂邃雅斋书店在坚持收购、经营古籍的同时，从 1936 年起，自行出版发行《邃雅斋丛书》等，在社会上产生一定的影响。

---

① 《壬辰甲子》，北京：中国书店 2012 年版。

正是因为民国时期北京古旧书业发展得极为成熟，甚至可以说是北京古旧书业发展史的顶峰时期，所以在北京古旧书业中出现了一批被誉为"专家式"文化商人。北京古旧书店铺经营古旧书刊，具有深厚的文化底蕴和丰富的文化内涵，尤其是经营古籍版本、碑帖书画以及诸多历史文献资料等，由于其内容的特殊，往往需要很高的专业造诣。古旧书店铺的店主、店员终日接触和经营古旧书刊，过手经眼无数古籍版本，再加之常年与文人学者交往，久而久之耳濡目染，深受熏陶，自然会在历朝各代古书刊本、源流、作者、内容以及古书装订修补等不同专业领域有着丰富的积累和锻炼，逐渐造就出一批具有较高古籍专业水平的"专家式"文化商人。他们或是古书版本专家，或为古籍目录学内行；或有古书装订修补的高超技艺，或具碑帖书画的鉴定绝技。这些具有显著专业特长的"专家式"文化商人，往往在其实际经营过程中充分发挥自己所特有"独门绝技"，使其所经营的古旧书店铺形成鲜明经营特色。

从民国期间到 20 世纪 50 年代，北京古旧书业中在古书业务方面具有较高水平并有一定权威者有：来薰阁的陈济川、藻玉堂的王雨、邃雅斋的董会卿、修绠堂的孙助廉、富晋书社的王富晋、通学斋的孙殿起、松筠阁的刘殿文以及开通书社的郭纪森等人。旧书业务方面有：春明书店的孙琴堂、文光书店的马玉山、五洲书店的李东洲等。这些人多为店主，其专业技能与店铺经营特色紧密结合，形成不同风格的古旧书店铺。其中，通学斋掌柜孙殿起最为典型。他在古书经营历程中，十分注重对古书版本的收集和整理，每当收到一部古书，孙殿起便详尽地记录其版本的情况和流传过程，并按照版本目录学的基本要素加以整理，民国二十三年（1934 年）他撰著的十二卷《丛书目录拾遗》刊行。短短的两年后，民国二十五年（1936 年），孙殿起撰写的二十卷《贩书偶记》刊行问世。《贩书偶记》是《四库全书》未收版本的古书著录总目，是一部重要的目录学著作，在这部书中孙殿起将自己在长期的古书经营中目睹经手的典籍逐一详细记录，所记录的包括书名、卷数、作者、籍贯以及刊刻时间等项目，凡是一种古书但卷数和版刻有异同者，或者作者姓氏需要考订、书籍内容有待于说明的，孙殿起都一一做出备注。孙殿起的《丛书目录拾遗》和《贩书偶记》两书的刊行为近现代版本目录学发展做出了很大的贡献。著名藏书家、版本学家伦明先生曾这样评价评价孙殿起："吾友孙殿起……于版本外尤留意近代汉宋学之渊源，诗古文辞之流别，了晰于胸。随得一书，即能别其优劣……今之言目录者，未有如君者也。"[①] 郑振铎先生在他的《西谛书话》中也称赞孙殿起："孙即编《贩书偶记》者，为书友中之翘楚。彼专搜清人诗文集及单行著作之冷僻者，颇有眼光，见闻亦广……"[②] 而 20 世纪经营琉璃厂松筠阁的刘殿文，以经营旧期刊而闻名京师，对各种期刊的版本流传了如指掌，在京城古旧书业中，被公认为精通杂志目录之学的第一人。其著有《中国杂志知见目录》，该书代表了他在期刊集配以及杂志目录学上的成就，世人送其雅号"杂志大王"。

民国期间北京书业除了古旧书业之外，新书业的发展十分迅速，并且快速占据了北京书业的半壁江山。民国时期北平政府几次对北平的书业进行调查，其调查报告中写道："平市书业现状，有新书局，

---

① 《丛书目录拾遗》，民国旧刊本。
② 《西谛书话》，北京：生活·读书·新知三联书店 1983 年版。

主售各学校应用之书册图画，与仪器文具及体育器械。每值学期开始，销行最畅。平时所售各种参考书及各种新著述，亦风靡一时。"

民国初年，在西式图书出版、印刷具有绝对优势的上海各个出版机构很快就看中了北京颇为活跃的图书市场，纷纷在北京开设分店。像商务印书馆、中华书局都在琉璃厂设了分店。会文堂、文明书局、扫叶山房、广智书局、广益书局、世界书局等都挤进琉璃厂及其周边。这样，北京的一些书店与上海的书店形成了总店和分店的关系，直接销售来自上海的各类新书。以后上海的出版印书机构又逐渐扩展自己的业务范围，在北京设立了分局、分馆。商务印书馆甚至在北京虎坊桥设立了京华印书局，从图书的编辑、排版、校对以及印刷出版，一直到图书上市销售，形成了完整的图书出版全流程北京"本地化"，而京华印书局也成为民国时期在北京设立的第一家民族资本的印刷机构。上海各个图书出版机构在北京纷纷设点开设分局，对北京地区的书店和出版经营商而言产生了巨大的压力，眼睁睁地看着北京的图书市场被上海出版经营机构快速占据。在这样的情况下，北京本地的图书经营店肆也纷纷开始接纳和采取新的经营方式，并逐渐加大对新书经营的力度，更好地满足市场需求，扩大自身的业务范围。据20世纪50年代初统计，北京古旧书店中有近一半的书店有代售新书的业务，如在民国时期古旧书业中颇具盛名的富晋书社，就设有新书代售、邮购等业务，这是北京古旧书肆以往经营中没有的业务经营方式。富晋书社在其发行广告中称"北京富晋书社专售玻璃版精印金石、书画、楹联、碑帖、拓本、绳版印谱及各种新旧书籍、目录"，可见其业务已经超出了单纯收售古书和旧书的范围了。

民国时期除了南方地区出版机构进入北京图书市场之外，北京城内众多的出版机构在其进行出版活动的同时，也纷纷开设书店，一方面主要出售其自己所出版的图书，另一方面为了吸引顾客和出版机构之间互相的业务帮衬，也适量进一些其他出版机构的新书。各个出版机构在北京开设的书店在北京新书业中占有很大的比重，是民国时期北京新书业具有引领和代表性的书店，其中很多都是有官方背景的书店，比如：国民党中央宣传部的正中书局北平总分局、独立出版社，有国民党政府背景的红蓝书局北平分社、中国文化服务社，由官僚资本的世界书局北平分社。当然更多的还是民国年间在全国都有一定影响的出版机构在北京设立的分支机构开办的新书店，具有代表性的有儿童书局北平分局、大中国图书局北京办事处、大东书局北平分局、上海广益书局北平分局、上海新书局北京分局、上海锦章书局北京分局、开明书店北平分店、中华书局北京分局、商务印书馆北平分馆、文光书店北平分店、龙门联合书局北平分局、会文堂书局北平分局、启明书局北平分局、海燕书店北京办事处、新生命书局北平书局、新医书局北平分局等，这些都是由出版机构在北京开设的新书店。

北京也有一些经营新书的书店，如北新书局、文化书社、朴社出版部、海音书局、北京书局、人文书局、好望书局、西北书局、星云书局、东亚书局、沉钟出版部、未名出版部、晨报出版部、大众书局、青年书局、立达书局等，均以出版和售卖新书、小说、文艺等书为主要业务，其中以北京的北新书局最为著名。北新书局是在鲁迅先生的鼓励、扶持下于1924年在京成立的，地址在北京翠花胡同，主持人为李小峰。北新书局1926年因发行《语丝》被张作霖封闭一次。同年北新书局被迫迁往上海继续经营，但在北京还设有分店。北新书局出版了许多鲁迅著作，如《热风》《华盖集》《彷徨》《小说旧闻钞》《野草》《唐宋传奇集》，这些著作在民国时期颇具影响。

北京民国时期形成的内城新书业、古旧书业以及各个出版机构经营图书的书铺、书摊分布格局一直持续到 1949 年，有文字记录的各种古旧书店铺、新书书店将近 700 家[①]，其中很多书铺、书店的经营网点一直经营到 20 世纪 50 年代后期。而民国期间北京所形成的琉璃厂、隆福寺、王府井东安市场、西单商场几个书业集中区域的书店网点分布格局一直延续到 20 世纪 70 年代末。

民国时期的北京书肆，与文人学士的交往极为密切，古旧书肆也往往被文人学士视为"安身立命之所"。

鲁迅先生寓居北京十四年中，也与古旧书肆结下不解之缘，从他的日记中统计，其在琉璃厂访书购物达 480 次之多，先后购买 3800 多册（部）图书、碑帖，当时的来熏阁、通学斋、有正书局、直隶书局、商务印书馆、神州国光社等都留下了鲁迅先生的足迹。鲁迅先生不仅是文学巨匠，也是一个碑帖、刻石画像等方面的收藏爱好者，他一生收藏的碑拓达 6000 多幅，各类刻石画像也有六七百幅，其中很大一部分是从琉璃厂购买的。和他人收藏和喜好碑帖不同，鲁迅将碑拓上的文字以及刻石上的画像等作为历史资料来加以研究，尤其是对表现游猎、征伐、宴会和车马仪仗等内容的图画，更是格外地垂青，认为它们是研究史实的真实的资料。鲁迅先生在民国四年（1915 年）4 月 25 日的日记中曾记到："往琉璃厂买《射阳石门画像》等五纸，二元；《曹望憘必需品造像》拓本二枚，四角。"6 月 13 日记载："往

---

① 参见《北京志·出版志》，北京：北京出版社，2005 年版。

琉璃厂买《赵阿欢造象》等五枚，三角。又缩刻古碑拓本共二十四枚，一元。帖店称晏如居缩刻，云出何子贞，俟考。"同年8月3日记载："下午敦古谊帖店送来石印《寰宇贞石图》散叶一分五十七枚，直六元。"11月20日又记载道："在敦古谊买《爨宝子碑》等拓本三种，三元。"①我们只是随手摘录了鲁迅先生日记中的几条，就可以看到他与琉璃厂诸店铺有着如此的密切的交往。此外，鲁迅先生对琉璃厂南纸店销售的各种笺纸评价极高，也注意收藏。鲁迅先生在1932年年初再次来到北平后，曾专门到琉璃厂各家南纸店收集诗笺。他极力推崇琉璃厂南纸店销售的笺纸，而且为人们渐渐地淡忘笺纸而忧虑，担心笺纸会逐渐地走向消沉。他回到上海以后，与郑振铎商议，由郑振铎在琉璃厂收集各种笺纸，郑振铎遍访琉璃厂各家南纸店。淳菁阁、松华斋、松古斋、懿文斋等店铺都是郑振铎先生时常光顾的店铺，他在琉璃厂搜集到许多笺纸，并陆续寄往上海。鲁迅经过反复遴选和鉴别，最后选定了332幅，分为六大册，用宣纸彩色套印。鲁迅还特意写了《北平笺谱序》，对中国版刻及笺纸的发展历史、所面临的危机形势以及编印《北平笺谱》的原因进行了细致地阐述。郑振铎也在书中的《访笺杂记》中详细讲述了搜购画笺、交涉印刷、调查刻工姓名等整理编辑的经过，并在他自己撰写序中谈道："鲁迅先生于木刻画夙具倡导之心，而于诗笺之衰颓，尤与余同有眷恋顾惜之意，尝与余言之，因有辑印《北平笺谱》之议。"②1933年年底《北平笺谱》刊行问世。为了提高《北平笺谱》的收藏价值，鲁迅、郑振铎在每一部笺谱上亲

---

① 《鲁迅全集》第十五卷，北京：人民文学出版社2000年版。
② 《北平笺谱》，北京：中国书店2010年版。

笔签名。他们分别把《北平笺谱》送给了苏联版画家协会和美、英、法、日等国家的图书馆。《北平笺谱》刊行后颇受欢迎，没过多久，又再一次加印了一百部。

我国现代图书馆倡导和创立者之一的伦明先生，与北京古旧书肆有着极为密切的交往，甚至在琉璃厂留下了"破伦"的绰号。伦明曾被聘为北京大学文学系教授，终日沉醉在淘书的乐趣之中。每每到琉璃厂，总是一席破旧的大衣，足蹬旧鞋袜，颇有些不修边幅的样子，所以琉璃厂的书肆店主和伙计们给他起了一个绰号"破伦"。他家里的佣人曾与琉璃厂书肆伙计说："我家主人犹似无主之人，时食残羹剩饭，身着破衣烂履而不以为然也。"但是伦明好书之心依旧不改，大小书铺都被他踏破了门槛，甚至连独自夹包袱皮做古旧书买卖的，或者走街串巷的小书贩子都和他相识。一次伦明听说琉璃厂晋华书局新近购进一批图书，兴致勃勃跑去挑选。他看收购的书单子上有一本《倚声集》，便想要此书，店主告知该书已被店里的伙计拿着送往他人府第了，伦明焦急万分，赶紧乘洋车赶到那家，在宅门外等着送书的伙计，不等伙计进他人的宅门，便将所喜好之书半路"打劫"。民国二十六年（1937 年），伦明南下广州就任岭南大学教授，依然与琉璃厂书肆保持着密切的联系，委托琉璃厂书肆为他选书购书。伦明与孙殿起交往甚是亲密，孙殿起经营的通学斋就是伦明出资在琉璃厂开办的，其并不企盼着为其谋利，就是为了更方便于找书。他曾在《辛亥以来藏书纪事诗》称颂说："后来屈指胜蓝者，孙耀卿同王晋卿。"[①]并特意注释说："故都书肆虽多，识版本者无几人，非博览强记，未

---

① 《辛亥以来藏书纪事诗》，上海：上海古籍出版社 1990 年版。

足语此。余所识通学斋孙耀卿、文禄堂王晋卿二人，庶几近之。孙著有《贩书偶记》《丛书目录拾遗》，王著有《文禄堂访书记》，皆共具通人之识，又非谭笃生、何厚甫辈所能及矣。"① 其与北京古旧书肆的经营者渊源之深，由此可见一斑。

对于北京古旧书肆业的各个店铺而言，不仅是上面谈到的鲁迅、伦哲如，像钱玄同、刘半农、魏建功等也都是琉璃厂的常客，他们把琉璃厂看作是心目中的乐土，怡然自得地享受着淘书之乐。鲁迅先生和钱玄同先生曾经为搜寻小说《何典》而勤劳多年，但始终未能如愿。1926年春，刘半农在琉璃厂的书摊上偶尔得到一部《何典》，喜出望外，并将这部书整理校勘后出版，鲁迅先生还特为此书的校勘出版撰写了题记，他在题记中记述说："还是两三年前，偶然在光绪五年（1879年）印的《申报馆书目续集》上看见《何典》题要，这样说：'《何典》十回。是书为过路人编定，缠夹二先生评，而太平客人为之序。书中引用诸人，有曰活鬼者，有曰穷鬼者，有曰活死人者，有曰臭花娘者，有曰畔房小姐者：阅之已堪喷饭。况阅其所记，无一非三家村俗语；无中生有，忙里偷闲。其言，则鬼话也；其人，则鬼名也；其事，则开鬼心，扮鬼脸，钓鬼火，做鬼戏，搭鬼棚也。语曰：'出于何典？'而今而后，有人以俗语为文者，曰：'出于《何典》而已矣。'疑其颇别致，于是留心访求，但不得；常维钧多识旧书肆中人，因托他搜寻，仍不得。今年半农告我已在厂甸庙市中无意得之，且将校点付印；听了甚喜。此后半农便将校样陆续寄来，并且说希望我做一篇短序……"②

---

① 《辛亥以来藏书纪事诗》，上海：上海古籍出版社1990年版。
② 《鲁迅全集》第三卷，北京：人民文学出版社2000年版。

　　清华大学著名教授朱自清先生也与北京的古旧书肆店铺结下了不解之缘，他经常到琉璃厂逛书店买书，与通学斋的雷梦水先生逐渐熟悉，雷梦水先生也时常去朱自清家中送书，两人结下了深厚的友谊。朱自清先生喜欢收集一些珂罗版的画册、戏曲小说和唐诗宋词等方面的典籍，雷梦水先生便留心收罗，曾先后为朱自清先生搜求到明洪武年刊本《读杜诗愚得》、清道光五年（1825年）刊刻本《杜诗琐证》和清初刊刻本《昌谷诗注》等书，朱自清先生极为满意。一次，雷梦水先生到朱先生家送书，朱自清先生鼓励雷梦水要锻炼学着写点东西，雷梦水为难地说："我一个卖书的，文化程度又低，哪能写出东西来？"朱自清先生正颜厉色地对雷梦水说："你看宋代的陈起，你的舅舅孙耀卿不都是卖书的吗？只要自己能树立雄心壮志，肯刻苦学习，还得要坚持，锻炼锻炼不就行吗？"他还一点点地教雷梦水如何练习写作、如何读书。半个多世纪以后，雷梦水先生谈起这件事情，还充满感激之情地说："我现在能写一些短篇文章，不能不归功于朱先生的启发诱导。"[1]

　　著名学者、散文家梁实秋曾这样回忆北京的古旧书店："买书就是一乐，旧日北平琉璃厂隆福寺街的书肆最是诱人，你迈进门去向柜台上的伙计点点头便直趋后堂，掌柜的出门迎客，分宾主落座，慢慢地谈生意。不要小觑那位书贾，关于目录版本之学他可能比你精。搜访图书的任务，他代你负担，只要他摸清了你的路数，一有所获立刻专人把样函送到府上，合意留下翻看，不合意他拿走，和和气气。书价么，过节再说。"[2]梁实秋先生对北京古旧书店铺经营特点以及与

---

[1]　《书林琐记》，北京：人民日报出版社1988年版。
[2]　《梁实秋散文》，北京：人民文学出版社2013年版。

文人交往方式的记述，可谓是活灵活现。

　　民国时期的北京书业，尤其是北京的古旧书业与文人学士结成的这种"书缘"在民国时期的北京文化发展史上留下了浓厚的一笔。许多年以后，很多经历民国北京书业的学者依旧用自己的笔，在回忆录中、在自己的著作里记录下北京书业与他们结下的深厚友情。

第八章　新中国初期北京国营出版发行业初创

第一节　新中国初期北京国营图书业的初创

一、新中国成立后我国出版发行业的演变及发展分期

1949 年，中华人民共和国成立之后，北京作为首都，再一次成为全国的文化中心。作为我们党和国家重要的宣传舆论阵地，以及生产、流通精神产品的行业，北京的出版、发行行业伴随着共和国的脚步走过了七十余年的发展历程，取得了伟大的成就，是当代中国文化发展史和中国图书出版史重要的组成部分。

新中国成立以后北京出版行业的管理体制和发展模式经历了几度变化。从北平和平解放以后到 20 世纪 50 年代中期，北京出版行业处在国营出版体系和私营出版机构并行发展的阶段。

随着社会主义建设的蓬勃发展，北京出版业与全国出版行业一样，逐步改为由国家统一管理和领导下的出版事业体制，仅有极少数国营图书发行机构保留出版企业经营的模式。这样的出版运行模式和管理体制一直持续到 20 世纪 80 年代。而原来在大出版格局下的图书发行

行业、图书印刷行业则参照苏联的模式，采取条块管理的方法，被列为国营图书发行行业和国营印刷行业。北京的图书发行行业在1958年彻底完成社会主义工商业改造之后，形成了由北京市新华书店、中国书店、北京外文书店三大国营书店以及北京市各区县管辖的新华书店组成的北京市图书发行网点的发展面貌。北京印刷企业则分别按照中央单位所属印刷厂、北京市市属印刷企业、北京市各区所属的国营、集体所有制印刷厂这样的体制开展图书印刷工作。

1978年十一届三中全会以后，随着改革开放的步伐不断深化，北京出版业与全国出版业一样，开始逐步探索在国家统一管理的体系下各个出版单位实行事业单位企业化管理的发展模式，这进一步调动了各个出版单位及其编辑、出版、发行人员的积极性，对北京出版的快速发展产生了巨大的改革动力。

与此同时，北京的北京市新华书店、中国书店、北京外文书店以及北京市各区县新华书店陆续实行责任制承包的管理发展模式。北京市的中央机关所属单位印刷厂，各大专院校或研究机构所属的印刷厂，北京市各政府机关所属印刷厂，北京市印刷总公司所属印刷企业以及北京市各区县管理的印刷厂陆续从计划经济向市场经济转型，各印刷企业面向市场寻找业务。从20世纪80年代，北京市各区县还纷纷建立集体所有制的印刷企业，最高峰时达到上千家。1978年改革开放以来北京出版、发行、印刷行业在改革开放的政策鼓舞下，大胆地进行出版运行模式、图书发行经营模式和图书印刷发展机制的探索，让北京的出版发展得到了充分的活力，北京出版发展形成了一个新的发展高峰。

回顾新中国建立以来北京出版发展，我们可以看到，在新中国成立以后不同的历史阶段，因为各个时期特有的政治环境、文化氛围和与之相适应的价值取向、思想认识，自然要产生不同的文化消费需要和图书需求。图书作为反映政治、文化和人们精神享受的特殊的载体，它的出版、发行和阅读，都会折射出各个不同阶段的历史文化风貌，自然也就表现出不同的特征。

新中国建立以来，北京出版业之所以从国营出版体系、私营出版机构并行发展逐步到由国家统一管理和领导下的出版事业体制，是在当时的历史环境和社会发展的条件下采取的必要管理手段。新中国建立之初，国家百废待兴，社会生产能力低下、民众的知识水平不高以及当时有限的出版资源等困难，都客观上需要政府采取独特的行政手段来强化思想、文化的建设和发展，以求带动和提高民众的文化知识水平，并满足人民大众的文化消费需要。正是在这样的一个历史背景之下，我们国家逐渐形成了后来的出版、发行的形态。忽视历史的发展背景，用今天的社会形态和人们的思想认识来指摘我们国家的出版体制的形成，有违于历史的客观性。这是我们今天开展对北京出版发展史研究应该注意把握的重要原则。

当代北京出版发展是北京出版发展史、北京文化发展史非常关键的历史阶段。前面章节谈到，北京在古代历史中曾经是"聚书之地"之一，但从来就没有成为全国的出版中心。1949 年前，北京地区的各个出版机构的出版数量占全国总出版量的 6%，而上海则占全国总出版量的 35% 左右，上海是民国期间全国出版的中心。1949 年新中国建立以后，这种局面彻底被改变。从 1949 年到 1994 年，全国共出版图书 77.8 万种，其中北京地区的出版社出版的品种为 27.9 万种，占出版种数的 35.86%。1993 年，全国出版社 545 家，北京地区为

226 家，占全国出版社的 41.46%[①]。2016 年，全国共有出版社 584 家，其中北京地区为 236 家，占全国出版社总量的 40.5%。另外，各省市自治区的许多出版社还纷纷在北京设立分社或编辑室，有的设立不叫分社的"办事处"，在北京寻找出版资源。由上所述，当代出版发展中，北京已经成为全国的出版中心。

纵观当代北京图书出版、发行历史，大体上可以划分以下五个发展阶段：

第一阶段：1949—1956 年，恢复、调整和发展初期；

第二阶段：1956—1965 年，曲折发展的阶段；

第三阶段：1966—1978 年，"文化大革命"及其后期徘徊阶段；

第四阶段：1978—1989 年，图书出版的复兴及改革开放迅猛发展阶段；

第五阶段：1990—2000 年，逐渐走向市场化发展的新出版格局阶段。

当代北京出版发展史上的前四个阶段的图书出版及发行工作，是在党和国家的出版管理政策的指导下，以计划经济的模式主导着北京出版工作；而到第五阶段，随着民众阅读的转变，特别是民众在文化需求上从被动向主动寻求文化消费转换，在很大程度上已经在不知不觉中左右着北京图书出版、流通的发展，图书撰写、出版以及表现方式、流通形式等都在发生着潜移默化的质变。这样的一种本质的演变，是改革开放以来百姓文化需求发生跨越性飞跃的具体体现，是人们文

---

① 其中，部委出版社 134 家、各党派人民团体 39 家、军队系统 16 家、大专院校社 20 家，市属出版社 17 家。

化消费理念逐渐成熟的表现。

二、北平和平解放后我党对北平旧出版机构的接管和私营出版的管理

1949 年 2 月 3 日，人民解放军在北平举行隆重的进城仪式，这标志着北平和平解放，为共和国定都北京奠定了基础。

北平和平解放时，在北平有各类出版社 205 家，其中属于国民党系统出版机构 12 家，官僚资本出版社 1 家，私营出版社 115 家，公营出版单位 72 家。[①]

北平和平解放时，随着人民解放军进城，北平市军管会下属的文化接管委员会新闻出版部同时对北平的 12 家国民党系统出版机构和 1 家官僚资本控制的出版单位进行了接管。这十余家出版机构中，规模和影响比较大的有正中书局北京总分局、独立出版社、中国文化服务北平分社、红蓝出版社、世界书局北平分局等。

正中书局北平总分局，原属国民党中宣部。正中书局是由陈立夫倡导在民国二十年（1931 年）成立的国民党政府的官方出版机构，之所以叫"正中"书局，取其"不曲为正，不偏曰中"之意。正中书局成立后，作为国民党的官方出版机构，陆续在全国一些大城市中设立分局，北京总分局就是其设立在北方地区最大的分局，其办公地点在北京王府井大街 8 号。1949 年被接管前其经理为吴尊明，曾经任国民党安徽省省党部委员、国民党青岛市市党部宣传部长、国民党中宣部编审处编审等要职，后到北平任正中书局兆平总分局的经理。原

---

① 含公私合营的 8 家，如高教出版社、宝文堂出书店等，见《北京志·出版志》，北京：北京出版社 2005 年版。

属国民党中宣部的独立出版社也是国民党开办的一家官方出版社，其办公地点在北京王府井大街 6 号，与正中书局北平总分局办公地点相邻。北平和平解放前，独立出版社经理卢骽生提前南逃，由王德仁代为管理。独立出版社除了其出版机构以外，还有一家印刷厂。1949 年 2 月初，北平市军管会文化接管委员会新闻出版部徐迈进、万启盈、卢鸣谷等以东北书店为主的接管人员到王府井的正中书局北平总分局实行接管。期间还曾经出现过一段有意思的插曲，在 1949 年 1 月 30 日文化接管委员会新闻出版部徐迈进、万启盈、卢鸣谷等带队跟随解放军进城的路上，一位武姓年轻同志在路上与大部队走散。因为他也不知道接收组在城里面什么地方落脚，便自己摸到北京内城王府井大街 8 号的正中书局北平总分局，直截了当地告诉北平总分局的负责人是来接管的。当时的国民党的负责人吴尊明也摸不着头脑，只得恭恭敬敬地让这位武姓年轻"接收大员"住在正中书局，提前"接管监督"。文化接管委员会新闻出版部接管后，将正中书局和独立出版社的办公地点合为一处，改为新华书店第一门市部，也就是后来的北京市王府井新华书店，楼上曾经是北京市新华书店办公地点。独立出版社的印刷厂也在最短的时间内开始恢复生产，出版和印制了《中国革命和中国共产党》一书。

中国文化服务社北平分社，是由国民党"三青团"开办的出版机构。中国文化服务社以后陆续在全国各大主要城市或省份设立分社，中国文化服务社北平分社原址在北京西单北大街 42 号。1949 年 2 月 7 日文管会派王钊、张兴树等人带领华北平山支店的同志接管了中国文化服务社北平分社，并用短短的三天就将该处改造为新华书店第二门市部，开门营业。

红蓝出版社，原为国民党系统的出版机构，其办公地点在北京八面槽 74 号，北平和平解放后便歇业，后该机构被接管。

除了国民党系统的出版机构之外，经北平市军管会以及北平新闻出版处核查，世界书局北京分局有官僚资本在内，其原址在北京杨梅竹斜街 98 号。世界书局 1917 年由浙江绍兴人沈知方开办，1921 年改为股份公司，下设编辑所、发行所和印刷所，1921 年以后陆续在全国各地设立分局三十余处。世界书局从 1924 年开始大量地编辑出版中小学教科书，与中华书局、商务印书馆形成我国现代史上出版教科书的三大巨头。随着世界书局业务的扩展，其开始大量地吸纳社会资金，并成立了以张静江、杜月笙、钱新之、陆高谊、崔竹溪、李书华、陆仲良、陈和铣、胡天石、魏炳荣为董事的董事会，以吴稚晖、李麟玉、齐云青为监察人的监事会。世界书局的董事会、监事会可谓社会名流云集，张静江曾任国民党中央监察委员会委员，甚至曾经当过国民政府代理主席，还任过国民政府建设委员会委员长、浙江省主席等职务。杜月笙是上海青帮大佬，而吴稚晖则先后为国民党中常委、国民党中央监察委员、制宪代表主席、"中央研究院"院士等。如此重量级的人物成为世界书局的董事或监事，足见世界书局在当时的影响。1946年 1 月起李石曾开始担任世界书局总经理，李石曾曾任国民党中央监察委员、"总统府"资政等职，他主持世界书局以后，开始大量吸纳官僚资本进入世界书局，也正是这个原因，1950 年 3 月华北新华书店会同北京新闻出版处将该书局北京分局接收。

当然，对于北京城内的其他的私营出版社，我们党在进城以后相当一段时间还是允许和支持其进行出版经营的。1948 年 12 月，中共中央发布的《中央对新区出版事业的政策的暂行规定》就曾经要求：

"没收国民党反动派的出版机关。凡国民党反动政府及其地方政府下的各机关，各反动党派① 与特务机关所主办的图书、出版机关，连同其书籍、资财、印刷所等，一律没收。如正中书局、中国文化服务社、独立出版社、拔提书店、青年书店、兵学书店等，均属此类。"②而对于一般的民营出版机构，中共中央则采取了积极帮助的政策，规定："民营及非全部官僚资本所经营的书店，不接收，仍准继续营业，如开明、世界、北新等书店属之。商务印书馆及中华书局，也属此类。其中官僚资本应予没收者，须经详细调查确实报告中央再行处理。""凡允许继续营业的书店，其书籍暂任其自由发卖，不加审查。如出版教科书者，则劝告他们自行停售党义公民等教科书，及自行修改有关政治的教科书（如历史）。"考虑到一些民营的出版机构常常挂着国民党官办出版机构的名称，还特意强调："如有民营书店之借用上列牌号者，则应在处理上加以区别。"③

1949 年 2 月，经过北平市军管会文化接管委员会的摸底调查，在北平城内各个类别的私营出版机构大大小小有 115 家。这些出版社主要有四种类型：一是上海一些著名的出版社在北平设立的分支出版机构，如中华书局北平分局、商务印书馆北平分馆等，二是一些在北平的教学、科研单位下属的出版机构，三是一些由私人开办的小型出版社，四是由书店兼营出版的店铺。然而，到 1949 年 10 月份时，由于种种原因北京的私营的出版社就消失了 30 家。这 30 家中，有的是已经经营不下去转行改做别的生意，像前门劝业场的宝成斋、琉璃厂

---

① 如国民党各个反动派系，青年党、民社党等。
②③ 《中共中央文件选编》，北京：中央党校出版社 1994 年版。

东街 257 号的上海锦章书局北平分局、西单北大街 248 号的东方书店、西单北大街 198 号的知行书店、崇文门内的新实书店、东安市场畅观楼的东华书店、东安市场桂铭商场的华英书社等，原为出版机构，后因业务不景气均改为经营文化用品或销售零本图书，不具备出版社的性质和出版图书的能力。还有的是由于自己确实无法经营下去而主动歇业，像打磨厂 65 号的致文堂、西安门大街 49 号的佛学书局和曲园出版社等都是属于无法支撑下去而歇业的。随后，1949 年 10 月，又有近 40 家私营出版社陆续合并或者关门歇业。对于尚可以继续经营的私营出版社，我们党允许并鼓励他们继续开展出版业务，尤其是在保障北平中小学学生教材的出版上，北平市军管会文化接管委员会还主动帮助他们开展出版生产，确保北平中小学学生开学用书。

但是，北京的私营出版社随着新中国的建立和社会环境的变化，除了一部分合并到公营出版机构之外，大多数逐渐关门歇业。1949 年初解放军刚进北平城时，北平市军管会文化接管委员会对全市私营出版社摸底排查时，全市拥有私营出版社 115 家，但是到这一年的 10 月份进行登记时，就有 30 家私营出版社消失。像晨钟出版社、民主书报公司、金城出版社、青年书店、真理出版社、国际出版社这六家都是第一批消失的出版社。其他的很多出版社因为其日常经营中并没有常年从事图书出版，新中国建立没多久也就自动的终止出版业务。诸如上海锦章书局北京分局、宝成斋、大有书局、东方书店、知行书店、文协书社、新实书店、东华书社、华英书社等都属于这样终止的私营出版社。有的出版社，比如佛学书局主动向北京市人民政府报请歇业。1952 年 9 月以后，北京市人民政府再次对北京市出版社进行登记，这次登记因呈报歇业、自动歇业、合并转隶国营出版机构而消失的出版社有 38 家。到 1954 年 3 月，再次消失的私营出版社有 17 家。其余的私营出版社在 1956 年北京市出版行业公私合营的社会主义改造之后均合并在不同的出版机构或者国营书店之中。

三、新中国初期国营图书出版发行业初创

对于新中国的出版事业的发展，中共中央极为重视。尤其是在新中国成立前后，我们党自己开办的出版机构出版能力还远远不能满足解放后的北平乃至全国的图书供应需要的时候，如何解决北京以及全国图书供应的缺口，如何在刚刚解放的民众之中宣传党的方针、政策，让更多的群众摆脱愚昧和无知，是新中国建立之初的重要的出版任务。相比之下，这与进城以后接管国民党、官僚资本控制的出版机构的任务而言，要更加地艰巨，这势必要认真地审视和判断我们未来的出版事业如何发展。

事实上，当解放军刚刚进入北平的时候，中央就已经开始筹划组建我们党对全国进行出版管理的机构。1949 年 2 月中共中央宣传部出版委员会在北平成立。成立之初，委员会在北平司法部街 75 号办公，可惜现在这个地方因为修建人民大会堂而消失。这个委员会既是中国共产党领导出版事业的管理机关，又是我党进城以后在北平组织出版图书的生产部门，是一个在特殊的历史阶段形成的临时性机构。它一方面承担着向快速扩大的革命队伍，特别是干部队伍提供政治理论学习文件、图书的供应任务，还负担着向全国新解放区的民众提供课本、宣传共产党政策读物的图书供应。另一方面，这个机构还承担着对北平地区国民党旧政权遗留下来的出版机构进行接管，对私营出版机构进行团结、帮助和指导的任务。中共中央对于刚进城以后如何开展出

版工作非常重视。1949 年 9 月，当时正在和大家一起忙于筹备中华人民共和国成立的毛泽东同志，专门为我们党领导下的出版工作题词："认真做好出版工作"。1949 年 11 月，出版委员会随着出版总署的成立改组为出版总署出版局。

出版委员会成立后，鉴于当时国营的出版机构和发行机构刚刚起步，对私营的出版机构自然更要适当地重视和给予必要的帮助。1949 年 10 月在"全国新华书店出版工作会议"上，时任中宣部部长的陆定一代表中共中央曾经提出：在"共同纲领"的原则之下，私营出版社还是有事可做的。陆定一还在出版委员会举办的业务培训班讲话时谈到："现在全国的出版业我们占五分之一，私人占五分之四。我们公营出版业应该去领导他们，把他们团结到新民主主义文化事业里来，给他们有适当的利润，要和他们合作。"[①] 在这样的指导思想下，中央宣传部出版委员会对私营的出版机构和私营的书店给予了一定的扶植和帮助，从 1949 年到 1951 年，北京城一般的教科书和一部分读物仍然由私营出版社出版，而全书的书店，私营的销售比例还占有很大的分量。

与此同时，开始对有条件的条件较好的私营出版机构进行合并和重组，并开始有步骤地组建国营的出版机构和发行单位，建立由我党直接领导和管理的出版体系。对私营出版社进行改组和合并，主要是针对这些出版机构实际状况分步进行的。私营出版社几经变更，有的在变更中消失，有的在变更中充实到新组建的国营出版社中。

---

① 王仿子《回忆出版委员会》，《北京出版史志》第六辑，北京：北京出版社1995 年版。

　　比如宝文堂书店，清同治元年（1862 年）成立，原址在北京前门打磨厂甲 134 号。宝文堂以出版通俗唱本为主要特色，它针对通俗唱本消费群体主要来自的农村的特点，曾经招请一些说书的到华北地区农村以说唱的形式推销唱本，极为有效。民国时期在华北、西北以及东北等地的农村集市上常可以看到宝文堂的布幌子。1954 年 9 月宝文堂实行公私合营，改为通俗读物出版社，后合并于人民出版社。1957 年又单独注册登记，1958 年再度合并到中国戏剧出版社，作为该社的副牌，1990 年被撤销。龙门书局，成立于 1930 年，1938 年与上海龙门书局组成龙门联合书局，对外称"龙门联合书局北京分局"，原社址在北京琉璃厂。1954 年该机构与科学院编译局联合组成科学出版社，但仍旧保留和使用龙门书局的名字后，在出版社机构调整中取消。1993 年，龙门书局作为科学出版社的副牌被重新恢复。

　　随着新中国的建立和发展，北京原有的出版力量远远不能适应出版事业的需要，特别是北京作为新中国的首都，要成为全国出版文化的中心，必然要进一步强化出版实力。为此，中央各部委、各人民团体、解放军、各高等院校等纷纷组建新的国有的出版社。

　　最早组建的大型出版机构是工人出版社，早在 1949 年初北平和平解放没多久，根据当时的实际需要，全国总工会在 3 月份就开始组建由赵树理为社长的工人出版社。这是新中国成立之前就开始组建的由我党领导的出版机构。与其成立时间差不多的还有从解放区迁到北平的解放军出版社，它的前身是 1948 年 6 月成立的军委四局。

　　随着新中国建设的需要，从 1950 年到 1958 年，北京地区出现了创办国有出版社的高峰期，这对北京出版力量的加强起到了至关重要的促进作用。

1950 年 12 月，为了出版党和国家的政治读物，组建成立了人民出版社，担任该社第一任社长、总编辑的是我党著名的理论家胡绳，他也是著名的历史学家和哲学家。1951 年 3 月，承担出版中外古今文学类图书的人民文学出版社成立，由著名文学家冯雪峰任社长兼总编。同年 9 月，由萨空了担任首任社长的人民美术出版社成立。

除了新创立的出版单位之外，中央还将一部分具有悠久历史和一定出版特色的出版机构迁移到北京。在这个迁移的过程中，一方面加强了首都北京的出版力量，另一方面也在迁移过程中进行了必要的调整和重组，并提前对部分私营出版机构进行了公私合营的改造。

1949 年 5 月，生活·读书·新知三联书店从香港迁到北京，这是迁到北京的第一家私营的出版社。在全国人民解放战争开始进入战略性进攻的 1948 年 6 月，周恩来同志就预见到全国胜利后将对出版工作有着极为迫切的要求，于是 1948 年 6 月 6 日周恩来通过在香港的章汉夫转告三联书店的负责人："即将三联工作人员及编辑人员主力逐渐转来解放区……资本亦尽可能转来。"[①] 为此，三联书店的负责人开始筹划，将骨干力量陆续地经水路和陆路分批送到解放区，1949 年 5 月三联书店总管理处迁到了北平。

1950 年，由胡愈之 1934 年创办于上海的世界知识出版社迁到北京，与人民出版社合并，充实了人民出版社的力量。世界知识出版社最早为生活书店出版的《世界知识》杂志，由胡愈之和金仲华、张明养、冯宾符等在 1934 年创办。抗日战争期间，《世界知识》杂志社根据时局变化先后搬迁到武汉、广州、香港等地。抗日战争胜利后，

---

① 《周恩来年谱》，北京：中央文献出版社、人民出版社 1989 年版。

《世界知识》杂志社迁回上海，并开始以世界知识出版社的名字出版图书。1950年，为充实人民出版社的实力，中央将世界知识出版社迁到北京与人民出版社合并。1957年，根据形势的需要，又划分出来成立了单独的世界知识出版社。世界知识出版社主要编辑、出版国际问题方面图书，也包括政治、经济、外交、文化科技的专门著作，同时，还出版有关世界知识的普及读物，和反映国际斗争背景的历史、政治、社会题材的小说和报告文学等类图书。

1954年，拥有一定出版优势的中华书局从上海迁到北京。中华书局是民国元年（1912年）在上海建立的私营出版社，由近代著名教育思想家和出版家陆费逵（字伯鸿）先生创办，成立之初奉行"开启民智"的宗旨，编辑出版新式教科书和文化普及读物，在传播科学文化知识、推行新式教育方面起了积极作用，并成为一家大型综合性出版社，出版物百科兼收，古今具备。尤其是中华书局在创办前期竭力倡导"教科书革命"，在民国时期影响极大。他们聘请知名专家学者，密切结合新学制和民国民主主义思想，按照新学制编撰出版了《新学制教科书》《新编国民教育教科书》。为了体现中华书局对新学制的积极响应和符合民国政府的新时代的倡导，中华书局在出版这些书时把北洋政府时期的五色国旗印在图书封面上，这在当时成为一种新的时尚。随后，中华书局又出版《中华新学制中学教科书》《中华师范教科书》以及按新学制编辑出版的初小、高小教科书。中学的"中华教科书"包括《中华初等小学修身教科书》《新制单级修身教科书》《中华女子修身教科书》《新教育教科书修身》等。中华书局的教科书在民国初期的教科书市场上占有很大的优势，其也成为民族资本经营最为出色的出版社之一。它先后在全国设立了五十多个分支局，一千余家分销处，业务范围遍布全国各地。笔者 20 世纪 80 年代中期到四川成都出差，落脚于成都古籍书店，就是中华书局成都分局的办公楼。1954 年 5 月，中华书局在实行公私合营之后总公司由上海迁到北京，最初与财经经济出版社合并，办公处所在北京西总布胡同，分别用财政经济出版社和中华书局不同的名义出版财经类、农业类和文史类、俄语图书。次年，俄文类图书被转到时代出版社。1956 年财经类图书被分别转到财政出版社和金融出版社。1957 年当时的古籍出版社合并到中华书局，并迁到北京东总布胡同 10 号。1958 年 2 月，国务院科学规划委员会成立古籍整理出版规划小组，指定中华书局为古籍整理出版规划小组办事机构。3 月份，文化部决定，中华书局作为专业的古籍出版社，整理出版中国文、史、哲古籍，并适当出版现代作者有关文学和哲学、社会科学的研究著作，这种出版格局一直延续到今天。

　　成立于清光绪二十三年（1897 年）的老牌出版社商务印书馆1954 年也由上海迁到北京。商务印书馆最初是夏瑞芳、鲍咸恩、鲍咸昌、高凤池等人在上海江西路德昌里开办的一家印刷厂，承揽印刷业务。但夏瑞芳不满足仅仅是承揽印刷业务，他看到当时上海的很多人要学习英语，便翻印英国人在印度殖民地教习印度人学习英语的初级读物，很受人们的欢迎。随后，他又请人将英语的初级读物加上中文注释，以《华英初阶》《华英进阶》之名销售，大受欢迎。从此，夏瑞芳开始逐步地把商务印书馆办成出版社。他聘请光绪年的进士，曾为翰林院庶吉士，历任刑部主事、总理各国事务衙门章京的张元济主持商务印书馆的编辑工作，并引进国外先进的印刷设备，扩大商务印书馆的出版规模。经过很短的时间，商务印书馆便在新式教科书编印领域成为中国三大名牌之一。同时，它还大量地出版西方的理论出版物，像严复翻译的亚当·斯密《原富》、孟德斯鸠《法意》《穆勒名学》和赫胥黎《天演论》、斯宾塞《群学肄言》等学术名著，都是商务印书馆陆续出版的。商务印书馆在中国近现代出版历史上有着极为突出的作用，像商务印书馆出版的《林译小说丛刊》《世界文学名著丛书》《汉译世界名著丛书》等大型的系列图书以及《四部丛刊》《百衲本二十四史》《丛书集成》初编、《涵芬楼秘笈》《续古逸丛书》《辞源》等，成为影响无数近现代学者的重要图书。1901年张元济入股商务后，为商务印书馆的发展起到了极为突出的推动作用，在他的带领下，商务印书馆逐渐发展成为出版品牌。20世纪30年代，商务印书馆最多时拥有员工4500余人，下设管理处、编译所、印刷所、发行所、研究所等机构，其中编译所的编辑就达到300多人。当时有的人放弃做中央研究院的院士或者大学教授，到商务做编辑。商务印书馆先后在全国设立了36个分馆，拥有1000多个图书销售网点，年出书品种最多时超过一千种，占当时全国图书品种总量的40%以上。

商务印书馆是那个时期中国最大的私营出版机构，也是世界上有一定的出版规模的王牌出版社。1949年毛泽东主席在接见张元济时还曾回忆说他的很多知识是从商务印书馆的《科学大纲》中得到的，在延安时期案头上总是放着商务出版的《辞源》以便于随手翻阅。1954年，根据北京出版工作的需要，中央将商务印书馆从上海迁到北京。根据出版总署1954年1月29日发给商务印书馆《关于商务印书馆全面公私合营改组为高等教育出版社的会谈纪要》和《高等教育出版社筹备简则》两个文件，明确提出商务印书馆和它合并的高等教育出版社"内部为一个机构，一套账簿，对外则使用高等教育出版社和商务印书馆两块招牌"。1957年初，商务印书馆单独开展出版工作，主要编译出版外国哲学、社会科学方面的学术著作，编纂出版中外语文工具书以及研究著作、教材、普及读物等。商务印书馆历史上使用的社名是郑孝胥题写的。郑孝胥曾先后任清王朝的总理各国事务衙门章京、京汉铁路南段总办、广西边防大臣、安徽按察使、广东按察使和湖南布政使等职，伪满洲国时期，他出任伪满洲国总理大臣。商务印书馆发展前期，郑孝胥曾经为商务的董事会主席，再加上他的书法苍劲朴茂，颇具个性，因此商务印书馆过去使用的社名是由他题写的。1958 年 4 月商务印书馆迁到北京东总布胡同 10 号办公，当郑孝胥题写的社名挂起来后，立刻引起人们的批评。事实上，别说是在 20 世纪 50 年代，就是在今天，一家单位的牌匾是一个卖国求荣的汉奸所书写的，也会引起人们的指责和批评。鉴于此，商务印书馆请郭沫若先生为其题写了新的社名，郭老题写的社名除了在"文革"中一度被"东方红出版社"替代几天外，一直是商务印书馆的重要标志。

其他的私营出版社在历史上也有一定的影响和实力。为了加强和充实国营的出版机构，中央将部分条件比较好的私营出版社调进北京，与其他出版社重新组成新的国有出版机构。开明书店与当时北京的青年出版社合并组成的中国青年出版社就是其中一例。开明书店是由章锡琛于 1926 年在上海成立的。章锡琛先生原在商务印书馆担任编辑，主编《妇女杂志》。1925 年章锡琛在《妇女杂志》上发表《新女性道德是什么》，并约鲁迅之弟周建人撰写了《新女性道德的科学标准》一文。这两篇文章发表后，遭到一些顽固思想的人的指责，为此，章锡琛受到当时主持商务印书馆编辑所的王云五训斥，并被调到国文部去当一般编辑。章锡琛对此极为不服，在胡愈之、郑振铎的支持下，一面当编辑，一面办起了《新女性》杂志。

但是，章锡琛这样的做法违犯了商务的馆规，再加上他的观点在当时被一些守旧者视为大逆不道，所以被商务印书馆解雇。然而，章锡琛所办的《新女性》极受欢迎，销路很好，于是，章锡琛便在此基础上开办了开明书店，既出版《新女性》杂志，又出版图书。从20世纪20年代后期到20世纪40年代后期，开明书店历经曲折，但在出版发行上一直保持着良好的势头，主要以出版发行中级读物为主，品位较高，尤其是在教育类图书方面具有一定的优势，《开明活页文选》《开明少年》《中学生》《国文月刊》《英文月刊》等都是开明在当时影响较大的刊物。开明书店以其一贯的积极向上的出版姿态在青年读物上占有很大的市场份额，也形成了一定的影响。1949年上海解放以后没有多久，开明书店便派人到北京与已经担任出版总署署长的胡愈之联系，商议开明书店公私合营等事项。1951年底，经过一年多的准备，开明书店提前实行公私合营改造。1953年，为了加强青年读物的出版，团中央拟成立其下属的出版机构，由于开明创始人章锡琛与胡愈之、郑振铎等人的渊源关系，更加之开明一贯的进步倾向，出版总署建议开明书店与当时的青年出版社合并，成立中国青年出版社，隶属于共青团中央。

经过新中国建立初期的快速发展，北京地区的出版机构在数量上形成绝对的优势，北京成为全国的出版中心。

四、新中国初期北京书业的整合发展

北京作为全国的出版中心和图书消费中心，除了拥有数量可观、规模显著的出版机构之外，还拥有相当规模的书店系统，这为图书的流通和传播提供了直接的销售阵地。1949年10月以前的北平书店分

为新书业和古旧书业，除极少数由国民党宣传机关控制外，绝大多数是以私营的小书店、小书摊为主。全市拥有以销售新书为主的新书店98家，销售古旧书的古书店、旧书店（摊）113家，这些书店大多集中在北京的东西琉璃厂、隆福寺、东安市场、老西单商场等地。北平和平解放后的2月初，从东北解放区调进北平参加接收工作的东北书店的人员迅速地接管了正中书局、独立出版社在王府井大街上的门脸房，成立了新华书店第一门市部。而从华北解放区平山支店调入北平的人员也在同一时间接管了中国文化服务社北平分社位于西单北大街的门脸房，在短短几天的时间里开办了新华书店第二门市部。随后，新华书店前门门市部、地安门门市部也陆续开业。

从新中国建立，到1956年这一段时间，北京城内的发行机构及其零售书店处于国营书店与私营书店、书摊并存的局面，但当时的销售主导已经被国营的新华书店所控制，但其在业务上对私营的书店也给予必要的指导和帮助。当时的新华书店除了发行宣传党的方针政策的理论读物之外，还将工作重点放在保证学生教科书的发行上。尤其是共和国刚刚成立之初，百废待兴，更需要充分地保障中小学教科书的发行。当时中小学教材的配售就是由新华书店北京分店（即以后的北京市新华书店）通过北京书业公会组织全市近五十家同业组成联合发售处，负责中小学教科书的发行，这种局面一直持续到1952年。

1952年，为了更好地保护我国传统典籍和重要的文献资料，郑振铎、齐燕铭等有识之士联名提议成立国营的古旧书店，保护不可复生的古籍和各种珍贵历史文献资料。为此，北京市政府经由常务副市长张友渔批准，于1952年11月4日成立了我国第一家国营古旧书店——中国书店。这是我国图书发行历史上首次出现国营体制的古旧书店，也在国际图书业上开创了一个先例。1956 年，根据当时北京市文化局的统一领导，陆续对北京市的私营的书店进行社会主义改造，全市的 111 家古旧书店和旧书摊悉数并入中国书店，中国书店成为全国乃至亚洲最大的古旧书店。而从事新书和教材销售的私营书店基本上都合并到北京市新华书店。

从此，北京市的图书发行和零售书店就变成由北京市新华书店、中国书店和 1958 年成立的北京市外文书店三家国营书店"一统天下"的局面。在以后的数十年的发展中，北京市新华书店、中国书店和外文书店也曾经一度合并成一个新华书店，以后又再次分开，但由国营体制控制的三家书店是北京市数十年以来发行行业一直保持不变的格局，这样的格局到 20 世纪 80 年代才被打破。

北京市图书出版、发行机构的国有化，在新中国建立初期对促进北京文化发展和满足广大读者快速增长的文化消费需求起到了重要的促进作用，也彻底地改变了北京城上千年图书出版、流通的体系。这样的国营出版、发行控制体系对全民化的文化普及和宣传中国共产党的方针政策、提高民众的知识水平，发挥了不可低估的关键作用。历经千余年发展的北京城，读书不再是少数王公贵戚、官吏士子的特权，而变成社会各个阶层民众的普遍的权利，这无疑是一个社会的巨大进步。

第二节　新中国初期北京图书阅读的新面貌

一、新中国建立初期政治理论图书的出版与阅读

新中国建立之初，百废待兴。当时北京地区的图书出版量极为有

限，出版的类别也相对狭窄。1949 年 1—9 月，北京地区还在继续运营的一百余家出版社出版图书仅仅三百余种，相当于现在一个中型出版社的水平。据统计，1949 年到 1954 年，北京地区出版社共出版社科类图书 3692 种、自然科学类图书 3835 种。

然而，北平和平解放后，特别是新中国建立以后，许多青年知识分子渴望了解我们党的方针政策，希望了解马列主义的基本知识，但仅仅靠报纸解决不了全部的问题。并且伴随着全国的解放，各地需要大批的干部，因此干部的理论培养也成为一个亟待加强的问题，这就需要为各级干部提供学习材料。而当时这方面的图书还十分有限，很多年轻人甚至只能靠从旧书店买来解放前出版的一些"伪装书"来阅读马列主义基本知识和我党的方针政策。所谓"伪装书"就是在国民党统治时期，在国民党统治地区一些书店里偷偷销售的宣传马列主义或我党政策、毛泽东等共产党领导人著作的图书，这些图书往往在书皮上印上其他的书名，比如：毛泽东主席的《论持久战》被伪装成《文史通义》，《论联合政府》被伪装成《老残游记》，朱德在党的七大作的《论解放区战场》被伪装成《大陆作战之新认识》，《中国共产党中央委员会关于公布中国土地法大纲的决议》被伪装成《论田赋法案》。像这样的图书，在国民党统治时期的北平一些有进步倾向的书店时有销售。这在国民党统治时期，是我们党地下组织有效的宣传的一种方式。

1949 年 2 月，中共中央宣传部成立的"中共中央宣传部出版委员会"有一项重要的任务，就是向北平以及各个解放区供应党的政策和马列主义、毛泽东思想的学习材料。当时最为著名的图书是由中共中央决定，"出版委员会"编辑出版的《干部读本》。1949 年 3 月，中共七届二中全会召开，在这次会议上毛泽东主席提出："关于十二本干部必读的书，过去我们读书没有一定的范围，翻译了很多书，也都发了，现在积二十多年之经验，深知要读这十二本书，规定在三年之内看一遍到两遍。……如果在今后三年之内，有三万人读完这十二本书，有三千人读通这十二本书，那就很好。"① 根据毛泽东主席的指示意见，中共中央宣传部出版委员会组织出版发行了《干部必读》一书，该书收录了 12 种马列著作，分编为八卷，第一卷：《社会发展史》《政治经济学》；第二卷：《共产党宣言》《社会主义从空想到科学的发展》；第三卷：《帝国主义是资本主义的最高阶段》《国家与革命》《共产主义运动中的"左派"幼稚病》《论列宁主义基础》；第四卷：《苏联共产党（布）历史简要读本》；第五卷：《列宁、斯大林论社会主义建设》（上）；第六卷：《列宁、斯大林论社会主义建设》（下）；第七卷《列宁、斯大林论中国》；第八卷：《马恩列斯思想方法论》。这套书当时共印行了 3 万套，其中布面精装 1 万套。之所以有 3 万套的印刷数量，也许与毛泽东主席讲话中有"三万人读完这十二本书，有三千人读通这十二本书，那就很好……"有直接的关系。《干部必读》的出版发行，对当时我们党的干部学习马列主义、提高政治理论有着极为重要的作用。逄先知曾经这样评价《干部必读》的出版意义："由毛泽东起名的《干部必读》十二本，在一个比较长的时期内，一直是干部学习马列主义的基本教材，从思想上武装了一代中国共产党人。"②

---

① 《毛泽东文集》第五卷，北京：人民出版社 1996 年版。
② 《毛泽东的读书生活》，北京：生活·读书·新知三联书店 2005 年版。

当然，《干部必读》应该说主要针对的还是我们党内中高级干部阅读使用，而对于许多刚刚参加革命的青年知识分子，或者基层的党的干部，还需要提供一些比较基础的理论读物。因此，当时还出版了"政策丛书"，主要有《将革命进行到底》《论国际主义与民族主义》《论解放区战场》《论共产党员的修养》《整风文献》等图书。

北平和平解放之后和新中国建立之初，政治理论图书的出版带动了一大批干部和刚刚参加革命工作的青年人阅读政治书籍的热情，这对我们党巩固政权，武装干部队伍，提高干部的马列主义基础知识水平所产生的影响是非常突出的。而在一般民众的眼里，具有一定的马列主义基础知识和一定的政治理论水平，是非常令人羡慕的，"挺有理论的"一句评语，是那个时期称赞人的一种很高的评价。

这期间，《毛泽东选集》第一卷开始出版，引发了人们阅读的新热潮。最早出版的《毛泽东选集》，是 1944 年 7 月由邓拓负责编纂，以晋察冀日报社编印的名义在河北省阜平县出版的《毛泽东选集》五卷本。晋察冀日报版的《毛泽东选集》共收入毛泽东的著作 29 篇，主要是抗日战争开始到 1944 年 6 月期间的著作 25 篇，收录了"七七事变"以前的著作 4 篇，即《湖南农民运动考察报告》（只收录第一、二两章。）和《红四军党第九次代表大会决议案》以及抗日战争爆发前夕在延安召开的中国共产党全国代表会议上的报告和结论。晋察冀日报版的《毛选》开本为小 32 开，老五号字竖排，每页 16 行，每行 38 字。全书 800 多页，约 50 万字。版权页上标注有：晋察冀日报社编印，晋察冀新华书店发行，民国三十三年五月初版。这部五卷本的《毛选》是中国出版史上第一个把毛泽东著作系统化的版本，是一部在中华人民共和国成立之前流传最早、最广的版本。聂荣臻元帅曾经回忆："邓拓同志在抗日战争后期还编纂了《毛泽东选集》，这是全国第一本系统编选毛泽东同志著作的选读本，为传播毛泽东思想做出了贡献。"① 邓拓编纂的这部《毛选》后来曾多次翻印，在短短一年时间里，仅中共晋察冀中央局就有两次修订出版，1947 年 3 月出版了《毛泽东选集》六卷本，同年 12 月又出版了《毛泽东选集》续编本。大连大众书店、哈尔滨东北书店等修订出版的几种版本的《毛泽东选集》，都是在晋察冀日报社版本的基础上增订而成的。

此外，1945 年 7 月苏中出版社出版并公开发行了《毛泽东选集》（第一卷），俗称苏中版《毛选》。苏中版《毛选》为小 32 开本，新五号字竖排，124 页，收入毛泽东文稿 11 篇，将近十万字。书的封面采用套色印刷，从右到左横排书名，中间印一幅木刻毛泽东肖像。中共晋冀鲁豫中央局 1948 年春在河北省武安县出版的《毛泽东选集》两卷本，收入著作 61 篇，约 95 万字。它是新中国成立以前出版的几种《毛泽东选集》中篇幅最大、内容最丰富的版本。

新中国建立以后，中央决定出版新版的《毛泽东选集》，并成立了"中共中央《毛泽东选集》出版委员会"，刘少奇同志任出版委员会主任，毛泽东亲自参与了《选集》的编辑和校订工作。出版委员会安排由陈伯达负责选集的全面编选工作，胡乔木负责语法修辞和标点、文字等工作，并负责第四卷的全面编辑工作，田家英负责文章的注释工作以及出版组织工作。选集的历史方面的注释，由历史学家范文澜承担。编委会还考虑了《毛泽东选集》的翻译工作，由田家英负责外文翻译

---

① 《聂荣臻回忆录》，北京：解放军出版社 2007 年版。

的组织工作，师哲和苏联的费德林组织《毛泽东选集》的汉译俄的工作。

新版的《毛泽东选集》1949 年 5 月 6 日初步完成了编辑工作开始排版，6 月中旬完成了三校并送毛泽东主席亲自校订。《毛选》由北京新华印刷厂承担印制工作，当时专门从上海订购了华丰造纸厂的圣经纸，作为印刷《毛泽东选集》的专用纸张。经过两年多的努力，1951 年 10 月 12 日《毛泽东选集》第一卷正式出版发行。出版单位为人民出版社，新华书店发行。为了庆贺《毛泽东选集》第一卷的出版，出版总署召开了一个小型的庆祝会，《毛泽东选集》出版委员会的田家英、出版总署署长胡愈之以及人民出版社、北京新华印刷厂、北京新华书店的同志参加了这次会议。《毛泽东选集》第一卷即将出版发行的消息发出后，10 月 12 日一大早，王府井大街的新华书店前面读者排起了长长的队伍，翘首企盼早一点买到《毛选》第一卷。

《毛选》第一卷收录了毛泽东在第一次大革命和土地革命战争时期写的 17 篇著作。1952 年 4 月，《毛泽东选集》第二卷出版发行①，这一卷包括毛泽东在抗日战争前期，即 1937 年 7 月至 1941 年 5 月间写的 40 篇著作。1953 年 4 月，《毛泽东选集》第三卷出版发行，这一卷包括毛泽东在抗日战争后期，即 1941 年 3 月至 1945 年 8 月所做的 31 篇著作。《毛选》第四卷于 1960 年 9 月下旬出版，10 月 1 日在全国各地新华书店发行。

《毛泽东选集》陆续出版以后，京城掀起了读《毛选》的热潮，不管是干部、工人还是科研教学单位的知识分子，学习毛主席著作是极其重要的活动，也是提高思想认识，改造世界观的重要步骤。而拥

---

① 版权页标注的为 3 月出版。

有一部《毛泽东选集》也就成为当时很时尚、很神圣的事情。

新时代的开始，新中国翻开新的篇章，青年是一支不可忽视的社会力量，更是建设新时代的主力军。共和国成立之初，对广大青年、特别是青年知识分子而言，如何进行积极的引导和教育，带动他们融入建设新中国的大军之中，树立全心全意为人民服务的思想，是当时我们党迫切关注的突出问题之一，也是我们引导广大城市青年知识分子与旧时代割裂的客观需要。为此，新华书店总店成立之初，就出版了程今吾撰写的《青年修养》一书。这部书用通俗的语言、新颖的思想阐述了新时代的青年应该具有什么样的人生观，应该怎么样看待工农大众，在新社会中应该如何确立新的社会价值观念以及如何待人接物等等。书虽不厚，但所讲述的做人、做事的哲理深入人心，让很多青年人耳目一新，深切地感受到新社会、新思想的感召力。许多青年人把这部书所讲述的人生道理作为自己改造世界观，与旧社会划清界限的人生指南，甚至很多学校将这部图书作为青年学生的课本。在这部书的影响和引导下，许多青年知识分子从思想上树立起与旧时代相决裂的工农大众思想，在思想上开始强调为人民服务的自觉意识。

艾思奇当初为我们党培养干部编写的《历史唯物论·社会发展史》，此时也成为青年读者喜爱的热门读物。艾思奇以极为通俗的语言阐述了深邃的社会发展历史，他用从猴变人的直观的表述，将人类的起源及人类社会的形成清晰地展示在青年读者眼前，并将劳动创造人类、人类社会几个生产方式的演变和发展透彻地展示在读者眼前，以系统的阐释、生动的论述告诉众多的青年读者——只有共产党才能领导人民迈入新的时代。很多青年人接受马克思主义唯物史观、接受历史唯物主义的思想都是从这部小书开始的，它在新中国建立早期对青年人的影响极为突出，成为引导很多青年人学习马克思主义的入门读物。而艾思奇的另一本《大众哲学》在 20 世纪 50 年代初也成为众多青年读者学习马克思主义的重要读本。《大众哲学》以浅显通俗的语言阐释了如何正确地客观地认识世界、认识人类历史、认识历史人物及其历史作用，用哲学思辨的角度去引导青年读者认识新社会的发展。这对于许许多多加入新中国建设大军的青年人而言，无疑是一本重要的基础理论读本，成为带动年轻一代认识和了解马克思主义，树立正确的人生观、价值观的基础读物，在当时的年轻人中极为流行。

此外，三联书店出版的胡绳撰写的《怎样搞通思想方法》、周原冰的《青年修养漫谈》，青年出版社出版的于光远的《和青年朋友谈谈几个思想问题》、丁玲的《在前进的道路上》，开明书店出版的曹孚撰写的《生活艺术》《丰富人生》等一大批图书，都成为 50 年代初期青年人的热门读物，对引导青年一代树立正确的世界观和人生目标发挥了突出的作用。

二、新中国建立初期北京出版的代表性文学作品的积极影响

新中国建立以后，我们党极为重视在广大民众中以小说作品及文学艺术形象来主动引导人们的思想，构建起新中国广大民众新的精神面貌。在这一过程中，在北京出版的一些文艺作品发挥了重要的作用。

1953 年出版的吴运铎自述体小说《一切献给党》，是在当时年轻人中引发巨大反响的一部青年读物。吴运铎早年曾在煤矿当童工，1938 年他加入了新四军。在军旅生涯中，他先后在新四军二师军械制造厂和新四军军部工作，先后担任过技术员、副厂长、厂长等职务，在此期间，他自学了中学课程和机械制造专业理论。在战争年代，他

和同志们在极其艰苦的环境下，用土办法制造火药、枪弹和各种枪炮军械。一次次的冒险试验让他多次受伤，他被炸坏了左腿，炸断了四个手指，炸瞎了左眼，身上留下了二百多处伤疤。但是，吴运铎始终坚持在军工战线上，他和同事们一道努力，为我们的人民军队提供了源源不断的枪炮弹药等军火装备。新中国成立以后，吴运铎并不居功自傲，他克服身体残疾带来的痛苦和诸多的困难，以坚强的毅力撰写了十万余字的自述体小说《一切献给党》。小说以其自述的形式讲述了一个普通的工人如何走进革命队伍，并在这个大家庭中逐渐成长为一个优秀的无产阶级优秀战士。吴运铎的《一切献给党》出版后，立刻在广大青年中间引起了巨大的反响，并在当时风行一时。吴运铎也被视为"中国的保尔·柯察金"，他的榜样的力量影响了几代青年的成长。《一切献给党》仅仅出版两年就发行了383万册，据不完全统计，《一切献给党》一书先后出版发行了700余万册，后来的电影《九死一生》就是以吴运铎的英雄事迹为蓝本拍摄的。

1950年朝鲜战争爆发，全国掀起了抗美援朝、保家卫国的浪潮。为配合抗美援朝的热潮，在青年中进行爱国主义教育，激励年轻人树立保家卫国、捍卫新中国的激情，青年出版社曾经出版了于立群主编的"伟大的祖国小丛书"，引导年轻一代对我们的祖国有更深的认识和了解。而苏联的《普通一兵——亚力山大·马特洛索夫》《卓娅和舒拉的故事》更成为激励青年人捍卫新中国、投身保家卫国的抗美援朝的动力。

《谁是最可爱的人》是军旅作家魏巍撰写的一部三千余字反映中国人民志愿军在松骨峰战斗的英勇事迹的报告文学。1950年底到1951年初，魏巍到朝鲜战场采访，志愿军的战士的英勇事迹深深地打动了这位军旅作家。特别是在 1951 年抗美援朝第二次战役中，志愿军 38 军 112 师在穿插战斗中攻占了三所里、龙源里、松骨峰等要地，切断了溃逃美军的后路。为了夺路而逃，气急败坏的美军对松骨峰进行了疯狂的反扑，坚守松骨峰的志愿军 112 师 335 团 1 营 3 连的战士们同有飞机、坦克和重炮等装备精良的美军展开了一场悲壮的战斗，志愿军战士们用血肉之躯顽强地顶住了美军的一次次的反扑，最后 3 连仅剩下七个人。战后 3 连的阵地上躺满了几百具美军尸体，我们牺牲的很多战士还保持着和敌人搏斗的最后姿态。3 连悲壮的战斗事迹，让魏巍久久难以平静。回国以后，他以最快的速度写出了一篇以反映松骨峰战斗为主体的报告文学，用《谁是最可爱的人》之名首先发表在 1951 年 4 月 11 日《人民日报》的头版。《谁是最可爱的人》发表后，立即引起极大的反响，毛泽东同志看到这篇报告文学后曾批示："印发全军"，而朱德总司令看到以后连连称赞："写得好！很好！"而在社会各界，"最可爱的人"成为人民志愿军的代称，全国各地的慰问信、慰问品在源源不断地寄往朝鲜战场的时候都要写上"最可爱的人收"。在朝鲜战场上，《谁是最可爱的人》被参战军队用油印的方式传播着，志愿军战士争相传阅，参战的指战员为自己成为全国人民的"最可爱的人"而自豪。

为了更广泛地传播，青年出版社 1951 年 9 月初出版了《谁是最可爱的人》单行本，初版的一万五千册很快告罄。同年 10 月份，人民文学出版社将《谁是最可爱的人》作为"解放军文艺丛书"之一种修订后出版，三万册在很短的时间就销售一空，到 1952 年年底，这本小书已经印刷销售了十三万册。与此同时，1951 年 7 月，东北人民出版社也曾经出版过四万册。中国盲文出版社在其成立后出版的第一本盲文图书，就是《谁是最可爱的人》盲文版。《谁是最可爱的人》的出版和广泛的发行销售，让英勇的志愿军战士的光辉形象深深地刻印在广大民众的心里。在 1953 年第二次文学艺术代表大会上，周恩来总理在做报告时，突然脱离讲稿，大声地对与会的人们说："在座的谁是魏巍，今天来了没有？请站起来，我要认识一下这位朋友！"当魏巍站起来以后，周恩来总理动情地对他说："我感谢你为我们子弟兵取了'最可爱的人'这样一个称号！"从此，"最可爱的人"成为我们人民子弟兵的代名词，半个多世纪一直传颂下来。不论是激战的朝鲜战场、对印自卫反击战、对越自卫反击战，还是 1976 年的唐山大地震、1998 年荆江大堤的英勇抗洪、2008 年初的抗击雪灾和"5•12 汶川大地震"，每当我们的子弟兵承担起人民厚望、国家的重托而参加对外反击战争、重大救灾任务时，人们都用"最可爱的人"来称赞我们的人民军队，而魏巍的名字也因为这部不朽之作传遍了全国，被人们深深地留在脑海之中。这足以看出《谁是最可爱的人》在共和国历史上的标志性意义，也是当代文学作品所创出的奇迹。

这部报告文学后来被收入中学课本之中，《谁是最可爱的人》中以李玉安、马玉祥等为代表的志愿军战士英勇形象，整整影响和教育了几代人。当然也为《谁是最可爱的人》续写了新的"传奇"。魏巍在《谁是最可爱的人》中提到姓名的烈士有十三位，这十三位烈士的英名被几代人传颂着、怀念着，其中有李玉安、井玉琢。三十九年后的 1990 年，媒体突然爆出"牺牲"了三十九年的李玉安还活在人世，并找到了自己的老部队 38 军的原 355 团。这一年的 8 月，活着的"烈士"李玉安和魏巍相聚在一起。原来在松骨峰战斗中，李玉安因胸部受了重伤而昏迷过去。后来被朝鲜人民军的战士救下阵地，又被友邻部队送往医院。不久，他又被送回国内治疗。由于战时的特殊的环境和李玉安几次被友邻部队辗转护送到医院，故原部队没有找到李玉安，他才被误认为战斗牺牲。魏巍的《谁是最可爱的人》中关于松骨峰战斗细节是听355团1营营长王宿启含泪讲述的，于是李玉安成为依旧活在世上的"烈士"。李玉安伤愈后，作为伤残军人复员回到家乡黑龙江巴彦县兴隆镇，做了一名普普通通的粮库管理员，从此默默无闻的在普通的岗位上工作了几十年。《谁是最可爱的人》被收入中学课本后，李玉安的孩子在读课文时，发现自己的父亲的名字和课本上的"李玉安"一样，就追问自己的父亲是不是就是那个英雄，李玉安以重名为由搪塞了过去。就这样，他默默地在平凡的岗位上耕耘了近四十年，连年被评为先进工作者和优秀共产党员。1990年，李玉安的小儿子要想参军，李玉安找到当年的老部队。当38军接待的军官听到多年来人们一直缅怀的"烈士"竟然重新找到自己的老部队时都惊愕了，经过一番验证、核对，人们终于相信，在中学课本上存在了快四十年的"烈士"李玉安就在眼前，不禁喜极而泣。于是才有了被魏巍记录下的"烈士"和作者紧紧握手的一幕人间传奇。临别时，魏巍将自己的新作送给李玉安，并在扉页上深情地写下了："您永远是最可爱的人！"

而当人们惊喜于"牺牲"了近四十年的"烈士"复活的传奇新闻时，又一个惊人的消息传出，《谁是最可爱的人》中另一位"烈士"井玉琢也活在人世。就在人们惊喜于李玉安"烈士"复活的新闻时，黑龙江七台河市党史部门的同志突然想起，在七台河市红旗乡好像也有一个叫"井玉琢"的老志愿军战士，会不会他也是《谁是最可爱的人》

里面的"井玉琢"。经过当地党史部门的认真调查核实，又一个爆炸性的新闻传出：《谁是最可爱的人》中记载的另一位"烈士"井玉琢也活在人世，而且是一位勤勤恳恳的老先进。消息传出，社会各界为之轰动，李玉安还特意赶到井玉琢家中，两个"烈士"分别三十九年后重逢。两位"烈士"的复活，为《谁是最可爱的人》续写了一部新的篇章，也成为讴歌具有高尚情操的志愿军战士的一个真实、生动的"人间奇话"。

伴随着新中国的成立，我们的国家翻开了崭新的一页，需要有一批积极向上、催人奋进的文学作品来激励和带动刚刚翻身的新中国的民众。作为一个刚刚构建起一个全新社会的共和国，在思想上突出的是一种激昂上进的社会新风，文学作品的引导性和激励性在当时体现得非常的突出。

在中国古代历史发展中，小说对人们的阅读影响并不十分显著，传统的士大夫填词作赋、吟唱应和才被视为文人雅士交往的雅趣，而小说则难上台面。"五四"以来的新文学，虽然给数千年封建文化带来强烈的冲击，并被视为新文化的标志，但新文学更多地接受了西方文学的成分，使之主要流行于少数青年知识分子之中，京城的多数普通民众所偏爱和时常接触的，或是小唱本，或是鸳鸯蝴蝶派的小说。因此，民国时期北京城里文学作品的阅读，不管是阅读涉及面，还是参与阅读之人，都十分有限。相比之下，中国共产党提出的"文艺要为人民大众服务"产生的影响和作用是划时代的。在这样的文艺思想的指导下，所创作和出版的文艺作品，不论是社会引导作用、文化影响，还是民众的阅读享受和阅读参与，都是前所未有的。时下常有人对当年"文艺要为人民大众服务"的文艺指导思想颇有微词，认为影响和干扰了文艺作品的自由创作，抑制了作家创作思想的自由发挥。但若从社会文化发展的整体形态上看，"文艺要为人民大众服务"让广大普通民众成为文艺作品的阅读享受者，文艺作品的艺术感染力及其影响普遍地渗透到社会各个阶层，特别是北京城中下层民众之中，这对于推动民众的文化阅读，提高广大民众的文化素养有着极其深远的意义。在新的社会发展形势下，人们渴求着一股新的文学清风拂面。在这样的阅读的需求下，更重要的是我们党需要在思想上引导一代青年从旧时代的禁锢中挣脱出来，需要有一批新的文学作品来激励人们的思想。"中国人民文艺丛书"的出版正是这种变化的开端和标志。

"中国人民文艺丛书"的编辑和出版最早开始于 1948 年春夏之交，当时随着人民解放军在全国各个战场上的节节胜利，整个形势发生了很大的变化。特别是 1948 年人民解放军开始转入战略大反攻，革命形势发生了巨大的变化。为了给广大解放区军民提供精神食粮，特别是伴随着解放军的节节胜利，也需要为新解放区的民众提供反映解放区人民的生活和斗争、具有鲜明的时代精神、火热的战斗、生产生活气息的文艺作品。在这样的背景之下，由周扬主持，柯仲平、陈涌、康濯、赵树理、欧阳山等人参加，开始编选作品。然而，革命形势的快速变化让很多人始料不及，随着全国革命形势的快速发展，特别是新中国的即将诞生，使得这套原本只是为了反映解放区全新精神面貌的文艺丛书整体的编选思路必须进行必要的调整。1949 年 1 月份北平和平解放之后，周扬等进城后对"中国人民文艺丛书"的编选思路做了必要的调整，并从 1949 年 5 月份以"中国人民文艺丛书社"的名义由新华书店总店陆续出版发行。"中国人民文艺丛书"最初设计的是除少数作家的文学作品之外，更多的是收录解放区的工农兵群众所创作的脍炙人口的文艺作品合集和选集，多以戏剧作品为主，像丁毅等的《白毛女》、王大化和马可等人的《兄妹开荒》、魏风和刘莲池的《刘胡兰》、马健翎的《血泪仇》《穷人恨》、柯仲平的《无敌民兵》、阿英的《李闯王》以及延安平剧院集体创作的《逼上梁山》《三打祝家庄》等。这批戏剧合集、选集的小册子伴随着大军的南下，伴随着解放军进城，在新解放的地区产生了很大的影响。

"中国人民文艺丛书"收录的小说主要有赵树理的《李有才板话》《李家庄的变迁》、丁玲的《太阳照在桑乾河上》、周立波的《暴风骤雨》、柳青的《种谷记》、马烽和西戎的《吕梁英雄传》等文学作品。这批小说由新华书店出版后，引发了京城青年知识分子的热捧。毕竟作为刚刚解放的北京城，在最初的几年还处在百废待兴的阶段，人们为新中国的成立而兴奋，为新的社会制度建立而骄傲，但是直接反映现实生活的文学作品还鲜有出版，人们的视线自然投放在这些解放区作家带来的小说上，它们给人们带来耳目一新的感觉，而这些作品也恰恰是这些作家创作生涯中颇具风采的代表作品。

赵树理的《李有才板话》反映的是解放区的一个小山村在村政权的改选和减租减息斗争中的曲折的故事，小说中塑造的淳朴正直的贫农李有才等受苦群众与作恶多端的恶霸地主阎恒元进行坚决的斗争，终于取得了小山村阎家山的基层政权，顺利地完成了减租减息的斗争。作品中的主人公李有才，作为被剥削了大半辈子的贫农正直不阿，并具有山村农民那种特有的生活的幽默，小说之所以叫《李有才板话》就是在作品的每一个关键的环节都用李有才的快板作为承上启下的引子，语言风趣活泼，令人耳目一新。作品中李有才的"模范不模范，从西往东看；西头吃烙饼，东头喝稀饭"[①]将住在村西的地主阎恒元和住在村东头的贫苦人群之间的阶级差异一笔就勾画出来，这也成为以后很多人一谈到《李有才板话》就能顺口而出的快板顺口溜。

《桑乾河上》是"中国人民文艺丛书"中影响最大的小说之一，后来出版改名为《太阳照在桑乾河上》。著名女作家丁玲以华北的桑干河边暖水屯的土地改革为背景，刻画了翻身农民张裕民、程仁和村里的地主钱文贵等真实的人物形象，全面地反映出土地改革斗争中广大农民与地主阶级之间的斗争，也反映出当时中国农村，特别是华北地区农村的错综复杂的社会关系和不同阶级之间在土地问题上的不同的态度和曲折的斗争过程。小说将中国的土地改革和斗争的错综复杂及曲折发展描绘得极为细致，通过对不同社会阶级之间的矛盾和冲撞的描写，揭示出在共产党领导下的土地革命是如何彻底地打破中国大地上延续数千年封建旧秩序的历程。小说所反映的华北地区的农村与北京城的民众所接触的地域又有着极为相近的地缘关系，自然让很多民众感觉到小说刻画的人物及其生活更为亲近。而小说所反映的是在共产党领导下的农村土地革命，对很多人来说，这部小说是认识共产党、认识中国革命的最好的"教材"。也正是由此，《太阳照在桑乾河上》颇受热捧，并在1951年获斯大林文学奖二等奖。

《暴风骤雨》和丁玲的《太阳照在桑乾河上》一样是反映土地改革题材的小说，周立波在小说中描述了赵光腚、郭全海在工作队肖队长的领导下，如何进行土改复查、分土地、挖浮财、起枪支、打土匪

---

① 《李有才板话》，北京：人民文学出版社1952年版。

等故事内容。作品以东北松花江畔的元茂屯为中心展开，表现出在共产党领导下的翻身农民在波澜壮阔的土地运动中与地主阶级进行英勇曲折斗争的历史场景。后来这部小说被谢铁骊搬上银幕，成为红色经典作品之一。

"中国人民文艺丛书"当时还出版发行过其他的一些文艺作品，像柳青的《种谷记》、欧阳山的《高干大》、马烽和西戎的《吕梁英雄传》等。另外，这套丛书还出版发行了周而复的长篇通讯《白求恩片断》、刘白羽的报告文学《光明照耀着沈阳》、华山的报告文学《英雄的十月》以及诗歌、曲艺等。

新中国成立初期大众书局在 1951 年出版的老舍的话剧剧本《龙须沟》在当时的北京城引起的巨大反响也不容忽视。半个多世纪以来，人们每每谈到老舍，总是很容易就想起了反映新中国建立之初北京对旧城改造题材的《龙须沟》，想起于是之出演的"程疯子"。老舍先生以北京南城天桥附近的龙须沟为点，讲述了住在沟边的社会最底层的京城贫苦百姓解放前后的巨大变化，老艺人程疯子、忍辱负重的程娘子、蹬三轮的丁四儿、不幸夭折的小妞子、胆小怕事的王大妈还有耿直倔强的二春姑娘，这些活灵活现的社会最底层的贫苦人在解放前后所获得的翻天覆地的变化，让人们看到共产党领导的人民政府关心普通民众，让平民百姓过上幸福生活的光辉成就。《龙须沟》作为话剧剧本，焦菊隐导演将其搬上了北京人艺的舞台，获得了巨大的成功。之后，《龙须沟》又被拍为电影，北京的龙须沟传遍了全国，"龙须沟"也从天桥附近的一个臭味熏天的贫民窟，演绎成一个新中国平民百姓翻身解放过上幸福生活的代名词。也正是由于《龙须沟》的突出的成效和深远的影响，老舍被北京市人民政府授予"人民艺术家"的光荣称号，而"龙须沟"一词，因为这部话剧给人们留下的深刻的印象，以至于以后半个多世纪，甚至到今天，什么地方污水流淌、臭味熏天时，人们都习惯戏称其为"龙须沟"。大众书局 1951 年出版的《龙须沟》虽然仅仅印行了 5000 册，这在当时并不能算出版量很大，但由于《龙须沟》作为话剧剧本，被北京人艺搬上话剧舞台后所产生的轰动效果极为突出，以至于数十年来很多人一谈到《龙须沟》，基本忘却了当年还有一本薄薄的《龙须沟》剧本的出版。其后，上海的文化生活出版社也曾经出版过 5000 本，但是在北京流传的就更少一些了。

1954 年出版的杜鹏程的《保卫延安》是新中国成立后第一部直接反映解放战争的长篇小说。小说描述了我军从山西调入陕北保卫延安的某纵队周大勇连在胡宗南数十万敌军进犯我延安时的战斗过程，从我军主动退出延安，经历了青化砭战斗、蟠龙镇攻坚战、陇东高原与马家军的厮杀、沙家店战役，直至重新打回延安。小说中既塑造了周大勇、王老虎、李玉明等英勇无畏的革命战士的光辉形象，也刻画了陕北李振德老汉拒绝为敌军带路而跳进深崖的鲜明人物形象。既有我军彭德怀、旅长陈允兴这样的高级将领的情节描述，又将屡遭惨败的胡宗南、刘戡狂妄自大和愚蠢无能的本质淋漓尽致地表现出来。作为反映中国人民解放军第一野战军保卫延安的长篇小说，它以史诗般的画卷向读者展示出人民解放军与蒋介石军队浴血奋战的残酷场面，讴歌了我军上至高级指挥员、下至普通一兵英勇杀敌的英雄形象，将人民军队由战略防御转入战略进攻的历史场景再现于读者面前。

作为延安保卫战的亲历者，杜鹏程原本只是想把自己在这场战斗过程中的亲见、亲闻记录下来。但是随着作者的创作，本想只是记录战斗过程变成讴歌一野指战员群体的"史诗"。延安保卫战开始时，杜鹏程作为陕甘宁边区群众报社的战地记者，深入到王震的西北野战军二纵第四旅十团的二营六连，这个连队就涌现出了战斗英雄王老虎。小说《保卫延安》的英雄群体形象，实际上就是杜鹏程深入的连队真实的写照。1949年10月，杜鹏程作为新华社第一野战军分社主编随同一野一兵团进军新疆，并在这时开始酝酿创作《保卫延安》。从1950年到1953年的四年之中，杜鹏程先后九次删改，后定稿，并送人民文学出版社审读。当时的人民文学出版社社长兼总编辑冯雪峰看到这部书稿非常兴奋，他给杜鹏程写信说："你的小说我兴奋地读着，已经读了一半以上，估计很快可以读完，我因事多，否则，我一定一口气读完，不愿意中断的。"冯雪峰对这部书稿给予了极高的评价，认为是"一部史诗"，"我们新文学事业带来一些新的东西"。经过作者和人民文学出版社的编辑、社长几番周折，此书于1954年春天出版。《保卫延安》出版后，立刻引起人们的阅读热潮，尤其这是第一部反映人民解放战争历史的文学巨作，更引起人们的格外的关注，到1959年这部小说三次再版，印行了100多万册。

第九章 1956—1965 年当代北京出版 第一次发展高峰

第一节 新中国建设与北京文化发展新环境的形成

一、北京社会快速发展及文化发展新环境的形成

1956 年到 1965 年，在我国当代历史上是一个曲折发展的阶段，既有百花齐放、百家争鸣的文化、学术高度发展的繁荣局面，也出现了"反右"的扩大化以及三年困难时期、60 年代中期的"四清运动"等曲折的变化和发展。北京处在政治、文化中心，自然成为曲折发展最为突出和典型的地域。在这一阶段，北京的图书出版开始出现首轮繁荣发展的景象，同时也伴随着政治形势的变化而呈现出波动性发展。1955 年到 1966 年，北京地区的出版机构出版的社科类和自然科学类新书分别为：

1955 年，出版社科图书 2780 种　　自然科学图书　2490 种；

1956 年，出版社科图书 3218 种　　自然科学图书　2804 种；

1957 年，出版社科图书 2708 种　　自然科学图书　3380 种；

1958 年，出版社科图书 3406 种　　自然科学图书　×× 种；

1959 年，出版社科图书 3526 种　　　自然科学图书　××　种；

1960 年，出版社科图书 1299 种　　　自然科学图书　2789 种；

1961 年，出版社科图书　688 种　　　自然科学图书　1535 种；

1962 年，出版社科图书 1183 种　　　自然科学图书　1237 种；

1963 年，出版社科图书 1640 种　　　自然科学图书　1524 种；

1964 年，出版社科图书 1082 种　　　自然科学图书　1626 种；

1965 年，出版社科图书　855 种　　　自然科学图书　2358 种；

从上述的数据表明，1955 年到 1959 年，正是北京图书出版快速发展的五年，社科类和自然科学类图书的出版品种一直保持在 3000 种上下（1958 年、1959 年自然科学类新书品种数据不详）。但是从 1960 年开始，受"三年自然灾害"和当时的政治环境的整体影响，新书出版品种大幅度下滑，到 1961 年社科类新书的品种仅为 688 种，仅为社科类新书最高年份 1959 年新书品种的 19.5％。自然科学类新书虽下滑幅度比社科类稍低一些，但也比出版品种最高年份的 1957 年下降了 54.6％。当然，尽管在这十年之中出现了一定的曲折发展，但从北京图书出版以及图书消费的整个历史进程看，1956—1966 年的十年之中，北京地区出版事业的大发展，为人们的读书生活提供了丰富的阅读资源，带动和掀起了当代北京读书的第一次高峰期。

北京出版在 1956—1965 年这十年发展历程中，之所以能够形成北京当代出版发展的第一次高峰，与我国全面开展社会主义建设，实行第一个"五年计划"，社会生产力明显提高，北京文化的大发展有着直接的关系。

1949 年 10 月 1 日，北京作为新中国的首都，随着城市的性质、城市的功能的转变，特别是北京被定性为由昔日的消费型城市发展为生产型城市，北京开始步入一个彻底的现代化的全新发展时期。特别是经过了 20 世纪 50 年代初期的经济快速恢复、第一个五年计划的迅猛发展，向社会主义过渡时期的北京，获得了历史上从未有过的巨变。而这种变化，带来的是北京文化新环境的创立和发展，这成为北京出版发展的重要经济基础。我们从 1949 年新中国建立以后，到 1956 年社会主义改造基本完成，来看北京城市发展的几个最为显著的变化，就可以深切地感受到这个古老的文化古都现代化的发展步伐的迅猛。

1949 年北京人口为 414 万人，1953 年，常住人口达到 500 万人，到 1956 年时北京市的人口已经超过了 600 万人。而北京城的人口结构及其居民成分也从 1949 年以前主要是旧社会官僚及其家属、少数旧知识分子和手工业、商业服务业从业人员、农民，转变为由中央党政军领导机关的干部、国家企事业单位公职人员以及大专院校的教职员工、学生、产业工人、农民等组成。人口综合素质和知识水平与 1949 年以前的状态不可同日而语。

1949 年，北京在职职工为 15 万人，另有失业、半失业人口 20 余万人，到 1956 年年底，北京市仅国营、地方国营企业职工就达到了 34 万人，同时基本解决了城市内的失业问题，全市各个行业的在职职工达到了 108 万人，比 1949 年增长了 2.4 倍。

1949 年到 1957 年初，北京在短短的九年时间里建设各类建筑 2129.3 万平方米，这个显著的建设成就让北京快速地进入到现代化城市的行列之中。有人做了这样的一个有趣的比较，北京从 1267 年元大都开始兴建到 1949 年以前，累计营造的房屋建筑的面积为 2052

万平方米。如此对比，北京从 1949 年到 1957 年初建造的建筑面积相当于新建了一个北京城。民国时期的北平，居民的居住主要是靠租住私人房主的住房或者买房、自己建房。新中国成立后，作为首都，北京开始大力地发展公房的建设，为中央各个部委、解放军各军兵种、各个人民团体以及大专院校科研单位的干部及工作人员提供居住方便，并成为北京居民住房的主要的来源。到 1956 年，北京城内中央和北京市政府机关以及所属企事业单位的公房提供率超过全市居民住房的 50%。当时公房的人均居住面积为 3.95 平方米，而私房的人均居住面积为 3.4 平方米。居住公房，还往往有公家提供的家具，仅仅收取象征性的租金。这一方面让人们在居住上不再有巨大的生活压力，另一方面，公房的居住也因为与职业相对应而成为一种社会身份的象征。

1949 年到 1956 年期间，北京兴建了东北郊电子工业区、东郊纺织工业区、石景山钢铁厂等重点工业项目，新建了四十余个工业企业，改建或扩建的工业企业达 300 多家。1957 年北京市工业总产值为 19.1 亿元，比 1949 年的 1.7 亿元增长了 10.2 倍。

1949 年，北平的高等院校为 13 所，在校大学生 1.5 万人，专职教师 2217 人。1956 年，北京地区集中各个部委及地方的高等院校 31 所，在校大学生 7.7 万人，专职教师 1.1 万人。1949 年北平有小学校 3009 所，在校学生 32 万人。到 1956 年年底，北京市拥有小学校 3823 所，在校生 72.9 万人，为 1949 年的 2.27 倍。适龄儿童入学率从 1949 年的 56% 增长为 1956 年的 85%。

1949 年，北平全市运营的有轨电车路线为 6 条，运营车辆仅仅有 30 辆。到 1956 年，北京的有轨电车发展到 240 辆，是 1949 年的

8 倍，运营路线总长为 49.98 公里，是 1949 年 7 倍，客运量是 1949 年的 5 倍。1949 年北平的公共汽车运营已基本停止，经过数年的恢复，到 1956 年，北京市全市公共汽车运营线达 27 条，运营车辆达到了 431 辆。

1956 年底，北京市人均每年生活收入为 250.9 元，人均年消费粮食 193 公斤、肉类 8.76 公斤、禽类 0.7 公斤、蛋类 3.05 公斤。1956 年北京有三分之一的家庭拥有自行车，每百户拥有手表 41.5 只，每百户拥有收音机 30.4 架，每百户拥有缝纫机 7 台。

进入社会主义建设时期的北京城已经与旧北京有了天壤之别，人口总数、就业情况、收入水平、消费能力、文化程度、居民结构等各个方面都已经产生了质的飞跃。而这样的变化和发展所带来的是北京新文化环境的物质基础有了明显的改变。特别是随着社会主义建设发展的需要，人们的文化图书消费以及人们阅读愿望出现了明显的增长。这对北京出版的发展来说是一个重要的机遇。

二、第一个"五年计划"的制定带来的社会经济快速发展

1949 年 10 月 1 日中华人民共和国成立后，我们党立刻着手积极恢复国民经济，经过短短的三年的时间，人民政府迅速地抑制了国民党统治时期出现的恶性的通货膨胀，稳定了市场物价，逐步使国民经济得到迅速的恢复和发展。北平在新中国成立之前，工业基础极为脆弱，只有少量的工矿企业，而且到北平和平解放之前，已经基本上处于停产、半停产状态。

1949 年，北平市人民政府先后接管了石景山钢铁厂、琉璃河水泥厂、长辛店铁路机车车辆厂、南口铁路工厂等四十余家官僚资本

控制的工业企业，组成了第一批北京的国营工业企业。与此同时，一部分中央机关、解放军所属的生产企业以及从老解放区或者上海、东北等地迁至北京的工厂也先后并入北京工业系统，使得北京国营工业企业达到了272家。短短的三年的发展，北京的工业总产值达8.32亿元，比1949年增长4.9倍。全市工业企业的职工达到了24.7万人。三年多的国民经济恢复，确立了国营经济对资本主义经济和个体经济的领导地位，并且为有计划地进行新中国的经济建设创造了良好的条件。

为有计划地进行新中国的社会主义经济建设，从1953年开始，我们党和政府开始编制"中华人民共和国1953—1957年的国民经济发展计划"，以后我国每五年编制一次五年计划，被人们简称为"×五计划"。

在"一五计划"期间，北京地区工业基建投资达9.49亿元，新建工厂41个，改建扩建工厂329家，曾经在北京当代工业发展史上做出极大贡献的国营华北无线电器材厂、国营北京电子管厂、国营北京有线电厂、北京第一汽车附件厂、国棉一厂二厂三厂、北京印染厂、北京毛纺厂以及石景山发电厂、京西矿务局、第一机床厂等都是在这期间新建或者改扩建的。第一个五年计划北京工业总产值达到了23.09亿元，比"一五"前的1952年增长1.77倍。

第一个五年计划的发展，还带动了北京的科学技术研究机构和教育事业的大发展。1949年11月中国科学院成立，经过第一个五年计划，到1957年在北京西北郊的中关村一带，先后成立了电子研究所、自动化研究所、计算技术研究所、力学研究所、数学所、物理研究所、地质地理学研究所等三十余家专业研究机构，北京的西北郊初步形成了"科学城"。此外，陆续成立的还有中国农业科学院、中国林业科学院、铁道科学研究院、钢铁研究院、石油研究院、军事科学院等。中央和北京市的科学技术研究单位在不到十年间共新建或组建了 138 家，北京成为全国科学技术研究的中心。

北京的教育事业经过新中国初期的三年恢复和"一五"期间的发展，有了质的飞跃。1949 年北京的高等院校为 15 所，大学教师 2270 人，在校大学生近 1.5 万人。到 1956 年年底，北京拥有高等院校 31 所，教师 1.14 万人，在校大学生 7.7 万人。1949 年北京中等专业学校为 20 所，教师 265 人，在校学生 3835 人。1956 年年的北京中等专业学校发展到 31 所，教师 2386 人，在校中专学生 3.1 万人。1949 年北京地区的中学为 76 所，在校生 4.4 万人。小学为 356 所，入学的学生为 11.6 万人。到"一五"完成的 1957 年，全市中学生 19.7 万人，是 1949 年的 4.4 倍。小学生 72.9 万人，是 1949 年的 6.3 倍。

三、重视发挥知识分子作用与"科学技术发展远景规划"的制定

1956 年 1 月，中共中央召开了知识分子问题会议，周恩来总理作了《关于知识分子问题的报告》，代表中共中央对我国知识分子的阶级属性做了科学的论断，并提出了解决知识分子若干问题的措施。2 月，中共中央下发了《关于知识分子问题的指示》，要求各地贯彻执行。北京作为全国的政治、文化中心，聚集的知识分子数量最多，其中高级知识分子达到 1.5 万人以上，约占全国高级知识分子的 15%。为此，北京市为贯彻落实中央的有关决定，从不同的方面大力加强知识分子工作，积极落实和安排知识分子的工作。

比如为具有一定专长的知识分子安排工作，对用非所学的人员及时调整岗位。鼓励、支持知识分子进行专业活动，减少高级知识分子

的行政事务工作，保证高级知识分子从事科学研究工作或其他业务活动的时间，每周至少有六分之五的工作日即四十个小时直接用于业务；为专业人员设立研究室、实验室，增添图书资料，有计划地增订苏联及其他国家的科技书刊等等。

在生活上，北京市注意改善知识分子待遇和生活、居住条件。北京市决定给高级知识分子每人每月在定额（1斤）食油供应的基础上另补助1斤；有的大学决定给教授、副教授、担任教研室主任或副主任的讲师以及行政工作干部发证，在校内就餐、购买副食品、理发、治病、看电影或演出方面享受优惠政策，其子女可以优先送入保育所；有关部门还对知识分子的工资进行了调整，使高级知识分子的工资有了较大幅度的增加。有人对1956年北京地区大学及科研单位的知识分子工资做过一个记录：

教授：一级345元，二级287.5元，三级241.5元，四级207元；

副教授：一级241.5元，二级207元，三级177元，四级149.5元；

讲师：一级149.5元，二级126.5元，三级106元，四级89.5元；

助教：一级78元，二级69元，三级62元，四级56元；

正研究员：一级345元，二级287.5元，三级241.5元；

副研究员：四级207元，五级177元，六级126.5元；

将知识分子的工资与政府工作人员工资相比较，还是能看出当时对知识分子还是比较重视的。1956年，政府部门的行政13级以上为高级干部，13级干部的工资为155.5元，相当于三级、四级副教授工资水平。作为一级教授或一级研究员工资为345元，其工资水平与通常担任副部长级的行政6级的干部工资368元接近。

与此同时，北京市根据中央《关于知识分子问题的指示》中提出要培养知识分子新生力量的要求，制定了培养新专家的规划措施，如：对相当于今天的大专毕业的助教，在一定年限内补足大学应学的课程，颇有点后来的"专升本"的意味。已经工作的专业技术人员可以到大学听专业课，进一步深造。组织较为出色的年轻教师、工程师、医生向苏联专家和中国专家学习，争取在三五年内取得国家副博士学位，用现在的话说就是鼓励读在职研究生。选派水平较高的青年知识分子出国深造，并提出要"保证青年教师、青年工程技术人员和青年医务工作者每周有九至十二小时 ① 用于进修和科学研究，以提高业务水平"。

1956 年制定的《1956—1967 年科学技术发展远景规划》②，是中央在知识分子问题会议之后又一个突出的成果。1956 年 1 月 5 日，时任国务院副总理、国家计委主任的李富春提出了制定科学技术发展远景规划的动议。这一动议得到了周恩来总理的支持，于是成立了范长江、张劲夫、刘杰、周光春、张国坚、李登瀛、薛暮桥、刘皑风、于光远、武衡等人组成的十人小组，负责主持规划的制定。2 月 24 日，中央政治局会议批准成立国务院科学规划委员会，由陈毅任主任，李富春、薄一波、郭沫若、李四光等人任副主任，张劲夫任秘书长。在此之前成立的科学规划十人小组成员皆为副秘书长。经过调集的全国七百余名专家和苏联数百名科学家一年的努力，1956 年 12 月编成中国第一个科技发展远景规划。确定国家重点任务为 57 项，包括 616 个中心问题。"十二年科学规划"推动了我们国家"向科学进军"的进程，对北京确立全国科技研究中心的地位有着深远的影响。

---

① 其中有三至六小时可以占用工作时间。
② 简称为"十二年科学规划"。

在 1956 年 4 月中央政治局扩大会议上，毛泽东同志提出："艺术问题上的百花齐放，学术问题上的百家争鸣，我看应该成为我们的方针。"他在《论十大关系》中强调说："在艺术方面的百花齐放的方针，学术方面的百家争鸣的方针，是必要的。……百花齐放是文艺界提出的，后来有人要我写几个字，我就写了'百花齐放，推陈出新'。现在春天来了嘛，一百种花都让它开放，不要只让几种花开放，还有几种花不让它开放，这就叫百花齐放。百家争鸣，是说春秋战国时代，两千年以前那个时候，有许多学派，诸子百家，大家自由争论。现在我们也需要这个。"① "百花齐放、百家争鸣"的方针的提出对广大知识分子来说犹如一股春风，激励人们在文学艺术创作、在学术研究和科学研究工作上，自由地、独立地思考，鼓励人们在宽松的环境下开展创作和文艺批评。诚然，"双百"方针提出后没多少年，不正常的政治环境让这种气氛荡然无存。但是在 1956 年到 1957 年"反右运动"之前，这一方针对鼓励广大知识分子释放自己为社会主义建设的热情有着极为直接的引导作用。

随着中共中央召开了知识分子问题会议和《1956—1967 年科学技术发展远景规划》的制定，极大地调动了广大知识分子的热情。同时，也在社会上开始形成尊重知识、倡导学习的良好的社会氛围。尤其是我们党号召大家积极投身于社会主义建设，提高民众的文化知识水平，不仅是中央和北京市领导机关的共识，也是北京市广大民众的一种客观需要。针对北京市一般民众文化程度普遍偏低，还存在大量文盲的社会现实，我们党极为注意提高民众的文化知识水平，特别是

---

① 毛泽东《论十大关系》，北京：人民出版社 1976 年版。

针对一般民众文盲多的突出问题，积极组织举办文化补习班。

早在 1952 年，根据党中央的指示，北京市组织开展扫除文盲运动，在全市推广速成识字法，当时全市职工业余学校的学习人数达 7.5 万人，北京掀起了新中国成立以后第一次学文化的热潮。共青团中央在 1956 年 1 月发出了《关于普遍建立青年扫盲队伍的通知》。全国总工会也通过了《关于 1958 年要扫除中国现有职工中的文盲的决定》。中共中央、国务院联合发出《关于扫除文盲的决定》，并在北京成立了"全国扫除文盲协会"。这个协会是在国务院领导下指导和组织全国扫盲运动的组织。其主要任务是：协助政府广泛动员和组织社会各阶层的力量，开展扫盲运动，按照国家计划如期完成扫盲任务。各省、市、自治区分别设有扫盲协会或筹备组织。部分县、乡也有扫盲协会。"全国扫除文盲协会"的成立，推动了各地纷纷组织扫盲班，北京市的各个企业、农村、街道都积极组织开办各种各样的业余学校、冬学、民校、文化补习班、识字班等教育培训活动。北京城内再一次掀起了学文化、学知识、扫文盲的学习运动。北京城内，1950 年 6 月份就有正规的业余学校 46 所，设立初级班 605 个，中级班 85 个，在校的学员达到 3 万余人。这还不包括当时北京地区各个机关内部举办的文化补习班。

四、社会主义工商业改造，北京进入社会主义建设阶段

1956 年社会主义过渡时期的结束，我们国家开始进入"社会主义建设"的历史时期，这是一个极为关键的年份，也是当代北京发展的一个重要标志。

从 1955 年逐步开始的农业合作化高潮，很快就在北京城内产生

了巨大的推动作用和积极的响应。北京城内的私营工商业户纷纷走向街头，敲锣打鼓，轰轰烈烈地申请公私合营。以北京古旧书业为例，当时中央在陈云同志的指示意见下明确提出对古旧书业的社会主义改造要适当地放缓，不宜过于急躁。但事实上，私营的古旧书店从业者极为迫切地要求实行公私合营，这与陈云同志的指示明显有很大的差距。于是人们把自己的"创造""发明"发挥得淋漓尽致，在古旧书业实行了"戴红帽子"的做法，名义上称为公私合营，实际上仍旧有古旧书业主自我经营。有人在研究北京工商业社会主义改造的历史中，往往认为当时我们党和政府有很多举措有些过于冒进。事实上，当时人们那种急切的心情，若不同意其参加公私合营改造，倒显得有些打击群众的积极性。1956 年 1 月 3 日，《人民日报》发表社论：《进一步做好对私营工商业的改造工作》，私营工商业改造进入了高潮，京城内外，处处锣鼓喧天，家家店肆张灯结彩，庆祝公私合营报喜的队伍一拨又是一拨，仅 1956 年 1 月 10 日一天，北京市就有 1.8 万户私营工商业被批准公私合营。1 月 15 日，北京市社会各界群众二十余万人在天安门广场举行庆祝社会主义发行胜利联欢大会。京城各行各业纷纷向毛泽东报喜，北京市市长彭真在大会上宣布："我们庆祝郊区农业的完全社会主义合作化的胜利。庆祝资本主义工商业全部实行公私合营的胜利。庆祝手工业全部合作化的胜利。我们已经挖掉了穷根，打下了依靠大家共同劳动、使国家富强、使大家生活共同富裕的基础，我们首都已经进入了社会主义社会。"[①]

---

① 《北京市各界举行庆祝社会主义改造胜利联欢大会》，《人民日报》1956 年 1 月 16 日。

　　1956 年 9 月，中国共产党第八次全国代表大会在北京召开。中共八大在我国当代历史发展进程中具有标志性的意义，在这次大会上，中央郑重地宣布："改变生产资料私有制为社会主义公有制这个极其复杂和困难的历史任务现在在我国已经基本上完成了。我国社会主义和资本主义谁战胜谁的问题，现在已经解决了。"正是基于我们国家已经进入了社会主义建设时期，所以中央提出："在我国无产阶级同资产阶级的矛盾已经基本上解决；国内的主要矛盾已经是建立工业国的要求同落后农业国的现实之间的矛盾；国家的主要任务已经由解放生产力变为保护和发展生产力。""现在的任务，就是要依靠已经获得解放和已经组织起来的几亿劳动人民，团结外一切可能团结的力量，充分利用一切对我们有利的条件，尽可能迅速地把我国建设成为一个伟大的社会主义国家。"[①] 在这次会议上，中共中央对于文化学术的发展，进一步提出了"百花齐放，百家争鸣"的方针。认为："党对于学术性质和艺术性质的问题，不应当依靠行政来实现自己的领导，而要提倡自由讨论和自由竞赛来推动科学和艺术的发展。"中共八大的召开，标志着我们国家的发展已经从新中国成立之初的经济恢复和向社会主义建设过渡阶段，进入到轰轰烈烈的社会主义建设阶段。

　　1956 年我国政治、经济形势的发展以及我党的几个重大的调整举措，为北京的文化发展提供了重要的发展动力，很多因素直接地刺激了人们对知识、文化的渴望，这都使得北京出版事业的发展步入快车道，跨入了一个全新的时代。

　　当然，中共八大确定的指导方针及其发展目标，在随后不久便因

---

　　① 《中国共产党第八次全国代表大会文献》，北京：人民出版社 1957 年版。

为种种原因发生了很大的变化，随后出现了 1957 年的"反右斗争"、1959 年庐山会议后的"反右倾"以及进入 20 世纪 60 年代后的"四清"等一系列政治运动，使得中共八大的方针目标大打折扣。这一系列的政治形势的变化，对北京的文化发展当然有很大的影响，但就一般的民众而言，20 世纪 50 年代中期到 60 年代中期，北京民众的生活条件以及文化环境有了本质的飞跃性发展，文化的消费能力以及图书的阅读环境都是北京城历史上从未有过的。这对促进北京出版的发展有着直接的推动作用。

第二节　当代北京出版第一次发展高峰

一、以苏联文学作品为引领的外国文学名著出版和阅读

20 世纪 50 年代，由于国际环境的影响和西方世界对新中国的封锁，使得我国在整个 50 年代的对外关系上呈现出"一边倒"的外交走向。而"苏联老大哥"的社会主义建设成就的示范作用，又让我们看到社会主义建设有了一个直接的学习效仿榜样。因此，整个 20 世纪 50 年代，不论是经济建设，还是文化发展，苏联的影响随处可见。京城之中，身着列宁装、布拉吉成为女性服装的潮流。1955 年人民解放军实行军衔制和新式军装的配发，头戴大檐帽的军官和船形帽的士兵更可以明显地看出苏联红军的痕迹。而在北京新建的"苏联展览馆"[①] 更是像一座新建的"冬宫"矗立在西直门外。而作为刚刚起步的社会主义国家，我们在经济建设中也大量地依靠苏联的援助。工业、

---

① 即后来的"北京展览馆"。

城市建设、教育、文化以及军队建设等方方面面，都有苏联专家的身影。20 世纪 50 年代，特别是"一五"建设时期，苏联先后向中国派遣了五千余名专家，其中 1954 年 983 名，1955 年 963 名，1956 年 1936 名，1957 年 952 名。到 1956 年底，在华工作的苏联专家人数达到最高峰，为 3113 人，其中技术专家 2213 人，经济顾问 123 人，科学和文化领域的顾问和专家 403 人，军事顾问和专家 374 人，这些专家大约三分之二都集中在北京。北京西郊的"友谊宾馆"，当年就是为苏联专家而建的宾馆。20 世纪 50 年代浓厚的苏联情结，自然直接反映到北京城的图书出版以及民众的阅读热潮上。

20 世纪 50 年代，当时北京城流行的向"苏联老大哥"学习的社会潮流，在图书阅读上带来的最大的影响，一是民众对苏联的文学作品的热捧，二是科技类图书的快速大量出版带来的学知识学文化的热潮。当然，若以对一般民众影响突出者为标准衡量，那么苏俄的文学作品的传入对人们的直接作用是最为突出的，尤其是对当时正在成长的青少年一代，在其世界观的形成过程中，深深地打上了"苏联情结"的印记，这种影响，远远超过其他的外国文学作品。

当时，北京的人民文学出版社等出版机构先后出版了苏俄以及其他欧洲国家的经典文学作品，比如：苏俄的《毁灭》《铁流》《钢铁是怎样炼成的》《卓娅和舒拉的故事》以及肖洛霍夫的《静静的顿河》、尼古拉耶娃《拖拉机站站长和总农艺师》、伏契克的《绞刑架下的报告》、托尔斯泰的《战争与和平》《安娜·卡列尼娜》《复活》、比留柯夫的《海鸥》、凯特琳斯卡娅的《勇敢》、柯切托夫的《茹尔宾一家》、等图书。另外，还同时出版了一批西方作家的经典文学作品，像福楼拜的《包法利夫人》、狄更斯的《大卫·科波菲尔》、法国作家勒萨日的《吉尔·布拉斯》、笛福的《鲁滨孙漂流记》、萨克雷的《名利场》，等等。苏俄的文学作品和西方经典文学名著对北京的一大批青年人来说，拥有巨大的吸引力。阅读"苏联老大哥"的文学作品，在当时的北京是一件极为时尚的文化现象。在这样的背景下，北京的苏俄小说和部分西方文学名著的出版和发行大幅度增长。

苏俄的文学作品早在 20 世纪 30 年代就开始在我国出版，到了 20 世纪 50 年代整个社会氛围的引导，让人们对苏俄小说形成了一个明显的阅读热潮。在这样的一个时代阅读的氛围下，北京的人民文学出版社出版的苏联小说自然成为人们追捧的读物。其中较为典型的是苏联作家法捷耶夫创作的《毁灭》。

《毁灭》是苏联著名作家法捷耶夫以苏联十月革命后国内战争期间远东地区的一支游击队的战斗经历为中心，创作的一部革命题材的小说。这部小说在 1927 年出版，在当时的苏联产生了很大的影响。随后便被译成多种文字开始流传，其中译为日文的小说名字为《十九人》。1930 年年初，鲁迅根据这部小说的日文译本《十九人》进行翻译，并以《溃灭》的名字在进步刊物《萌芽》上连载。但《萌芽》后来被国民党政府查封，这部小说也未能连载完。1931 年，鲁迅以"隋洛文"的名字将小说全译本交由上海大江书铺出版，出版时此书的名字便改为《毁灭》。大江书铺的开办人为我国现代史上著名的新闻教育家陈望道，其也是《共产党宣言》第一个中译本的翻译者。鲁迅之所以用"隋洛文"之名，有"堕落文人"的含义，以此来讥讽国民党当局对进步文化的压制。随后，鲁迅又自办"三闲书屋"，自费出版图书，《毁灭》一书便成为三闲书屋出版的第一本书。鲁迅先生在为《毁灭》一书撰写的宣传广告上寥寥数语便将这部小说的出版始末交代清楚，他说：

　　"《毁灭》作者法捷耶夫，是早有定评的小说作家，本书曾经鲁迅从日文本译出，登载月刊，读者赞为佳作。可惜月刊中途停印，书亦不完。现又参照德英两种译本，译成全书，并将上半改正，添译藏原惟人，茀理契序文，附以原书插画六幅，三色版印作者画像一张，亦可由此略窥新的艺术。不但所写的农民矿工以及知识阶级，皆栩栩如生，且多格言，汲之不尽，实在是新文学中的一个大火炬。全书三百十余页，实价大洋一元二角。"①

　　所以《毁灭》一书 1931 年上海出版时有两个本子，一是大江书铺的，一是三闲书屋的。《毁灭》中译本出版后，在中国革命的历程中产生了很大的影响。瞿秋白看到这部书后写信给鲁迅，称："看着这本《毁灭》简直非常激动，我爱它，像爱自己的儿女一样。"而鲁迅在回复瞿秋白时也曾言他爱《毁灭》就"像亲生的儿子一般"。毛泽东《在延安文艺座谈会上的讲话》中曾就这部小说专门谈道："法捷耶夫的《毁灭》，只写了一支很小的游击队，它并没有想去投合旧世界读者的口味，但是却产生了全世界的影响，至少在中国，像大家所知道的，产生了很大的影响。"② 为革命领袖所称颂，又被鲁迅视为"像亲生的儿子一般"，再加上 20 世纪 50 年代的政治形势发展和社会环境，《毁灭》一书自然成为当时苏联小说出版的重头戏。1952 年，人民文学出版社出版了繁体字竖排的《毁灭》，译者姓名为鲁迅，出版后受到人们的欢迎。1957 年，人民文学出版社又出版了横排版的《毁灭》。后来流行较广的《毁灭》一书多为人民文学出版社的横排本。

---

　　①　《毁灭》，鲁迅译，三闲书屋 1942 年版。
　　②　《在延安文艺座谈会上的讲话》，北京：人民出版社 1953 年版。

　　由于《毁灭》作者法捷耶夫曾经担任苏联作协主席、书记，在五六十年代他的小说在我国自然更受到关注，法捷耶夫的另一部著作《青年近卫军》更是一部在我国年轻一代心目中产生波澜的文学作品。

　　《青年近卫军》是根据第二次世界大战期间苏德战争开始时，德军入侵乌克兰顿巴斯克拉斯若顿后，当地青年组成抵抗组织进行顽强斗争的英勇事迹创作而成的。故事的发生地如今早已经从苏联解体分化出来成为乌克兰共和国。1941 年 6 月德军动用了 190 个师 550 万人，出动了 4300 辆坦克和近 5000 架飞机，对北起波罗的海，南到黑海的整个苏联西部边境发起了全面的进攻，苏德战争爆发。同年 7 月到 9 月期间，入侵到乌克兰地区的德国军队对据守在基辅地区的苏军西南方面军实施大规模的围歼战，造成苏军西南方面军四个集团军被围，损失 70 余万人，66 万余人被俘，德军就势占领了乌克兰全境。《青年近卫军》所记的故事就是在这个时候发生的。德军占领了顿巴斯克拉斯若顿后，几十名共青团员自发地组成了抵抗战斗组织，他们以共青团流行的《青年近卫军之歌》之名命名自己的抵抗组织，他们用自己的智慧和力量，同入侵的德国占领军进行了殊死的搏斗，让德国侵略者极为恼怒和头疼。后来由于叛徒的出卖，大多数青年近卫军成员被捕，德国法西斯对这些英勇的青年严刑拷打，用尽各种残酷的手段欲让这些青年屈服，但这群为自己祖国而战的青年毫不畏惧。小说最后，这些青年近卫军战士高唱着《青年近卫军之歌》走向了刑场，以英勇悲壮的结局勾画出一代青年抵抗者悲壮惨烈的结局。这部小说表现出卫国战争时代苏联青年一代的爱国主义情怀，显示出年轻人抵抗入侵者时那种对祖国的热爱、富于冒险精神和具有青春活力的面貌。小说中邬丽亚和阿纳托里、谢辽萨和华丽雅、奥列格和妮娜、刘巴和列瓦肖夫等男女青年之间的爱情故事，对我国很多五六十年代成长起来的年轻人来说具有很大的影响力，"革命＋爱情"的模式对那个时代很多情窦初开的少男少女而言更具有"合理的借口"，为年轻一代所憧憬。

1947 年，《青年近卫军》被我国著名外国文学评论家、翻译家叶水夫译为中文，由当时的时代文艺出版社出版。1954 年人民文学出版社根据法捷耶夫 1951 年俄文修订本对文中译本进行重新校订后出版。图书出版后，立即引起热销，在很多青年之中也引起了巨大的反响，在那个年代的背景下，学习英勇的苏联共青团员，与侵略者进行不屈不挠的斗争，成为很多年轻人积极效仿和追求的目标。《青年近卫军》在中国的影响持续了几代人，50 年代成长起来的一代读着这本书长大，60 年代出生的一代也时常传看着这部小说。因为这部小说描写的是二战时苏联卫国战争中的青年团员的英勇事迹，而作者法捷耶夫又是在赫鲁晓夫时代因不满其否定斯大林而被解职，以致最后愤然自杀，所以这部小说在"文革"后期的 1975 年曾经又一次再版。1975 年版的《青年近卫军》依据 1954 年俄文修订版翻译，翻译的组织者当时署名为解放军某部理论小组和"北京大学俄语系苏联文学组"，并用了《十月革命的旗帜是不可战胜的》一篇不着边际、不靠谱的文章代替了出版前言和序。尽管如此，在那个特定的时期，能读上这部书还是对很多年轻人有很大的吸引力的。"文革"结束后，人民文学出版社又不断地再版此书，《青年近卫军》在人们的心目中已经成为"红色经典"之一流传下来。

1952 年青年出版社出版的苏联另一部反映卫国战争中青年人英勇事迹的小说《卓娅和舒拉的故事》也是具有极其深远影响的文学作

品。《卓娅和舒拉的故事》是卓娅、舒拉的母亲柳·科斯莫杰米扬斯卡娅撰著的纪传体小说，小说中的主人公卓娅出生在一个苏联普通民众的家庭，在苏联社会主义的环境下成长起来。中学期间，卓娅深受《丹娘·索罗玛哈传略》的影响，被苏联国内战争期间英勇献身的乡村女教师丹娘所感动，立志要成为"丹娘"那样的女英雄。1941 年 6 月德国侵略者大举进犯苏联，当时在学校读九年级的卓娅自愿加入抵抗侵略的游击队。在一次执行任务中，卓娅不幸落入德国鬼子手中。穷凶极恶的德国侵略者为了从卓娅的口中获得游击队的情报，对她严刑拷打，残忍摧残。但卓娅宁死不屈，在德国鬼子的酷刑面前自称"丹娘"，没有说出任何游击队的信息。残暴的德国法西斯恼羞成怒，逼迫卓娅赤裸着双脚在冰雪中走到刑场，残忍地绞死了这位年仅十八岁的女英雄。卓娅在英勇就义前，对被德军逼迫观看其受刑的当地村民大声地呼唤着："同志们！你们为什么愁苦地看着呀？你们壮起胆子来，奋斗吧，打击法西斯，放火烧他们，用毒药毒他们吧……"她在生命的最后关头毫无畏惧地对德国法西斯说："德国鬼子们，你们现在投降还不算晚，最后胜利一定是我们的！"她高呼着："斯大林快来了！斯大林和我们在一起！……"[1]

1942 年 1 月，苏联红军解放了卓娅牺牲的佩得里谢沃村，朱可夫的部队缴获了德军残害卓娅的现场照片，并找到了被德国法西斯摧残得遍体鳞伤而半裸的遗体。当朱可夫将卓娅英勇献身和德军残暴行径的照片及事件报告呈送到斯大林手中时，引起斯大林的震怒，他亲自签发了一道特殊的命令：苏联红军绝不允许接受杀害卓娅的德军第

---

[1] 《卓娅和舒拉的故事》，北京：中国青年出版社 1952 年版。

197 步兵师第 332 团任何官兵的投降，不准接受投降！苏联《真理报》
和苏联共青团报刊《共青团真理报》曾刊发题为《我们永远不会忘记
你，丹娘！》的文章，报道了卓娅的英勇事迹。1942 年 2 月，卓娅
被追授"苏联英雄"的称号，后来还以卓娅的英雄事迹为脚本拍摄了
电影《丹娘》。卓娅的英勇大大地激发了苏联军民抗击德国侵略者的
斗志，很多青年以卓娅为榜样，踊跃地参加到苏联红军之中，奔赴前
线去捍卫自己的祖国。卓娅的弟弟舒拉也是其中的一员，他作为一名
坦克兵的基层指挥官，同战友们一直打到德国境内，在战争胜利前夕
英勇牺牲。卓娅和舒拉的英勇的故事，不仅仅激励着卫国战争的苏联
人民，也同样在中国青年中间引起了极大的反应。

《卓娅和舒拉的故事》1952 年由中国青年出版社根据苏联莫斯
科国立儿童读物出版社 1950 年版翻译出版，很快在我国青年中流传
开，仅中国青年出版社先后印刷了 200 多万册，其影响极为深远。尤
其是卓娅成长在苏联社会主义的教育环境下，这对当时北京地区很多
青少年的影响是很深的，很多女生处处模仿着卓娅的样子，甚至包括
很多小说中的细节，比如：卓娅被化学老师亚历山大罗夫娜确定为化
学成绩很好，而卓娅很严格地认为自己学得并不好而与家人的对话，
成为 20 世纪 50 年代很多女孩子效仿的榜样。而后来苏联拍摄的《莫
斯科保卫战》中关于卓娅牺牲的情节，让很多五六十年代生长起来的
男孩子为斯大林震怒之下签发的"绝不接受德军第 197 步兵师第 332
团任何官兵的投降"的命令而感慨，觉得这是一个极具正义和血性的
张扬。

1952 年人民文学出版社出版的苏联作家奥斯托洛夫斯基的《钢
铁是怎样炼成的》是 20 世纪 50 年代出版的又一部革命题材的自传体

小说。《钢铁是怎样炼成的》的出版深深地影响了新中国建立以来几代人的成长和发展，成为家喻户晓的文学作品，在国人的印象中留下了深深的印记。苏联作家奥斯托洛夫斯基的《钢铁是怎样炼成的》塑造了保尔·柯察金坚忍不拔的英雄形象，刻画了老布尔什维克朱赫来、林务官的女儿冬妮亚等人物形象。保尔·柯察金基本上是依据奥斯托洛夫斯基曲折的人生经历撰写的。小说中的保尔·柯察金出生于一个铁路工人的家庭，少年家贫，被送到车站食堂做小工，受尽了店主的欺压。1917 年"十月革命"爆发后，白军及外国干涉军开始进攻新生的苏维埃政权，保尔的家乡被白匪和外国干涉军占领。当时从事地下工作的老布尔什维克朱赫来住在保尔的家中，给他讲了很多苏维埃革命和工人阶级进行斗争的革命道理，引导保尔走上了革命的道路。保尔后来还曾营救被捕的朱赫来，自己却被波兰贵族的儿子维克多告密入狱。后来他脱险后，与曾经被他救过的林务官的女儿冬妮亚交往，产生了朦胧的爱情。保尔后被哥哥阿尔青送进红军队伍，他当上了侦察兵、骑兵，成为一名英勇的红军战士。在一次激战中，保尔头部受伤，伤愈后他转到地方工作，参加了苏维埃政权的建设，在极其艰苦的情况下到铁路工地参加修复铁路的工作，工地上他与昔日的冬妮亚偶尔相逢，彼此已经成为"两股道上的车"。筑路过程中，保尔染上伤寒，在被送回去治疗时又被误传为病死，但是保尔以顽强的精神挺了过来，又重新回到工作岗位。由于长期艰苦条件的重压，保尔又一次病倒。组织上送他去疗养院休养时，他与达雅相爱。1927 年，保尔被病魔折磨地全身瘫痪，随后又双眼失明，但是保尔并没有被击垮，他坚持写作，用自己顽强的生命力开始了文学创作，终于将自己的著作完成。

奥斯托洛夫斯基《钢铁是怎样炼成的》所塑造的保尔·柯察金是在艰苦卓绝的革命战火中锻炼成长起来的革命战士，他的爱憎分明的阶级立场、崇高的革命道德风尚、激昂的革命斗志、顽强的生命力和奇迹般的生命活力成为那个时代的楷模。奥斯托洛夫斯基所说的"人最宝贵的东西是生命，生命属于人只有一次，一个人的一生应该是这样度过的：当他回首往事的时候，他不会因为虚度年华而悔恨，也不会因为碌碌无为而羞耻；这样，在临死的时候，他就能够说：'我的整个生命和全部精力，都已经献给世界上最壮丽的事业——为人类的解放而斗争！'"[①] 成为人们人生的格言，保尔、"保尔精神"成为激励人们昂扬斗志的动力。

《钢铁是怎样炼成的》最早的中文译本由梅益于抗日战争爆发后在上海翻译的。梅益是我国著名的出版家、翻译家，新中国成立后曾先后任中央广播事业局局长、中国社科院副院长、大百科出版社总编辑等职。抗日战争爆发时，梅益在上海做地下工作，当时上海八路军办事处负责人刘少文为他提供了一本英译本的《钢铁是怎样炼成的》，希望梅益抓紧时间将这部书翻译出来。在那个风云突变的年月，梅益断断续续地将这部文学巨著翻译出来，全书刚刚译完，1942 年太平洋战争爆发，梅益根据党组织的安排转移到新四军根据地，没有看到这部书稿的出版。1942 年上海新知书店排印后第一次出版。梅益还是在新四军第四师师长彭雪枫处看到的这部中文译本。20 世纪 50 年代，人民文学出版社成立后没多久就决定重新出版这部小说，他们在梅益翻译的基础上，又请著名译作家刘辽逸校订了一遍。图书出版后，

---

① 《钢铁是怎样炼成的》，北京：人民文学出版社 1952 年版。

引起了人们的阅读热潮，这部书仅在"文革"前就再版了几十次，累计印数达到了 200 余万册。改革开放之初，人民文学出版社重提再版此书，梅益根据 1957 年的英译本对翻译稿再一次作了修订后继续重印，依旧在京城各个书店常销不断。

在《钢铁是怎样炼成的》和《卓娅和舒拉的故事》中，都提到一个情节，就是保尔·柯察金和卓娅都很喜欢《牛虻》这部小说。被保尔、卓娅所感动的读者，自然也会对他们所推崇的牛虻同样产生崇敬。而英国女作家伊莎尔·伏尼契创作的《牛虻》，塑造的激情、热血但又有些幼稚的亚瑟经过十三年的磨炼成为坚强、冷酷又具有成熟的男人气息的牛虻，让中国的年轻一代为之而倾倒。人们崇拜的英雄都崇拜的英雄，当然成为中国年轻一代读者所应该崇拜的，牛虻和琼玛儿时熟稔的小诗：

> 无论我活着，
>
> 还是我死去，
>
> 我都是一只牛虻，
>
> 快乐的飞来飞去！[①]

让无数青年读者为之动容。人们为牛虻传奇式的革命历程所吸引，又为亚瑟及其张扬的性格而感到一种认同。对于年轻人而言，牛虻——即是符合革命事业需要的英雄人物，又具有桀骜不驯的反叛性格，还有如岩浆般炽热的爱情，再加上那张深深的刀疤刻画出来的冷酷、坚毅的脸庞，可以说是一个能够满足方方面面的"完整"的人物，少男少女可以根据自己的审美、自己的情感，在牛虻身上找到自己的情感。

---

① 《牛虻》，北京：中国青年出版社 1953 年版。

很多人甚至去用自己所喜爱的形式去模仿着，还有女孩子把亚瑟的影子或多或少地套在自己钟情的异性身上，试图寻找着自己所钟情的人也是那个脸上带着刀疤，拥有一张坚毅沧桑的面容和一双聪慧机敏的眼睛的牛虻。五六十年代出生的男孩子阅读《牛虻》，印象最深的是牛虻在刑场上让蒙上眼睛，面对着举着马枪的六个行刑者，当第一排枪响过，"烟雾散去以后，士兵们看见他仍在微笑，正用那只残疾的手擦拭面颊上的鲜血'伙计们，打得太差了！'他说。他的声音清晰而又响亮……"当第二次齐射又没有射准的时候，牛虻再一次对那些慌了神的行刑者高声地说着："伙计，你拿的是马枪，不是煎锅！你们全都准备好啦？那么来吧！预备……举枪……"[①] 当时看到这一段时，一种极度的恐惧会抓住阅读者的感觉，觉得用英雄来描述牛虻都好像不那么恰如其分了，觉得牛虻比中国古代小说里描写的被砍头者高喝着"二十年之后又是一条好汉"英勇的太多了。

正是由于牛虻的魅力，1953 年 7 月李俍民翻译的《牛虻》由中国青年出版社出版，第一版第一次印刷了 20 万册，很快销售一空，随后在短短的三年中就印刷了 7 次，累计印刷了 70 余万册。人们对这本小说的欢迎，由此可见一斑。《牛虻》出版后没多久，人们突然发现这部小说的作者伊莎尔·伏尼契还健在，孤身一人生活在美国，生活也濒于困境。一位塑造了这么伟大的英雄人物的作家还活着，并且生活窘迫，这让人们感到不安，为此，中国作家协会知会团中央，希望中国青年出版社以《牛虻》版税的形式对生活窘迫的伊莎尔·伏尼契予以帮助。时任团中央第一书记的胡耀邦对此专门有批示。

---

①　《牛虻》，北京：中国青年出版社 1953 年版。

1956 年 5 月，中国青年出版社通过国际书店给远在美国的伏尼契寄去 5000 美金的稿费，并给她写了一封热情洋溢的信，将《牛虻》一书在中国的出版情况做了介绍，还送上了四本样书。几个月后，伊莎尔·伏尼契给中国青年出版社回复了一封信，信中她谈道："我的小说《牛虻》被译成中文并在贵国人民中拥有这样多的读者的这个消息，是我晚年中听到的最令人惊喜的消息之一……"伊莎尔·伏尼契夫人 1960 年去世，而她的《牛虻》一直在中国发挥着巨大的影响，也成为"红色经典"名著。

20 世纪 50 年代人们在当时的政治氛围下，以苏联革命文学为主体的阅读，是那个时代的阅读主流，但一些欧美的文学名著对人们还是有很大的诱惑力的。比如 1954 年出版的巴尔扎克的《欧也妮·葛朗台》《高老头》和托尔斯泰的《复活》印刷量都接近 100 万册。1956 年人民文学出版社的《安娜·卡列尼娜》超过了 100 万册，法国罗曼·罗兰的《约翰·克利斯朵夫》和雨果的《悲惨世界》当时动辄就是六七十万册的印数。雨果的《巴黎圣母院》《九三年》，司汤达的《红与黑》，凡尔纳的《格兰特船长的儿女》以及莎士比亚的作品也都深受人们喜爱。

二、革命题材的"红色经典名著"出版带来京城文学阅读时尚

在研究新中国的文学史上，有一个约定俗成的说法："三红一创，山青保林"，就是指在 20 世纪五六十年代产生过重大影响的八部革命题材长篇小说《红岩》《红日》《红旗谱》《创业史》《山乡巨变》《青春之歌》《保卫延安》《林海雪原》。

20 世纪 50 年代到 60 年代中期，我们国家发生了巨大的社会转变，

中国共产党领导下的全国民众经过浴血奋战，建立了中华人民共和国，又在短短的几年中使凋敝的经济快速地恢复起来，并进入到社会主义建设阶段。中国大地的突飞猛进，让人们对共产党的领导由衷的敬佩，人们的思想、价值观以及文化走向都被这种巨大的变化所引领。由于历史的方方面面的原因，社会的形态的巨大的、快速的变化，让人们的文学观念也开始跟随着这个巨变的时代而改变。而我们的文化走向趋同性发展和国家出版体制的一体化，则让绝大多数的民众更倾向于接受这样的文化意识和文学观念。正是在这样的一个社会的、文化的大背景下，从 20 世纪 50 年代开始到 60 年代中期，出现了一大批与时代脉搏共振的文学作品，"三红一创，山青保林"就是在这样的历史环境下产生。

1955 年，中国青年出版社文学编辑部副主任肖也牧和编辑张羽一起到中国作协的文学讲习所约稿，当时他们听说曾任文学讲习所党支部书记的梁斌正在写一部反映大革命前后华北平原大地上轰轰烈烈的农民运动的小说，便极为重视，并与当时正在河北保定的梁斌联系，请他将小说创作稿寄给中青社。当肖也牧看到这部书稿时，非常地兴奋，对梁斌的这部作品给予了极高的评价，认为小说不仅全面地反映了河北地区农民运动波澜起伏的革命气势，也塑造出生动深刻的朱老忠、严志和、贾湘农、江涛和春兰等人物的形象。为此肖也牧找到梁斌，与他就这部书稿进行了深入的探讨和交流，对这部小说的书稿的优点、长处、存在的问题和不足与梁斌细致地交换了意见。他们认为梁斌的稿子基础不错，可以列入中国青年出版社的重点选题之中，但是希望他认真加以修改、充实，使之成为一部"能一炮打响的杰作"。梁斌经过几番周折，按照中国青年出版社所提出的修改建议对稿件进行修改完善。1956年春天，当肖也牧看到梁斌的修改稿后，大喜过望，情不自禁地赞叹着："诗，这是史诗……"当时国家规定的著作稿酬为每千字6—18元，中国青年出版社和梁斌签的出版合同为最高的稿酬标准——每千字18元，这在当时并不多见。

梁斌是河北蠡县梁家庄人，1927年加入中国共产主义青年团，1930年考入河北保定第二师范学校。在保定二师求学期间，他参加了保定二师的学潮运动。1932年河北的"高蠡暴动"，也让梁斌更深刻地理解华北地区的农民武装斗争。1932年8月23日，在中共河北省委和中共保定特委的直接领导下，在河北高阳、蠡县一带发动了震撼华北的一场大规模的农民武装斗争。"高蠡暴动"首先从蠡县宋家庄发动，暴动的农民游击队收缴当地地主武装和区公所、敌公安分局小股武装的武器，镇压地主恶霸，将其家财分给当地贫苦农民，并张贴"保属革命委员会"第一号布告，将游击队的十大纲领公布于众，这极大地鼓舞了当地农民的革命热情和积极的斗志。起义的游击队还成立革命委员会、土地分配委员会、劳工童子团、少年先锋队等群众组织，一时间河北大地上掀起了一股革命的巨浪。但毕竟"高蠡暴动"发生在国民党政府统治的华北大平原上，敌我之间力量的悬殊，起义很快被镇压下去。但是"高蠡暴动"在华北地区留下了革命的种子，产生了深远的影响。梁斌曾经说过："自入团以来，'四一二'反革命政变，是刺在我心上的第一棵荆棘；二师①'七六'惨案是刺在我心上的第二棵荆棘。高蠡暴动是刺在我心上的第三棵荆棘。"正是这三棵"荆棘"深深地刺痛了梁斌，激励着他要用文学创作的笔去为那

---

① 河北保定第二师范学校。

些英勇战斗的先烈们去讴歌，这也是他创作《红旗谱》巨大的动力。为了在创作上更为深刻，梁斌利用回河北工作的机会，到高阳、蠡县等地走村串户，寻访当年参加"高蠡暴动"的老同志，力求使自己对那个时代的生活了解得更加的深刻，也让自己全部身心沉浸在创作境界里。梁斌在创作过程中，追求对现实斗争的深度发掘、追求小说的细节要与当时的社会现实相一致，投入了很大的精力。有这样一个细节，小说创作交稿后，曾在《中国青年报》选载《红旗谱》。选载时《中国青年报》还配发了一部分插图，其中有一幅画的是在炮仗市场上，大贵和江涛站在牛拉的大车上。梁斌看到后当即告诉《中国青年报》报社的同志："这要是放起爆竹来，要吓得牛惊了车的。"这样的细节，对于长期生活和战斗在华北农村的人来说，是一种特有的本能判定，而对于在城市中生长起来的人们来说则很容易忽视。1957 年 12 月，《红旗谱》正式出版，第一版第一次印刷，《红旗谱》发行了 5.2 万册，其中精装本 1.55 万册，平装本 3.65 万册。

《红旗谱》用跌宕起伏的笔触，勾画出波澜壮阔的冀中平原上，朱老忠、严志和两个家庭的变迁和波折，通过这两个家庭的悲欢离合以及他们的革命活动，层次分明地描写了 20 世纪前期华北农村三代农民的革命的英雄谱系，也正是如此，小说取名为《红旗谱》。《红旗谱》出版后，在读者中引起很大的反响，成为京城的一本热门图书被争相看。1960 年，凌子风导演将这部小说改编后搬上了电影银幕，崔嵬主演的朱老忠让几代人记忆犹新。

中国青年出版社的"三红一创"的第二"红"是反映解放战争华东野战军打败国民党整编七十四师为主要情节创作的小说《红日》。

1957 年，时任华东军区文化部副部长的吴强以解放战争期间华东野战军转战南北，在沂蒙山区的孟良崮将蒋介石的五大精锐主力之一的整编七十四师全歼为背景，创作了小说《最高峰》。按照当时的规定，军队作家创作的有关解放战争题材文学作品，均应送到解放军总政治部文化部文艺处予以审定。而这些图书一般都是由总政文化部文艺处审定后以"解放军文艺丛书编辑部"的名义交其他出版社出版。中国青年出版社与"解放军文艺丛书编辑部"保持着极为密切的合作，而且在以往的合作中也颇有成就，为人们所瞩目。因此，吴强当时就决定将书稿交给中国青年出版社出版，同时希望这部书稿能在1957年"八一"建军节面世。当中国青年出版社拿到这部经过总政文化部审定的书稿时，已经是1957年的4月份，当时负责这部书稿的是中国青年出版社文学编辑室副主任陶国铿，他与作者及时地进行沟通，对书稿反复地修改润色，在当时的条件下，吴强曾经连续给中青社写了五封信，对书稿的修改进行补充，并将书名由原来的《最高峰》改为《红日》。经过中国青年出版社文学编辑室和作者吴强的共同努力，这部反映孟良崮战役的小说《红日》终于在建军三十周年前夕出版，首印4.5万册，不到一个月又再版了1.6万册，受到青年读者的热捧。

《红日》所反映的是1947年华东野战军在蒋介石发动对山东革命根据地和陕北解放区进行重点进攻时，与国民党军队进行浴血奋战，最终在孟良崮上全歼张灵甫的整编七十四师的战斗场景。整编七十四师曾经作为保卫南京的首都师而被誉为南京国民党政权的"御林军"。在国民党组织的军队会操检阅中，美国顾问团看到这支部队时对蒋介石说：有这样的军队，中国是你的了。蒋介石发动内战之后，整编七十四师是进攻苏北解放军的急先锋。张灵甫和他的整编七十四师极为骄横，认为解放军根本不是整编七十四师的对手。1947年5月，蒋介石大举发动对山东解放区的重点进攻。当时的国民党国防部第三厅厅长中将郭汝瑰秘密为我党工作，在向地下党提供蒋介石要在山东合围我人民解放军的作战部署时，还特别叮嘱："这一次的战斗序列中，有整编七十四师，全部美式装备，要解放军特别小心。"张灵甫及其整编七十四师在当时的骄横和在国民党军队中的地位，由此可见一斑，所以整编七十四师被视为蒋介石的五大精锐主力之一。然而，就是这支不可一世的蒋系王牌军，在孟良崮被我华东野战军五个纵队团团围住，仅三天的时间便将这只国民党的王牌军悉数歼灭，张灵甫被击毙，全师所有官兵或被击毙，或被俘获，没有一人漏网。小说《红日》就是全面反映这场精彩战役场景的文学作品。小说作者以我华东野战军一支常胜英雄军为中心，描绘了我军与整编七十四师斗法斗勇，经过涟水战役、莱芜战役，最终在孟良崮上将骄横不可一世的张灵甫和他的七十四师全歼的战争场景。小说中塑造的我军军长沈振新、副军长梁波以及团长刘胜、连长石根生等人民解放军指战员群体形象。在当代革命战争题材的文学作品中，将我军高级将领作为主角来塑造《红日》开创了红色经典文学作品的首次。《红日》出版后，在青年读者中引起了极大的反响，特别是它反映的又是我军在解放战争中最为经典的战役，自然为年轻读者所追捧。这种影响一直延续到今天，人们常常在谈论着解放军和国民党的整编七十四师如何鏖战于孟良崮，基本上都是由《红日》引起的。以至于今天很多军事史的发烧友，还根据近些年一些老同志的回忆录或者近些年新发现的革命史资料校正小说中的情节，不停地争论，完全忘记了这是一部文学作品、一本反映孟良崮战斗的小说。这恰恰说明了这部小说面世后的巨大的感召力和影响作用。这部小说后来也被改编为电影，搬上了银幕。

"三红"之中出版时间排在最后的一"红",是1961年中国青年出版社出版的小说《红岩》。由罗广斌、杨益言等根据解放前重庆地下党英勇斗争的真实经历创作的小说《红岩》,被人们誉为"悲壮的史诗"。小说以1948年到1949年山城重庆解放前为历史背景,塑造了许云峰、江姐、成岗、刘思扬以及双枪老太婆、华子良等坚强的共产党员的英雄形象,也刻画出爱国将领黄显声、在狱中成长起来的小萝卜头具有鲜明个性的人物。同时,也将阴险毒辣的特务头子徐鹏飞、卑鄙无耻的叛徒甫志高钉在历史的耻辱柱上。小说以渣滓洞、白公馆两个"中美合作所"集中营被关押的共产党员群体与国民党反动派进行不屈的斗争为主线,以重庆地下党领导的城市斗争和华蓥山根据地武装斗争为辅线,通过狱中的斗争、重庆城内的地下工作、学生运动、工人运动以及华蓥山区的武装斗争,展示了英勇不屈的共产党人在新中国诞生前夜与垂死挣扎的反动势力进行艰苦卓绝斗争的历史画面。小说中的很多情节,成为后来讴歌革命志士的最经典段落。在敌人用严刑拷打企图迫使江姐屈服一节的描写中,有这样的一段描述:

"你说不说?到底说不说?"

传来特务绝望地狂叫,混合着恐怖的狞笑。接着,渣滓洞又坠入死一般的沉寂中。

听得清一个庄重无畏的声音在静寂中回答:

"上级的姓名、住址,我知道。下级的姓名、住址,我也知道……这些都是我们党的秘密,你们休想从我口里得到任何材料!"

江姐沉静、安宁的语音,使人想起了她刚被押进渣滓洞的那天,她在同志们面前微笑着,充满胜利信心的刚毅神情。

多少年来，江姐的"竹签子是竹子做的，但是共产党员的意志是钢铁铸成的"这句话，成为激励几代人树立坚强革命信念的誓语。"江姐"早已经成为小说中"江雪琴"真实原型江竹筠的标准称谓，而她就义前，"换上了蓝色的旗袍，又披起那件红色的绒线衣。她习惯地拍拍身上干净的衣服，再用手熨平旗袍上的一些褶痕……"的情节让无数人为之震撼。蓝旗袍、红毛衣被人们称为"江姐式"服饰。小说中的小萝卜头放飞蝴蝶的情节，极为细腻，又不失浪漫地透视出一个生长于高高的狱墙之内可爱的孩子渴望自由的心，"他把放在火柴盒子里的小虫举在手里，打开盒子，看着飞出了栏杆的虫子，高兴地拍着手叫'飞了，飞了，它坐飞机回家去了！'"一个天真、可爱的、渴望着自由的九龄小儿，最后也没能逃脱特务的魔掌，小说通过对小萝卜头的描写，更深刻地揭露了国民党反动派的残忍的本性。

《红岩》创作是依据重庆的地下党真实的斗争事迹创作出来的，小说中的人物大都有现实中的原型，江姐原型为江竹筠，成岗原型为陈然，孙明霞原型为曾紫霞，小萝卜头原型为杨虎城将军秘书宋绮云的儿子。之所以能有这么多生活原型，与作者亲历这场艰苦卓绝的斗争有着直接的关系，罗广斌、杨益言都是从白公馆、渣滓洞脱险逃出的幸存者。1958 年 10 月，中国青年出版社的总编辑朱语今和编辑王维玲到四川调查。当时作家沙汀向他们介绍，罗广斌、刘德彬和杨益言等人根据各自在狱中的经历，正在撰写反映重庆地下党在"中美合作所"进行英勇斗争的长篇材料。沙汀建议中国青年出版社以此为基础，创作出一部反映地下党在狱中与敌人斗争的文学作品。随后朱语今、王维玲拿到了三个人撰写的相关材料打印稿，经过他们认真地阅读和构思，觉得罗广斌、刘德彬、杨益言所写的这些素材如果加以重新构思和创作，很可能会成为一部题材重大、丰富感人的文学作品。罗广斌等人原来撰写这些材料，本想提供给作家去写一部长篇小说，以纪念牺牲的同志们。而现在中国青年出版社却提出让他们来完成创作，颇为意外，也感到有很大的压力。为此，朱语今专门找罗广斌等人谈话，反复动员，对他们说："要破除迷信，解放思想，不为名、不为利，就是为了完成烈士的嘱托"，鼓励他们去大胆地创作。当时朱语今除了是中国青年出版社社长兼总编辑之外，又是团中央常委，而罗广斌、杨益言当时是重庆团市委常委，刘德彬也曾经是重庆团市委干部。有这一层关系，三个人自然也就不好推托。经过朱语今等人的积极工作，1959 年 1 月，重庆市委正式通知罗广斌、杨益言暂时脱离原工作岗位，专门准备开始进行作品的创作，而刘德彬因为其他原因没有继续参加这项工作。经过半年多的时间，罗广斌、杨益言写出了第一稿和第二稿，当时小说的名字是《锢禁的世界》。小说初稿写成后，曾经几经反复，不断地修改。中国青年出版社为了让两位作者能更好地把握作品，组织他们到北京参观军事博物馆和革命历史博物馆，安排与四川地下党的老同志座谈，并查阅大量的敌伪时期的档案，还提审了一些在押的国民党特务。1961 年冬天，这部书稿终于完成，考虑到"中美合作所"在重庆的红岩村，而红色代表着革命，岩石寓意着坚硬，所以这部小说定名为《红岩》。

《红岩》1961 年 12 月正式出版，出版以后立刻引起极大的轰动，一时间，京城的年轻人读《红岩》、学英雄成为一种潮流。《红岩》也被改编成电影、话剧、广播剧、连环画等等。电影《烈火中永生》就是根据小说《红岩》改编的。1964 年，空政歌舞团将小说《红岩》改编为歌剧《江姐》搬上了舞台。《红岩》的影响力渗透到京城几十年的生活之中，小说中的"甫志高"以后成为叛徒的代名词。20 世纪六七十年代京城少年在外淘气，担心回去被老师、家长发现，小伙伴们会互相叮嘱："别当甫志高啊！"这种习惯虽与小说甫志高风马牛不相及，但足以看出这部小说在人们印象中如何的深刻。《红岩》自 1961 年 12 月出版，四十余年先后印刷了近五十次，印数达 900 余万册。

20 世纪五六十年代，是革命题材小说的高产期，也是引导人们阅读时尚的原动力。除了《红旗谱》《红日》《红岩》"三红"以外，《林海雪原》《青春之歌》《创业史》《山村巨变》以及 50 年代出版的《保卫延安》都曾让人们如醉如痴般地着迷。

《青春之歌》作为我国当代文学发展史上第一部描写学生运动，记述一个青年知识分子如何在曲折的斗争中成长的长篇小说。小说里的女中学生林道静出生在大地主家庭，但因她母亲过去是佃户的女儿，被霸占做了姨太太，这使得林道静在封建地主家庭中依旧处于受压迫的地位。母亲的悲惨的遭遇让林道静心怀仇视，封建家庭的束缚让林道静无法忍受，她逃出那个让她窒息的封建宅院，独自一人到北戴河谋生。然而，随后的一系列挫折让她不断受到打击，她所在的学校校长设下的圈套，企图让她嫁给当地县里的权贵，这无疑让她感到对生活的彻底的绝望，万般无奈的她只有选择投海自尽。恰恰这个时候，被一直关注她的北京大学余永泽所搭救。具有"诗人兼骑士"风采的余永泽，深深地打动了林道静的心。余永泽的激情和无微不至的呵护，让林道静坠入爱河，他们相恋相爱，并共筑爱巢，这让从小就孤苦伶仃、饱受白眼的林道静充分感受到家庭的温馨呵护。她为此而陶醉，为此而享受到被爱的幸福。但作为一个新时代的知识分子，林道静不满足于像花瓶一样被人供养着，她力求去寻找工作，用自己独立的人格去体现出自己的才华和能力。当她遇到共产党人卢嘉川，她被卢嘉川的人格魅力所折服，被他的革命的勇气和胆识深深地打动，新的天地、全新的人让她开始感到和余永泽越来越突出的矛盾和冲突。在她开始接触到革命思想的时候，与余永泽之间的政治分歧让他们之间产生深深的裂痕。林道静的变化让余永泽大为恼怒，他处处阻拦林道静参加革命活动，结果由于他们彼此之间的这种冲突导致了卢嘉川的被捕入狱。残酷的现实让林道静猛醒，她决心离开余永泽，投身到抗日救国的洪流之中。最后，林道静在林红、刘大姐以及江华的帮助和指导下，终于成为一名坚强勇敢的战士。

小说的作者杨沫女士以细腻的笔端刻画出 20 世纪 30 年代风云突变中知识分子的曲折命运，揭示出广大的知识分子只有把自己融入抗日救亡的洪流之中才能找到自己的位置和实现对社会的贡献。杨沫笔下的林道静单纯、正直，有上进心和对国家、民族的热爱，但是她又有小资产阶级知识分子的软弱，对爱情的缠绵和对情感的深深的依赖，这样的形象在 20 世纪五六十年代很容易让很多年轻女学生产生共鸣。尤其是杨沫塑造的一个娇柔苦命的女学生的形象，自然会引起人们对她产生怜香惜玉的感觉。而林道静和余永泽之间的那种缠绵，那种沉浸在温馨小爱巢之中的感觉，对很多年轻女孩来说客观上具有很强的诱惑力。特别是在那个历史时期，大多数文学作品所反映的是波澜壮阔的革命历程，即便涉及男女爱情的内容，那种儿女情长的爱情缠绵相对要淡化许多。在这样的背景下，《青春之歌》的林道静以女性知识分子为主人公，自然在当时一些女孩子中间所产生的影响或多或少已经有点变了。杨沫的细腻的笔触所刻画和描绘的林道静的心里的波澜，又往往具有很强的渲染力，小说中，林道静与卢嘉川结识后那种喜悦、那种"慌乱的心情"把一个年轻女子的情感波动表述得惟妙惟肖。恐怕也就是由于这方面的原因，让五六十年代成长的很多人谈到对《青春之歌》的感觉时，很容易用"爱情"来归纳当时的阅读感受。

1958 年《青春之歌》由作家出版社出版。事实上小说出版后一直处于争论之中，一方面是小说受到年轻人的喜爱和热捧，另一方面也出现了对林道静小资产阶级情调太重的批评意见。杨沫女士为此也做了一定的修改，增加了林道静走与工农相结合道路的内容。相比之下，林道静的小资产阶级情调的痕迹，倒在很多年轻女孩子心里或多或少地扎了根，那句"人在痛苦的时候，是最容易回忆往事的"和"迷人的爱情幻成的绚丽虹彩，随着时间渐渐褪去了它美丽的颜色……"成为很多年轻人日记本里的格言。《青春之歌》出版以后，陈怀皑、崔嵬将它改编后搬上了银幕，谢芳扮演的林道静被人们看作是心中的偶像。

与许多女孩子不同，20 世纪五六十年代的男孩子们或者年轻小伙子们更喜欢的是充满了传奇色彩的《林海雪原》。

1957 年出版的《林海雪原》，以解放战争初期东北革命根据地的剿匪斗争为背景，讲述了一支只有三十六人的小分队深入林海雪原，在长白山的茫茫雪海之中，经过奇袭虎狼窝、智取威虎山、周旋绥芬草甸、大战四方台四次战斗，消灭了许大马棒、座山雕等匪徒的战斗故事。小说用传奇的故事情节，生动的人物形象和极为独特的战斗场景，塑造了杨子荣、少剑波、小白鸽白茹、刘勋苍、栾超家等有勇有谋的战斗英雄，也刻画出阴险狡诈的许大马棒、座山雕、一撮毛、小炉匠等反面人物。

作者曲波十五岁就参加了八路军，并在山东的胶东抗大毕业。抗战胜利后他跟随部队到东北，1946 年受命带领一支小部队进山清剿土匪，《林海雪原》就是他根据自己剿匪的经历创作出来的一部具有极为独特的表现内容的小说。随着解放战争进程的不断加快，曲波先后担任团政治部主任、团政委等职。1950 年他转业到地方，在机车车辆厂任党委书记。1955 年年初他开始着手写作，把自己剿匪的故事写成一部小说，取名为《林海雪原荡匪记》。曲波虽然从胶东抗大毕业，但文化水平还是有限，他没有文学作品的创作经验，只是凭借着自己的感觉去写。经过一年多的努力，《林海雪原荡匪记》基本完稿，他寄给了人民文学出版社，但是不是能出版自己心里也没有底。当时的人民文学出版社也和今天一样，收到的各地作者寄来的稿件堆积如山，曲波的《林海雪原荡匪记》也夹杂在里面。一个偶然的机会，人民文学出版社的编辑龙世辉看到了这部书稿，他为小说精彩曲折的故事所吸引，也为作品中活灵活现的人物形象所感动。他马上把自己对小说书稿的感受和看法向当时的副社长楼适夷汇报，认为这是一部很有潜力的小说作品。楼适夷在听完汇报后表示支持龙世辉的想法，可以在现有的基础上进行进一步的修改。龙世辉马上与曲波联系，并将修改建议转告给曲波。曲波经过再一次的修改，感觉还是不太满意，便表示希望出版社帮助修改，并委托龙世辉帮忙再润色。在楼适夷的支持下，龙世辉接受了曲波的建议和委托，经过三个多月的修改和完善，终于定稿。1957 年 9 月小说正式出版，更名为《林海雪原》。小说面世以后，立刻引起巨大的反响。而随后根据小说改编的电影《林海雪原》以及"文革"中八个样板戏的《智取威虎山》，更让这部小说的影响力大幅度地加深。

实际上，很多五六十年代成长起来的人都是读着这些革命题材小说成长起来的，多少年过去，每每谈起过去的读书历程，除了"三红一创，山青保林"之外，冯德英的《苦菜花》《迎春花》，柳青的《创业史》、周立波的《山村巨变》以及《铁道游击队》《野火春风斗古城》《古城春色》等等，都是人们耳熟能详的优秀作品。

这些作品的产生有的颇具有传奇色彩，像冯德英的《苦菜花》就是被空军部队"保密大检查"给查出来的。20 世纪 50 年代，当时还是空军部队机要员的冯德英利用工作闲暇之际偷偷地写起小说来。1955 年空军部队开始对所属人员进行"保密大检查"，每一个人的书信、笔记及文稿等都要接受组织上的检查。在大检查中，冯德英偷偷写的小说《苦菜花》被人们发现。一个机要员居然偷偷写小说，这在基层部队可是件大事，事情被反映到空军领导那里。当时的空军司令刘亚楼知道后，专门让军队文化部门进行审读，审读的结果是认为这部小说写得很不错。于是，被大检查"查"出来的机要员冯德英被专门抽出来进行创作。1958 年 1 月，《苦菜花》由解放军文艺出版社出版，受到人们的普遍关注，小说出版后累计印刷发行了近 60 万册。22 岁的冯德英还为此被空军党委记一等功，并调到空军政治部文化部任专职创作员。最初空军直属机关对冯德英只是按照一般干部对待，认为他的军龄不长、级别不高，为其安排住集体宿舍。刘亚楼知道后对相关人员进行了严厉的批评，他质问管理人员"空军几十万人，能写长篇小说的有几个"，充分显示出一个高级将领对青年作者的关爱。随后冯德英创作环境得到很大的改善，他接连又创作出来《迎春花》和《山菊花》，被人们称为当代文学史上的"三花"。《苦菜花》后来被八一电影制片厂改编后搬上了银幕，由曲云饰演的冯大娘，让人们永久地记住了那个愁容满面的母亲的形象，以至于后来被人们称为"银幕上第一老大娘"。

20世纪50年代到60年代中期，是新中国当代文学发展的一个高潮阶段，也是北京出版机构在文学作品出版上的高峰期。除了前面所谈到的文学作品之外，还有很多经典文学名著也是这一时期出版的。巴金的《家》《春》《秋》，周而复的《上海的早晨》、赵树理的《三里湾》，高云览的《小城春秋》欧阳山的《三家巷》以及20世纪60年代中期的《艳阳天》和《李自成》（第一部）等文学作品，充分展示了北京出版工作在推进文学创作上的卓越贡献。

三、"学技术、学科学"读书热潮下的出版发展

在新中国成立之初，北京市民的文化程度处于一种极为低下的状态。据1949年北平和平解放后统计，当时北京工矿企业的职工中，文盲占80%，有小学文化程度的工人为16%，初中文化程度以上的仅为4%。而在具有16%小学文化程度和4%初中以上文化程度的这两部分人中，按照当时的政治观念，大多是属于成分复杂或有政治历史问题。若统计北京城郊的农民及城市社会下层民众，其文盲比例更是高得惊人。有人统计，北京1949年农民90%以上都是文盲。不仅是在北京的工人队伍中文盲比例出奇地高，就是在我们党的干部队伍中文盲的比例也很突出。根据1950年中央组织部部长陆定一向苏联驻华代办通报我国情况的有关材料看，当时在华北地区，我们党的干部队伍区委一级以上的中级干部有50%是文盲或者文化程度很低，当时华北地区150万中共党员中，文盲或半文盲达130万人。针对这

样的局面，我们党在全国范围内开始大规模地进行文化补习或文化扫盲运动。

由于城市环境的差异，文化扫盲及文化补习最容易开展而且最容易快速见效的还是像北京、上海这样的大城市。早在 1949 年 4 月，当时的北平人民政府就在《关于目前中心工作的决定》中提出："各大学、中学与完小，应该设成人补习学校，给失学的劳动人民首先是工人以文化和政治教育。"1949 年 11 月，北京各界人民代表会议通过了《关于开办业余补习学校的决议》。没多久中共北京市委发出"开展冬学工作的指示"。北京市为了强化对在职工人的文化教育，1950年成立了北京市业余教育委员会，到了 1955 年又成立了北京市工农业余教育局。

我国实行"一五"计划之初，没有什么社会主义建设经验，只能向"苏联老大哥"学习。为此，中共中央首先号召在干部队伍中加强理论知识的培养，指定各级干部学习 1949 年 9 月由人民出版社出版的《苏联共产党（布）历史简明教程》，重点学习第九章到第十二章。《苏联共产党（布）历史简明教程》是在斯大林主持下编辑的苏共党史，被认为是对苏联社会主义建设做了最完整的总结，其中既包括了成功的经验，也包含了失败的教训。之所以强调重点学习这本书的第九章到第十二章，是因为这最后四章主要讲述的是苏联共产党从 1921 年到 1937 年进行社会主义建设的历史过程。其中，第九章为"布尔什维克党在过渡到恢复国民经济的和平工作时期"，第十章为"布尔什维克党为实现社会主义的国家工业化而战斗"，第十一章为"布尔什维克党为实现农业集体化而斗争"，第十二章为"布尔什维克党为完成社会主义社会建设而斗争和新宪法之实行"。可以很明显地看出来，《苏联共产党（布）历史简明教程》最后四章的历史内容，对我们国家实行"一五计划"，大规模开展社会主义经济建设有着直接的借鉴作用。当时，北京市各级党委宣传部为领导组织一级一级的理论培训，重点培训基层理论教员。大的机关企事业单位，还专门配备了专职的理论教员，组织本单位的干部系统地学习这部书。一时间，《苏联共产党（布）历史简明教程》成为当时干部们手中最为经典的理论读本。

与此同时，在北京市委和各级政府的大力倡导和支持下，北京市很多工矿企业还办起了工人业余学校，农村则建立了冬学和民校，各个城区的街道开设劳动人民夜校，很多普通小学也开办了文化补习班，在小学校的校牌边上又挂起了文化补习学校的牌子，这在当时是北京一大街景。而有一定条件和实力的大型工矿企业，还开办了技工学校，像长辛店机车车辆厂1951年4月就成立了工人技校。之后，北京市陆陆续续地开办了十家技术学校。这些技工学校一方面培养工厂招收的新工人，也就是那些学徒工，另一方面也承担着一部分对在职职工的技术培训和政治教育。由于我们党的大力倡导和积极地号召，北京城内，广大工农群众学习科学文化知识的热情极为高涨。

1952年、1956年以及1958年，北京前后三次掀起群众性学文化的高潮，尤其是作为新中国当家做主的产业工人，上夜校、学文化、学技术是很多年轻人追求的风气。电影《青年鲁班》就是以那个时期青年工人努力学习文化知识，投身于社会主义建设为背景拍摄的一部电影。电影主人公李三辈由于文化程度低，在工作中常常感到力不从心，为此他积极参加夜校学习，钻研技术知识，在技术员秦淑贞帮助下文化程度快速提高，并且终于成功地创造出能代替传统"放大样"的新的技术工艺，成为青年工人的学习楷模。这部以当时的北京劳模、后来曾任国家领导人的李瑞环为原型的电影，真实地反映了那个时代青年工人积极学习科学知识的时代面貌。这样的社会风尚，无疑带动了北京的学科学、学技术的读书热，自然推动出版领域在这方面出版的投入。作为国家一体化运转机制下的北京的各个出版社，积极配合兴起的群众性文化学习热潮，出版了一大批普及科学技术的读物。

1955 年科普出版社出版的赵学田编写的《机械工人速成看图》一书成为青年工人学习技术的重要的图书之一。这本书的作者针对当时工矿企业工人文化水平低，识字数量有限，而且无法看得懂机械加工图纸的问题，便写出一本极为适合一般机械加工工人学看加工图纸的小册子，字数虽不多，但是方法极为实用，一般的工人经过十几个小时的讲课和辅导，就可以初步看得懂平时进行加工工件的零件图或者简单的装配图，实际效果非常的突出。这本书出版后，受到广大工人的欢迎，前后累计印刷了 2000 多万册。一本给机械加工工人看的小册子，能印出这样的数字，在共和国出版史上是极为少见的。这本书后来被全国总工会、机械工业部以及中国科协作为工人学习的基本读物而联合下达文件予以推荐，作者赵学田后来还作为先进人物受到毛泽东主席的接见，其影响之大由此可见一斑。而另一本《机械工人切削手册》也同样在工人中受到欢迎，20 世纪五六十年代前后印刷了 750 多万册。这些图书，当时不仅仅是被机械加工工人作为学习的基本读物，就是其他工种的工人，也往往将其作为基础的读物参考学习。而侯德榜的《三酸与三碱》、苏步青的《现代微分几何学概论》、陈建功的《三角级数论》、华罗庚的《典型域》、周世硕的《量子力学》也都是那时候出版的科技图书，在民众的科学知识的普及上发挥了重要的作用。

一些实用性的科学知识图书成为当时人们直接的生活指导读物，像当时人民卫生出版社出版的陈新谦撰写的《新编药物学》，就是影响面很广的一部既有实用性又有一定的知识普及性的图书。20 世纪50 年代条件还十分有限，很多医务人员能利用的图书也十分有限，《新编药物学》在当时的条件下满足了很多医务人员的这种急需，甚至对一些想掌握一点医药知识的人来说，也极为需要。陈新谦的《新编药物学》最初在 1951 年 6 月由华东医务生活社出版，随后马上改由人民卫生出版社出版，很短的时间内就印刷了 100 万册。此后此书一版再版，半个多世纪过去，仅修订版就达到了 16 版。北京协和医院的大夫王文彬等人撰写的《性的知识》也是在那个时代为了普及科学知识而编写出版的。此书 1955 年 7 月由人民卫生出版社出版，但很快成为命运起伏不定的科学知识读物。《性的知识》是新中国成立以后第一本介绍性卫生的图书，但是在当时的政治背景下，再加上中国长期以来的封建残余思想的影响和很多人思想意识的陈旧，公开谈论性知识很容易被视为"流氓"而遭殃，即便是正规出版的这样的科普读物，也难以抵抗人们的习惯认识。于是 1957 年这本书被再次修订，删去了一些原本很直观的插图。尽管如此，这本小书的影响还是极为明显的，有人统计过，从 1955 年此书出版，到 80 年代初累计印刷了920 余万册。

北京城内兴起的工人、职员的文化知识学习热，进一步促进了市民学文化、学科学的读书热潮，也拉动了科普读物的出版。20 世纪五六十年代农业出版社出版的《农业生产技术基础知识丛书》、机械工业出版社的《简明机工手册》等都是青工学习的普及图书。

四、连环画的出版及"小人儿书"情缘的形成

20 世纪五六十年代，北京出版事业作为党的宣传舆论阵地，不仅非常重视政治理论图书、文学类图书以及科学技术类图书的出版，也极其重视青少年的教育和培养，把出版适合青少年阅读的图书出版也放到非常重要的位置。抓好对少年儿童的教育、培养，在青少年中培育热爱党、热爱祖国、热爱社会主义建设的思想意识，鼓励青少年儿童从小就树立参加社会主义建设的远大志向，这是当时北京出版界非常重视的问题，也是少儿出版工作发展的重点。但毕竟少年儿童阅读能力有限，采用图画的形式，辅以简单的文字的连环画便成为一种颇为有效的传播手段。另外，新中国建立初期一直到五六十年代，很多成人的文化程度也不高，能简单地认识几个字，比较勉强地粗略地读一点文字的成年人占有很大的比例。出版连环画也能够同时兼顾部分文化程度较低的成年人阅读。正是在这样的政治环境和社会文化发展背景下，北京的连环画出版成为20 世纪五六十年代极为活跃的一个发展阶段。

连环画的图书当时一般被大家称为"小人儿书"，它主要是小孩子们看的书，又是在一个小小的本子上面画那么多小人儿来讲故事，自然就叫它"小人儿书"。以连环画的表现形式讲述一段故事，由此形成"小人儿书"。在我国古代图书发展史上，采取绘画图版并配以简单的文字进行说明的传播形式图书古来有之，古代封建王朝为了劝课农桑，通常采取在石板上雕刻劝进农桑的内容进行广泛传播，诸如《耕织图》《棉花图》等都是这样的典籍。一些传播佛学、儒教方面的图书也经常采取这样的方式，我国古代的《释氏源流》《孔

子圣迹图》等都是这样的图书。而很多书肆刊刻通俗唱本、传奇刻本以及小说等，也往往在书的前面放上几张人物画像，称之为"绣像小说"，像《绣像第一才子书》《绣像水浒传》等。晚清民初随着西方印刷技术的逐渐广泛使用，采取上图下文的形式刊行民众通俗读物更为普及，连环画也随之大量涌现。20世纪20年代中期上海世界书局出版的《连环图画三国志》《连环图画水浒》等作为现代中国连环画的开始，在当时产生了很大的影响，并且逐渐成为以后出版连环画的基本表现方式。

20世纪50年代，连环画的出版目的主要是为了解决大量文化程度很低的普通群众的阅读问题，所以在题材上有很多是根据我们当时的宣传政策需要，面向城市中文盲、半文盲以及广大农村宣传社会主义新风尚，所以出版了很多配合这种宣传的连环画。比如：1952年人民美术出版社出版了《速成识字辅助读物》，共15册。1953年出版的《斗争得来的美满婚姻》《婚姻法解放了杜二妮》《她们走上了组织起来的道路》《信用社的女会计》以及后来出版的《新式结婚》等，都是为了配合宣传我们党和人民政府的方针政策而安排出版。抗美援朝以后，为了宣传抗美援朝、保家卫国，又出版了《不朽的国际主义战士罗盛教同志》等连环画。这些图书考虑到文化程度比较低的读者的需要，不只是用图画的形式表现，在说明文字上也力求简洁、通俗，遇到难认识的字还有注释，这对于当时普及和宣传党的政策有很大的影响作用。

随着时间的推移和当时的文化扫盲运动的开展，连环画逐渐地从20世纪50年代前期对低文化程度人群的宣传逐渐地转向对青少年群体的教育和影响，尤其是50年代后期到六七十年代这种作用日渐突出，而且伴随着当时的政治形势的变化和宣传教育的调整而改变。当时，几乎所有的五六十年代的文学名著或者影响比较大的电影，都会被改编成连环画，除了《水浒》《三国演义》《西游记》《红楼梦》等古典文学名著之外，还有《孙悟空三打白骨精》《瓦岗寨》《杨家将》《杨门女将》《孔雀东南飞》《梁山伯与祝英台》《生死牌》《孟姜女》《西厢记》等传统历史故事。由小说改编的《保卫延安》《山村巨变》《林海雪原》《红日》《野火春风斗古城》《创业史》《红旗谱》《铁道游击队》《钢铁是怎样炼成的》等连环画成了孩子们最早接触这些经典名著的启蒙读本，也成为孩子们饶有兴致的知识宝库。

民国年以后逐渐发展起来的京城"小人儿书"，不仅让出版机构把连环画作为重要的出版选题品种投入力量进行生产，也成为北京各个书店图书销售重头戏之一。很多书店屋里卖书，门口摆摊租小人书。甚至在京城出现了以租借形式阅读小人儿书的"租书业"。20 世纪五六十年代，北京的孩子接触小人儿书，租书摊是重要的一个渠道。如今人们要规范地叫"连环画"，从出版编辑的角度而言，当然没错，可要是当年谁说：你们家有连环画吗？估计谁都觉得他别扭。甚至可能遭到嘲笑。毫不夸张地说，从 20 世纪 50 年代一直到 20 世纪 80 年代初成长起来的孩子，都深深地受到连环画的影响，形成了难以忘怀的"小人儿书"情缘。

五、北京国营书店举办第一次北京书市活动

正是由于 20 世纪 50 年代社会的快速发展，让人们在读书的要求上也更加的迫切。为了满足人们的这种对图书的消费需求，作为北京的国营书店自然要在蓬勃高涨的读书热潮中发挥自己特有的行业作用。1957 年 11 月，为了配合庆祝十月革命 40 周年，也为了让北京的更多

的群众能买到自己所喜爱的图书，北京市新华书店在劳动人民文化宫举办了为期十一天的书市活动。这是北京历史上第一个大型书市，是广大读者的一次文化盛会，也是北京出版发行历史上的一个突破。

在这次书市上，北京市国营书店系统的各个门店和从事古籍收售业务的中国书店以及外文书店都参加了这次大型的书市活动。在书市举办前夕，北京市新华书店就组织人到北京的各个机关、学校、商店以及工厂张贴书市的宣传广告，还派送了 11 万张书市的入场券。为了配合纪念十月革命的庆祝活动，书市还专门设立了苏联及东欧社会主义国家图书陈列区，陈列的苏联出版的书刊品种达 1.5 万多种，在外文图书的销售区还摆放了一个 6 米高的克里姆林宫的建筑模型，喜庆的气氛极为浓厚。国内出版的图书，也尽可能地全品种陈列。据当时的统计，书市陈列的我们出版的图书、画册、期刊等就有 2.7 万多种。

书市期间，一些文化名人还亲自到书市上参加售书活动。据书店的老同志回忆，著名诗人臧克家曾经到书市上，佩戴着 199 号书市服务员的证章参加卖书的活动，茅盾也佩戴着 221 号证章和读者面对面地沟通。书市的开幕让京城的读者享受到了文化消费的快乐，书市期间人山人海，当时新华书店曾经邀请著名小说《林海雪原》的作者曲波到书市上签名售书，结果曲波忙得连头都没有抬起来，争相让这位作家签名的读者排成了长长的队伍。杨沫、楼适夷、梅益、金人、李季、孙敬修、陈白尘、巴人等著名文人先后到书市上与读者直接交流，据当时的统计，这些文化名人先后为六千多位读者签名售书。前些年人们在介绍北京的文化活动历史或者图书发行史的时候，往往把 1980 年的全国书市视为北京第一次书市，其实真正的第一次是 1957 年这次图书文化大聚会。

第十章　1966—1976 年北京出版发展的
破折与徘徊

第一节　"文化大革命"对北京出版秩序的
打击和影响

一、"评海瑞罢官"引发的京城书业灾难

1965 年 11 月 10 日，由姚文元执笔的《评新编历史剧〈海瑞罢官〉》一文在上海《文汇报》上发表。在这篇文章中，姚文元以牵强附会、无中生有的手段，诬陷时任北京市副市长吴晗编写的历史剧《海瑞罢官》是以借古讽今的手法为"牛鬼蛇神"喊冤叫屈，是"鼓吹退田单干"。《评新编历史剧〈海瑞罢官〉》一文的发表，以及随之而来的在文艺学术领域里的批判运动，揭开了历时十年的"文化大革命"序幕。《文汇报》刊登姚文元的这篇文章后，北京市属机构没有动静，尤其是《北京日报》等报纸迟迟没有转载这篇文章。在这样的一种"胶着"状态下，当时上海曾经以上海新华书店的名义向全国征订该书的单行本，要求各地上报这个单行本的订数。而对北京，上海方面似乎格外地关照，1965 年 11 月 24 日，上海市新华书店给北京市新华书店发征订电报，

征求北京市新华书店对此书的订数。以往情况紧急时以征订电报的形式向各地新华书店征求订数，并不是很新奇的事情，也是当时新华书店系统进行征订时偶尔使用的方法。但是当时这封征订电报却要求北京市新华书店请示北京市市委宣传部之后回电，这自然引起北京市新华书店主管业务部门人员的议论，觉得上海市新华书店在这个问题上有些过分，是不是需要向北京市委请示不需要一个征订单位来要求，用一般老百姓的话说"也轮不着上海命令北京"，更何况只是一本戏剧评论的小册子。实际上当时人们对姚文元"评《海瑞罢官》"这个小册子并没有真正地"重视"起来。尽管如此，北京市新华书店还是决定向北京市委宣传部请示，11 月 24 日，时任北京市新华书店业务科科长孙忠铨还是带着上海的征订电报，到北京市委宣传部向当时的北京市委宣传部部长李琪请示。李琪看到此电报也极为不满，尤其是对事先不打招呼就以报纸评论的形式公开批判北京市副市长吴晗很是不满，对此事自然很有情绪。尽管如此，作为一名老党员、又是主管宣传工作的负责干部，他还是请示了主管文教工作的市委书记邓拓同志。邓拓同志后来通过市委宣传部办公室主任夏觉通知北京市新华书店：同意订购。但是对具体订数并没有提出具体标准。北京市新华书店在 11 月 27 日长途电话中订购了 8000 本。后为了慎重起见，11 月 29 日又以电报的形式补报了数字。当然，不管当时北京市有关的负责人，还是基层单位的具体工作人员，想不通也罢、心里有意见也罢，随着形势的发展，已经是难以抵挡事态的发展。

从 1965 年 11 月 29 日开始，北京各大报纸陆续转载姚文元的"评《海瑞罢官》"。次日，也就是 11 月 30 日，上海出版的姚文元的《评新编历史剧〈海瑞罢官〉》已经运到北京，人们不好再怠慢，只得赶紧发给北京市的各个门市部。而这件事情为后来市委宣传部和北京市新华书店的有关同志遭整埋下了伏笔，"文革"期间，这次图书征订的过程变成了部分同志的梦魇。

"文化大革命"的开始，对"走资派"的革命和对"反动学术权威"等所谓的"封资修"代表的批判，让各级领导干部和许多学者或社会名流受到冲击和迫害，很多人被抄家，所藏书籍大都被查收，无数书刊被焚毁。而近似疯狂的"破四旧"带来的是很多人自觉或不自觉地将自己手中的图书卖掉、丢弃或烧毁，京城人家中本来就不是很多的书架上所剩无几。对于"文化大革命"之前出版的图书，也被一声令下予以封存，别说再重印出版，就是已经出版的也不得再销售。据 1971 年国务院出版口的统计，1966 年"文化大革命"开始后，全国被封存的图书达 5.76 亿册，北京市新华书店当时的统计，被封存的图书为 7870 种，800 多万册。

二、"红宝书"的出版热潮及"样板戏"图书出版

1966 年 5 月中央政治局扩大会议和 8 月八届十一中全会的召开，先后通过了《五·一六通知》和《关于无产阶级文化大革命的决定》，这标志着"文化大革命"全面发动。事实上，从"四清运动"以后，出版的整体态势就开始出现明显的下滑甚至停滞，而伴随着"文化大革命"的全面展开，北京的出版、发行领域开始遭受当代史上最大的一次冲击。当时的形势使得以往正常的出版秩序被完全地打乱，和其他领域一样，出版社的负责人也被视为"走资派"被打倒，而且由于出版社的特有的文化内涵，这些人更容易被附上更多的"罪状"。书店里面的图书也纷纷下架，除了《毛泽东选集》《毛主席语录》和毛

主席画像以及极少数的政治读物外，书店几乎是空空如也。在这样的形势下，北京城的人们常见的出版物，除了毛主席著作之外，就是"文革"初期各个造反组织出版的小报。

20世纪60年代，北京出版《毛主席语录》是一个颇为突出的出版事例，无论是出版数量、发行范围，还是对人们的直接影响，都是最突出的。历史上《毛主席语录》到底出版了多少种、印刷了多少册恐怕永远是一桩考证不清的悬案，有人根据能看到或有明确文字记载的《毛主席语录》版本材料做过粗略的统计，在国内外出版过50多种文字的《毛主席语录》，一般地认为大约有500多种不同的版本，总印数高达20多亿册。《毛主席语录》出版的版本数量、印刷数量以及发行数在我国出版史上占据首位，是有史以来图书出版经典到极致的事例。

《毛主席语录》的出版和传播，最早可以追溯到20世纪60年代初。1959年庐山会议后，林彪取代彭德怀主持中央军委工作，他鼓吹"毛泽东思想是当代马克思列宁主义的顶峰"，宣扬学习毛泽东著作是学习马列主义的"捷径"，推出"要带着问题学习，活学活用，学用结合，急用先学，立竿见影，在'用'字上狠下功夫"的学习方法。在林彪的鼓吹和军队带动下，全国迅速掀起了"活学活用毛泽东思想"的热潮。 1961年4月，林彪提出："为了使全军指战员在各个时期、各种情况下都能得到毛泽东思想的指导，《解放军报》应经常选登毛主席的有关语录。"在林彪的授意下，《解放军报》从1961年5月1日开始在每天的报眼上刊登毛主席的讲话或者文章的摘要片段。后根据总政治部领导指示，送编200条于1964年1月5日印成16开本的《毛主席语录200条》（征求意见本），经全军政工会议讨论、增补，正式命名为《毛主席语录》，编印单位改署"中国人民解放军总政治部编印"。总政版《毛主席语录》第一版于 1964 年 5 月 1 日出版，共摘编语录 366 条，分为 30 个专题。1965 年 8 月 1 日出版第二版，内容作了修订，共收语录 427 条，分为 33 个专题，共 8.8 万字。第一版有 52 开本纸面平装、64 开本精装加红色塑套两种装帧形式，第二版起全部为 64 开红色塑套装，以后又出版了 100 开、128 开本。在 64 开本书前有林彪手书的题词："读毛主席的书听毛主席的话照毛主席的指示办事"，在再版本的题词后又加了"做毛主席的好战士"。据说林彪的题词受湖北当阳"关陵"中清人集关羽语录所立的一块石碑"读好书听好话行好事做好人"启发而来，当然这只是民间的一种戏说而已。

总政版《毛主席语录》出版后，地方出版部门纷纷要求加印。人民出版社报经领导部门批准，从 1964 年 9 月开始向地方供应总政版语录的纸型，人民出版社也先后出版多种版本，均在内部发行。文化部规定不在报上发消息，不登广告，不公开陈列，不卖给外国人。国务院外事办公室于 1966 年 3 月 5 日、4 月 2 日向有关单位发出通知:《毛主席语录》不向外国人赠送，过去已送的原则上都要收回。6 月 9 日又发出通知，规定在我国的外国专家、留学生、实习生和常驻外宾凡主动向所在单位要求赠阅、借阅或购买"语录"的均可满足；如对方没有索要的，不主动散发。1967 年 3 月 28 日，国务院外办发出通知说 1966 年 3 月 5 日、4 月 2 日的两个通知是错误的，6 月 9 日的通知"也不符合主动积极地对外宣传毛泽东思想的精神"，宣布撤销这三个通知，并称"对外赠送《毛主席语录》（中、外文版）就是向世界人民宣传毛泽东思想。各涉外单位，应将此作为头等重要的政治任务"。

总政版《毛主席语录》从 1964 年到 1976 年，全国共出版汉文版 4 种，少数民族文字（八种文字）版 8 种，盲文版 1 种，外文版（三十七种文字）和汉英对照共 38 种，总印数 105549.8 万册。据外文出版发行事业局统计，截至 1967 年 10 月，世界各国以 65 种文字翻译出版毛泽东著作 853 种，其中有 20 个国家的 20 种文字翻译出版《毛主席语录》，共有 35 种版本。

社会上较普遍地存在着追求毛泽东著作的新版本越多越好的风气。《毛主席语录》出了塑料封套精装本，就不要纸面平装本；出了 100 开本，就不要 64 开本。有些地方甚至大量印制未经中央批准的火柴盒大小的 256 开本。1968 年战士出版社出版的《最高指示》，内容除《语录》外，还有《最新指示》、"老五篇"[①]，流行较广的有解放军政治学院和炮兵编印的两种。据不完全统计，仅上述几种在北京印刷加上外地翻印的数量就超过 1000 万册。当时，社会上对"红宝书"多以公费购买、免费分发干部或作为奖品礼品、会议文件等形式分发，印数再多也满足不了需要。1971 年 4 月 12 日，周恩来接见全国出版工作座谈会领导小组成员时，对乱编乱印未经批准的毛泽东著作又一次提出批评。周恩来说："中央从 1966 年起就三令五申通知了多次，不经过批准不准乱印，可他们就是印，把纸张占用了，把塑料也占用了。"会上有人请示是否可以把战士出版社印的"四合一本"《最高指示》正式出版？周恩来立即说："'最高指示'不要用，

---

① （含"老三篇"加《关于纠正党内的错误思想》《反对自由主义》）和《毛主席诗词》，通称"四合一本"；不久又出现了《毛泽东思想胜利万岁》（含《毛主席语录》《最新指示》《林副主席语录》"老五篇"《毛主席诗词》《九大文献》，通称"六合一本"）。

就是毛主席指示。将主席诗词也放在这里边怎么叫'最高指示'？"周恩来明确地说："对文化大革命以来的毛主席语录要认真审查，要经过中央讨论批准，没有经过中央批准的本子一律取消，凡是中央规定的版本就是合法的，其余都是非法的。"　"文化大革命"十年，全国用于印制毛泽东著作的纸张仅 1966 年至 1970 年的五年内就用了 65 万吨，比 1950—1965 年"文革"前十六年书籍用纸的总量[①]还多 5.66 万吨。根据出版统计资料显示，1966 年到 1970 年全国出版物总出版量为 129.27 亿册（张），而同期出版的各种毛主席著作和毛主席像及其语录单页 104.33 亿册（张），占到所有图书出版量的 80.7%。这仅是由国家出版社正式出版的毛泽东著作的用纸量，"文革"期间群众组织等私自编印的毛泽东著作用纸则多得无法统计。

　　"文革"中间出版的《毛泽东选集》《毛主席语录》以及在"文革"中后期出版的马列著作，成为"文化大革命"期间出版图书的主体，而巨大的印刷出版量也为后来留下了诸多的历史积症。1981 年，北京市新华书店库存的马列著作和《毛选》以及《毛主席语录》，由于长期积压而风黄污损的就高达 7223.4 万册，当时经国家出版局批准予以报废处理，按当时的统计净损失为 195.2 万元。当时没有地方出这笔钱，只好从北京市新华书店 1979 年和 1980 年超额利润中冲账。

　　"文革"初期的京城还有一个阅读内容颇为特殊，那就是"文革小报"雨后春笋般地涌现，成为北京当代出版史上最为怪异的特殊现象。"文化大革命"初期，"革命造反"行为让很多单位陷于瘫痪或半瘫

---

① 59.34 万吨。

痪状态，北京地区除了《人民日报》《北京日报》《红旗》杂志等少数报刊存在之外，绝大多数报刊社都陷于停刊状态，更别说出版社再出什么书了，都基本上停止了正常的出版工作。因此，人们的阅读除了《毛选》《毛主席语录》之外，就只有当时各个造反组织编印的小报了。"文革"初期，北京各大专院校和各个中学先后组织成立了"红卫兵"，为了加强他们的造反行动的宣传，便开始自己印发宣传材料，也就形成了"文革"中间特有的造反派组织的出版发行的"文革小报"。1966年，在北京首先出现了由北京六中红卫兵出版的《红卫兵报》和由"首都大专院校红卫兵司令部"出版的《红卫兵》这两份报纸，一般地被认为是"文化大革命"期间最早出版的"文革小报"。

1966年11月北京大学主办的《文化革命通讯》被视为"文革"中最早的造反派刊物之一。随着"文革"运动的不断展开，北京各个单位层出不穷的造反组织纷纷成立，北京的"文革小报"越来越多，不再仅仅是大专院校大学生和中学学生成立的组织出版报刊，很多文化单位的造反派也利用自己的文化出版优势，开始出版报纸和期刊，有的单位有好几派组织，于是针锋相对各出各的。当时影响较大、比较有名气的大学红卫兵组织出版的报刊有：清华大学"井冈山兵团"出版的《井冈山》、北京外国语学院"红旗革命造反团"出版的《文革风云》、北京航空学院"红旗战斗队"出版的《红旗》、北京师范大学"井冈山公社"出版的《井冈山》、北京大学"新北大公社"的《新北大》、北京地质学院"东方红公社"出版的《东方红》等。而在北京全市范围甚至全国都具有影响的"文革小报"是"首都大专院校红卫兵革命造反总司令部"出版的《首都红卫兵》，据说最多的时候发行近百万份，在各地还设有联络站，俨然新兴起的"红卫兵"机关报。

至于基层单位的造反派组织出版的小报更是不计其数，小报的名字也千奇百怪，有"反修"，马上就又跟着"反帝"的，有的叫"风雷激"，立马就会有个"云水怒"，还有的叫"战到底"的，林林总总颇有点拉杆子占山为王的意味。有人粗略统计，"文革"期间北京各个单位造反派组织出版的小报接近 1000 种。到了 1968 年底至 1969 年初，"文革"小报的出版势头逐渐地减弱，逐步由一些正规的出版机构开始出版"文革"需要的图书。

经过"文革"初期的大动荡后，"大联合""复课闹革命"等一系列举措让人们从"文革"初期狂热的"打砸抢"中逐渐地冷静一些。"文化大革命"运动开始逐渐地由各地成立的"革命委员会"统一领导下，逐步地恢复较为正常的社会秩序。在这一阶段，随着八个样板戏在全国一统天下，出版"革命样板戏"图书，成为当时仅次于出版《毛选》《毛主席语录》之外的又一重大政治任务。

"样板戏"最早起源于 20 世纪 60 年代前期上海的京剧《芦荡火种》。1964 年毛泽东同志观看了京剧《芦荡火种》之后，曾指示要"突出武装斗争"，《芦荡火种》后来也就改名为《沙家浜》。此后，先后改编了京剧《智取威虎山》《海港》《红灯记》《沙家浜》《奇袭白虎团》，芭蕾舞剧《红色娘子军》《白毛女》和交响音乐《沙家浜》等八台文艺节目。这八台文艺节目被称之为八个"革命样板戏"，简称为"样板戏"。对于样板戏，毛泽东同志提出："样板戏要提高，也要普及。不要工农兵的戏工农兵看不着……工厂、农村、学校、部队都可以组织业余演出，光靠几个样板团不行……"之后，全国上下各地各单位纷纷移植这八个革命样板戏，不同的地方戏曲要大唱八个样板戏，工厂学校、机关团体也纷纷组织文艺宣传队大唱样板戏。"革命样板戏"要普及，就必然要将其剧本、演员化妆造型以及道具等让更多的人了解，出版八个样板戏的有关图书的问题自然就提到议事日程上来。1969 年 7 月，文化部军宣队根据上面的指示意见，从过去的专业出版部门中抽调了十二名从事编辑、出版印制和发行的人员，成立了"样板戏"出版小组。当时计划要将八部"样板戏"都分别出版适合于人们学习演唱的不同版本的"样板戏"图书，主要有：

普及本，大 32 开平装，主要图书内容为样本戏的剧本、主要唱段简谱、场景图片、剧照等；

综合本，也为大 32 开本，分平装、精装两种，主要内容为演出剧照、剧本、主旋律简谱、舞蹈动作说明、舞台美术设计效果图、舞台平面示意图、各个戏剧人物造型图、道具制作图、布景制作图、灯光布光说明图、灯光使用说明表等；

五线谱总谱，分为 8 开精装本、16 开平装本和大 32 开平装本；

主旋律曲简谱，为大 32 开平装；

样板戏画册，为 24 开平装本，分别收录八个"样板戏"的彩色和黑白的经典剧照。

这些图书陆续出版发行后，为了配合全民大唱样板戏，当时确定的是力求中国大地上一个生产队一本，所以"样板戏"中有的图书确定印数为 500 万册，连《红色娘子军》都印刷了 500 万册，难怪周恩来总理曾经批评说：《红色娘子军》有多少人学跳？一个生产队一本，太多了！[①]根据当时国务院出版口的统计，1970 年 9 月到 1971 年 9 月，

---

① 《"文化大革命"时期"样板戏"出版概况》，《北京出版史志》第十五辑，北京出版社 2000 年版。

北京出版的《智取威虎山》《沙家浜》《红灯记》《红色娘子军》四种"革命样板戏"的图书为 2718 万册。1972 年北京市新华书店曾经统计过库存的"样板戏"图书，库存量为 150 万册。

第二节　"文革"后期的出版工作部分恢复

一、"评法批儒"带来出版工作部分恢复

"文化大革命"中后期，随着林彪事件的发生，"文革"初期很多被打倒的老同志陆续被"解放"出来恢复工作。国家的各个方面也开始逐步地恢复，出版工作开始出现了一定的转机。而当时的一些运动，像"批林批孔""评法批儒"和"评《水浒》、批宋江"客观上带动了图书出版工作的部分恢复。

1971 年 9 月 13 日林彪坠机身亡后，在中央的部署下全国开展了对林彪反党集团的批判。因为在清查林彪问题时，发现他有很多有关孔孟言论的材料，再加上在他的房间里发现有"克己复礼"的条幅，便视其为了复辟，与孔孟思想一脉相承，于是决定开展"批林批孔运动"。当时根据毛泽东关于历史上孔子代表的儒家一贯主张厚古薄今、倡导"克己复礼"，而历代主张变革的大多是法家的论述，全国上下开始大规模开展"评法批儒"运动。1974 年元旦，《人民日报》《解放军报》和《红旗》杂志"两报一刊"联合发表社论，提出"要继续开展对尊孔反法思想的批判""中外反动派和历次机会主义路线的头子都是尊孔的，批孔是批林的一个组成部分"。由此，轰轰烈烈的"评法批儒"运动在全国开展起来。为了配合"批林批孔"学习的需要，人民出版社突击出版了《批林批孔文章汇编》（一）、《批林批孔文

章汇编》（二）、《鲁迅批判孔孟之道的言论摘录》《五四以来反动派、地主资产阶级学者尊孔复古言论辑录》等四种书。当时北京地区的中央和北京市属的十余家印刷厂集中负责北京地区中央和北京各个单位需要图书的出版印制任务，这四种图书1971年1月27日第一批赶印了180万册。2月5日又赶印出了第二批100万册，用最快的速度由新华书店发行到各个机关单位和工矿企业。根据北京市新华书店的统计，这两批图书发行后，北京的中央单位和北京市党政机关的供应基本满足，当时工矿企业的工人满足率为70%～80%，农村仅仅能供应到大队干部手中，社员和知识青年基本得不到。为此，北京市又加印了第三批70万册。而解放军系统则由军队自己印制。据国家出版局统计，这四本书第一批全国共印刷了5700万册。

与此同时当时还出版了《反动阶级的"圣人"——孔子》《关于孔子诛少正卯问题》《孔丘杀少正卯》《鲁迅批孔反儒文辑》和连环画《剥开"孔圣人"的画皮》、宣传画《工农兵是批林批孔的主力军》、诗歌集《我写儿歌来参战》、歌曲集《批林批孔战旗红》等图书和其他出版物。这样的一个出版态势，对于很久没有书读的人们而言，也是一种新的图书阅读契机和编写图书的"良缘"。一时间各个单位纷纷组织写作班子撰写文章，批判"孔老二"，歌颂历史上法家思想。据国家出版局版本图书馆对收到的样书统计，从1973年下半年起到1976年10月，全国共出版"评法批儒"的图书1403种，总印数1940余万册。这部分图书从品种到数量，占同期出版的哲学社会科学类图书的四分之一强。在这1403种图书中，"批儒"的有496种，"评法"的有907种。"评法批儒"运动的大规模开展倒出现了一些意外的收获，一是一批长期无事可做的文史研究教学人员在这样的背景下，重新拣起了自己久违的专业，尤其是当时出版一些儒家著作批注本，像《论语批注》等，客观上让很多专业人员又回到了昔日的专业领域。二是很多年轻人的历史知识就是在这样的历史环境下一点点学出来的，甚至被引导着走上了文史研究、出版和教学工作岗位上。

事实上，"文化大革命"中期以后，随着形势的逐渐平稳，毛泽东等领导对我国古代文化典籍还是比较重视的，远不像"文革"之初"破四旧"那样对历史文化传统一概清除，比较典型的就是"二十四史"的整理出版。

早在 1958 年 9 月，毛泽东同志就指示吴晗、范文澜着手准备标点《史记》《汉书》《后汉书》《三国志》等"前四史"。为此，吴晗、范文澜主持，由中华书局牵头组织顾颉刚、聂崇岐、齐思和、宋云彬、傅彬然、陈乃乾、章锡琛、王伯祥、吴则虞、王仲荦、唐长孺、陈垣、聂崇岐、刘节、柴德赓、刘乃和、罗继祖、邓广铭、冯家昇、傅乐焕、翁独健、郑天挺等一大批具有很高学术造诣的学者专家先后参与此项工作。毛泽东同志还亲自对这个项目的计划方案进行了批示："计划很好，望照此实行。"最初计划先将"前四史"整理标点出版，其余二十种用八年的时间陆续出完。由于卷帙浩繁、工作量太大，原定计划大大地推迟。1966 年"文革"开始，这项庞大的古籍整理项目被迫中断。1971 年召开的全国出版工作会议，整理标点出版"二十四史"再一次提到议程上，周恩来总理专门批示："二十四史中除已标点者外，再加《清史稿》，都请中华书局负责加以组织，请人标点，由顾颉刚先生总其成。"为此，5 月 3 日，当时的国务院出版口领导小组起草了《整理出版二十四史及〈清史稿〉的请示报告》，毛泽东同志在报告上重重地写下了"同意"。一个古籍整理出版项目，共和国最高领导两次批示，政府总理亲自安排具体的项目承担人，这在中外出版史上都是从未有过的。随后，"二十四史"的整理标点工作重新开展起来，当时有的参与此项目的学者是直接从"牛棚"中解放出来的，其心情自然更为地激动，工作起来也更为地尽心。经过几年的努力，1977年标点本《宋史》出版，标志着从20世纪50年代开始，经过"文革"，到改革开放前夕近二十年努力的"二十四史"全部整理出版工作最终完成。

二、"评《水浒》、批宋江"带来的古典文学名著的重新出版

1975年7月毛泽东同志提出要调整文艺政策。在这之前，毛泽东已经指示重新印行古典小说，提倡读《红楼梦》《水浒》。毛泽东于1975年8月就《水浒》这部小说发表评论。对此，北京大学古典文学教员芦荻进行了整理，8月14日，经毛泽东本人审定，即成为关于评论《水浒》的批示，由此引发了另一个读书的热潮——评《水浒》、读《红楼》。当时为了配合"评《水浒》、批宋江"，人民文学出版社立刻重新出版了以金圣叹删改的七十回本子整理的七十一回本《水浒》。过去有"少不看水浒、老不看三国"之说，可在"文革"时期，又是毛主席讲的"《水浒》这部书，好就好在投降"，自然可以坦坦然然地大读特读，再加上这部小说的特点，使它成为很多年轻人最爱看的古典小说。除了七十一回本子的《水浒》，人民文学出版社还出版了明万历末年杭州容与堂刻本的一百回本《水浒》，上海人民出版社出版了明万历末年杨定见序一百二十回的《水浒全传》，但当时最为流行和最容易买到的还是人民文学出版社的七十一回本。

　　尽管在"文革"后期评《水浒》、读《红楼》被赋予了更多的政治意图，但就北京城的一般民众而言，却把这样的一个过程变成重新阅读古典文学名著的契机，更多的是享受古典文学名著的艺术魅力和丰厚的文化内涵。最具有代表性的是《红楼梦》校点本的整理出版，极为典型的显示出人们摒弃"文革"的政治意图，探求和发掘我国古代文化遗产的整理出版历程。

　　1973 年，毛泽东同志在一次接见中央军委会议成员时，对许世友说《红楼梦》"要看五遍才有发言权呢"。毛泽东的讲话和对《红楼梦》的阅读倡导，催化了重新对《红楼梦》进行整理校订的进程。1975 年，时任文化部副部长的袁水拍最先提出重新整理校注《红楼梦》，后根据文化部的指令，成立了"《红楼梦》校订小组"，冯其庸、李希凡、胡文彬、吕启祥、蔡义江、林冠夫、周雷、刘世德、张锦池等数十位著名红学专家先后参加这个校订小组，对这部文学巨著进行全面系统的校订。从 20 世纪 70 年代中期到 80 年代初，"《红楼梦》校订小组"经过七年的努力，终于取得硕果。1982 年，人民文学出版社出版了这部经过共和国最优秀的红学专家群体校注的《红楼梦》，它被视为最具有权威性和注释最详尽的"定本"。据人民文学出版社的统计，《红楼梦》校注本从 1982 年出版，到 2007 年初，共印刷了 380 万套，若加上人民文学其他本子的《红楼梦》，其印数极为可观。此次对《红楼梦》的校订、注释，以庚辰本为底本，以其他脂评本为参校本，以程甲、程乙本等其他刻本为参考本，对《红楼梦》中涉及的典章制度、名词典故以及难解词语皆尽可能做细致的校注。《红楼梦》校注本的整理，为改革开放后的红学研究奠定了坚实的基础。后来出版的《红楼梦大辞典》就是当年在对《红楼梦》注释的基础上进行编纂的。而陆续参加此项工作的成员，后来皆为红学研究的中坚力量。2007年，《红楼梦》校注本出版二十五年时，人民文学出版社与中国艺术研究院红楼梦所联合召开纪念座谈会，很多当年参与此项工作的红学家再次相聚在一起，当大家回忆起那一段艰辛的历程，不禁感慨万千。冯其庸先生当时回忆说："书出以后李一氓同志认为这部书很好，可以作为'定本'"。张锦池回忆那段工作时深情地说："能参加校订小组，对我来说是很美好的，也改变了我的后半生……"

"文革"后期，随着出版工作的陆续恢复，北京的出版机构陆续出版了《金光大道》《李自成》《征途》《连心锁》《大刀记》《新来的小石柱》《小英雄雨来》《海岛女民兵》以及《西沙儿女》等文艺作品，这在当时几乎处在"书荒"的时代下成为人们能够公开阅读文学作品的良机。"文革"后期根据《金光大道》改编的电影中有这样的一个情节：反面人物马小辫为了掩盖家中藏有白面，满村子追打着女儿，边追边喊着："你要吃馒头，哪来的麦子？！"结果这一情节被有的少年戏改为："你要吃麦子，哪来的馒头！"由此可以看出当时出版的这些文学作品在那个时代还是具有一定的影响力。

第十一章　北京出版快速恢复带来的出版热潮

第一节　"文革"结束后的北京出版快速恢复

一、"文革"结束后京城"书荒"影响下的图书抢购

1976 年 10 月，十年"文革"终于结束，长期以来禁锢着人们的思想的政治气氛开始缓解，我们的国家建设和经济发展逐步成为工作的重心。特别是 1978 年 12 月召开的党的十一届三中全会，标志着我们的国家进入了一个新的伟大的改革时代。

自 20 世纪 50 年代后期的"反右运动"开始，我们国家政治生活开始出现不太正常的倾向，"左"倾思潮越来越显著地笼罩在思想文化领域，到十年"文化大革命"，思想战线和文化领域的"左"倾错误发展到极致，这大大地制约和影响了文化学术的开展和图书出版的发展，特别是从 1966 到 1976 年，图书出版数量极为有限，"文革"后期出版工作还有一定的恢复，但出书的品种却仍旧是少得可怜。以"文革"十年中出版数量最高的一年 1975 年为例，北京地区中央各出版社及北京市市属出版社一共出版图书 4000 种，全国为 13700 种，

其中大多数为工农兵三结合的大批判图书。

"文革"的结束，人们迎来的一个全新的时代，十年的书荒让人们渴望着阅读，读书的饥渴瞬间迸发出来，出现了"文革"结束后的一次狂热的图书抢购。十年"文革"的影响，人们面临着无书可读、书店无书可卖的窘迫局面，别说全国各地无书可买，就是作为文化中心的北京，也同样处于读者无书可买、书店无书可售的状态。中国书店"文革"之中曾经被视为吴晗、邓拓、廖沫沙"三家村"的黑店而被迫关门，一直到70年代初才逐步地开始恢复营业，但基本上只是卖《毛选》和《毛主席语录》及画像等。"文革"后期一度恢复的出版，让书店开始有一些书卖，但数量少得可怜。当时一个星期半个月逛一次书店，读者一进书店来了什么新书一眼就可以看出来。今日的中国书店古籍书店，"文革"中改成机电样本门市部。古旧书店卖起了《机电手册》。

1978年2月23日，对于春寒料峭的北京城而言，是一个最不起眼的日子，但是若是站在北京图书出版史的角度上说，这是一个值得纪念的日子。北京市全市各个新华书店在这一天将同时发行人民文学出版社出版的《家》《一千零一夜》《希腊神话与传说》和《哈姆雷特》。很多人听到新华书店要卖新出版中外名著的消息，早早地就从北京的四九城跑到新华书店门口排起了大队，弯弯曲曲地在书店门口形成了长长的队伍。王府井新华书店门口还没有开门，就排了一千多人。九点钟王府井书店开门，不到一个小时，《一千零一夜》就卖了1400多本。而位于前门大街的新华书店门前，闻讯而来提前排队的读者队尾已经排到了廊房二条。前门新华书店开门的瞬间，读者蜂拥而入，原来排的队伍大乱，现场颇为"火爆"，书店面对着热情高潮但又挤成一团的读者，只好临时请警察和工人民兵帮忙维持秩序。全市的新华书店几乎不到一天的时间，这四种图书销售一空，很多读者因为没有买到这些书而苦苦求着书店的营业员。这一让人们足以记忆的场景，在当时也引起了人们的关注，特别是出版管理部门的注意。

1978 年 3 月国家出版局召集北京、上海、天津等十三个省市出版局（社）和人民文学等出版社开会，商议如何解决"书荒"的问题。这次会议上，要求有关的出版社大力组织出版新书。但事实上，由于"文革"的影响，学者、作家大多纷纷靠边站，出版社的编辑队伍也严重不足，无论是图书的创作，还是出版的编辑、出版能力极为有限。在这样的背景下，国家出版局只好要求有关的出版社对"文革"前出版的图书进行审读、修订，并决定在最短的时间内重印 35 种中外文学名著，要求尽快上市供应给广大读者。最初确定重印 35 种流传影响较大的中外文学名著，其中，外国文学名著有伊莎尔·伏尼契的《牛虻》、巴尔扎克的《欧也妮·葛朗台》《高老头》，托尔斯泰的《安娜·卡列尼娜》，雨果的《悲惨世界》和《一千零一夜》《莫泊桑中短篇小说选》《莎士比亚作品选》《契科夫小说选》《易卜生戏剧四种》《希腊神话和传说》《哈姆雷特》《悲惨世界》等 16 种图书，中国现代文学作品主要有《子夜》《家》《春》《秋》《红旗谱》《铁道游击队》等 10 种图书，中国古典文学或文史经典图书有《唐诗选》《宋词选》和《东周列国志》《儒林外史》《官场现形记》等 9 种。当时配发给北京地区销售为 308.7 万册，当这 35 种中外名著投放市场后，立即在北京掀起了一场购书狂潮，一时间北京的新华书店、中国书店及外文书店的门市部争购图书的读者纷纷涌来，人们的那股争购图书的狂潮让很多人记忆犹新。

　　"五一节"往往是人们游园踏青的好时节，北京的1978年的这个"五一节"书店成为人们最爱集中的地方。因为有2月份没有买到人民文学出版社出版的《家》《一千零一夜》《希腊神话与传说》《哈姆雷特》等四种图书的教训，4月30日的晚上，提前得到消息的读者就开始在王府井新华书店门前排起长队。有四五百人在王府井新华书店的门前苦苦地等了一个晚上，到早上七点多，门前的购书长龙就达到了三千余人。到临近开业时，已经形成了四五千人的长龙。有人来晚了，看到如此的长龙，便掉头骑车到前门新华书店或者西单新华书店，结果同样是门前排着焦急等待的读者。1978年五一节的早上，全北京各个书店门前都是焦急等待购书的读者，成为那一天留在历史上的定格。全市数十家新华书店、中国书店的门市部被挤得水泄不通，购书的读者摩肩接踵，书店的工作人员早已经忙得顾不得抬头了。笔者在中国书店共事二十年的老友雷雨兄长当时在中国书店机电样本代销处工作，他有一次说起那一段很是得意："那个时候中国书店职工有一个最大的'特权'，就是凭着我们自己发的书票可以优先保证能买到这35种书，我用我的书票把四大古典名著和一些外国名著买了，我的一个熟人好说歹说，我让他用我的票把别的书都买了。那个时候啊，这票可紧俏了！"

　　对于这样的壮观场面和读者的狂喜，《读书》杂志在1979年创刊号发表的《读书无禁区》中兴奋地称赞说："被禁锢的图书，开始见到阳光。到了1978年春夏之交，一个不寻常的现象发生了。门庭冷落的书店，一下子压倒美味食品店和时装店的门店，成了最繁荣的市场。顾客的队伍从店内排到店外，排到交叉路口，又折入另一条街道。从《东周列国志》到《青春之歌》，从《悲惨世界》到《安娜·

卡列尼娜》，几十种古今中外文学名著被解放，重新和读者见面了。那长长的队伍，就是欢迎这些精神食粮的行列。"

读者的购书热潮，让国家有关部门感受到图书市场的压力，也看到我们出版事业与广大读者的客观需求的差距。20 世纪 70 年代末到 80 年代初，京城购买图书要托熟人、走后门就很能说明问题。国家出版局在决定重印 35 种中外名著很快脱销之后，又力促北京、上海有关的出版社加快图书的重印和新书的出版，又增加了 72 种中外古典文学名著、科学著作和科普读物。但当时基本的纸张储备根本无法满足这样的出版要求，读者需要的图书缺口越来越大，纸张供给量只能按照实际需要的 20%～30% 供应。1979 年全国出版机构申报的用纸计划为 60 万吨，可当年国家计划会议确定的纸张生产计划量只有 47.4 万吨，而能不能如期生产出来还是一个未知数。不得已国家有关部门拿出了 1 个亿美元外汇用于进口纸张和纸浆，以满足新闻出版用纸。1977 年进口纸张 5 万吨，1978 年进口纸张为 9 万吨，到了 1979 年，进口纸张数量达到了 22 万吨，这是以往从来没有过的现象。

二、"书荒"后的读书热带来北京出版的"春天"

20 世纪 70 年代后期的图书阅读热的大潮直接带动了北京出版的快速恢复和发展，北京出版界迎来了出版发展的"春天"。当时，北京一批出版机构纷纷恢复或新建，像科学普及出版社、北京出版社、石油工业出版社、中国电影出版社、世界知识出版社、法律出版社等纷纷恢复，一大批离队多年的老编辑、老出版回到了出版岗位。而一批新建的出版社也大量地涌现出来，仅 1977 年到 1979 年，北京地区就增加了数十家出版社，像今天还活跃在出版领域的中央所属中国大百科出版社、新华出版社、中国社科出版社、北京盲文出版社、海洋出版社、气象出版社以及北京市市属的中国书店出版社、北京科技出版社、北京燕山出版社、首都师范大学出版社（当时称北京师范学院出版社）、首都经贸大学出版社、北京工业大学出版社等都是在70年代末80年代初陆续恢复或成立。

　　20世纪70年代末到80年代初的那几年，人们对图书阅读的渴求几乎到了疯狂的地步，有书便买，逢书就要。当时的北京各个书店不仅大量从北京各中央出版机构进货，还向全国各地出版社寻求进货书源，一时间北京的图书市场成为全国图书市场的经典缩影。蒋学模的《政治经济学》当时累计发行了1400万册，上海出版的《上海棒针编织花样500种》发行了1227万册，北京出版社出版的《数学游戏》在王府井新华书店曾创下两个小时销售15万册的顶峰般的记录。低幼读物《小马过河》在书店销售时，引来的读者把书店挤得水泄不通，连柜台都被挤坏。当时出版的《工人法律知识读本》销售了1212万册，而被人们作为基础读物的《马克思主义哲学纲要》则发行了500多万册，《先秦哲学寓言》发行了270多万册。有心人做过这样的一个统计：《基督山伯爵》发行107万册、《红与黑》发行156万册、《少年维特之烦恼》179万册、《白话聊斋》292万册、《西厢记》101万册。正是因为图书销售的极度火爆，人们对图书消费近乎疯狂的"抢购"，让所有的出版社的出版速度无法跟上这种对图书的渴求。于是出现了很有意思的一种局面，因为很多书来不及排印、校对，只能用过去的旧纸型重新印刷，才出现了我们实行了二十年简化字之后，又出版了一批繁体字的文学作品，当时出版的《安娜·卡列尼娜》和《牛虻》都是繁体竖排的小说。许多年后有细心的读者发现 20 世纪 70 年代末出版的名著居然是繁体字的很是不解，其实就是当时时间太仓促，只能如此了。而随着形势的发展和解放思想，很多过去不能出版的图书也逐渐地开始"解禁"。人民文学出版社出版的《今古奇观》，1957 年就已经排版，一直到 1979 年 12 月才得以第一次印刷出版，所以才有"1957 年 12 月第一版，1979 年 12 月第一次印刷"的版权记录，这可能是共和国历史上排版、印刷间隔时间最长的图书之一了。

三、恢复高考及解放思想拉动北京图书的求知热、外语热

1977 年，中央决定恢复高考，关闭了十一年的高考大门重新向人们打开。消息一传出，被耽误了十几年的"老三届""小三届"的青年人无不欢欣鼓舞。人们开始拿起了久违的中学教材，重新开始了新一轮的读书。但当时很多人手中已经没有过去上学的课本，即便是有一些也都是"文革"之中编写中学教材，对于刚刚恢复的高考而言，几乎用不上。很多"老三届""小三届"的下乡知青或在北京工矿企业工作的青工，也因为耽误了十几年，上学学的那点知识都淡忘了很多，需要重新补习中学知识。让很多年轻人重新拿起书来，补习文化知识，北京迎来了一波"求知热"。

没有课本，人们就开始想办法解决。70 年代末北京《电工手册》卖得特别的好，就是因为很多人用这本书作为物理学习的基础资料。1978 年，为了给参加高考的考生进行必要的辅导，北京人民出版社出版了《我在这战斗的这一年里》（作文讲评）一书，收录了在当时认为成绩不错的二十五篇高考作文，这应该是"文革"后最早的高考辅导材料了。为了让考生们补习文化知识，参加高考，北京城内高考

复习班应运而生，各个学校陆续开办补习班，高考复习资料也开始陆续出现。1984年北京海淀区教师进修学校为海淀区各个学校编写了一套初中、高中各个学科的"辅导与练习"，这套由北京海淀教师进修学院编写、最初由四川重庆（当时重庆尚未改直辖市）出版社出版的教辅材料，在秋季开学时就印行了300万套。这套图书被视为最早出版教辅读物的开端。自此以后初中、高中使用教辅读物越来越突出，"教辅"甚至发展成为一种图书出版专有名词被广泛地使用，一直持续到今天。

高考制度的恢复，以及1978年开始的《实践是检验真理的唯一标准》大讨论引发的思想解放，整体上在北京城营造出了浓厚的学习和读书的氛围，而改革开放则更让人们打破以往的思想禁锢，在文化、出版等领域形成新一轮的复兴。当时北京城表现出来的文化复兴的突出反映就是文化知识的补习和对外语学习的狂热。

新中国成立以来，曾经在50年代出现过一段时间的"俄语热"，但随着中苏关系的恶化，"俄语热"消失。西方国家的经济封锁，使得我们与国外的交往隔绝，加之"文革"的极端，"不学ABC，照样干革命"让一代年轻人丢掉了外语课本，甚至"外语"几乎成为"里通外国"和"特嫌"的标志。十一届三中全会带来的思想解放和改革开放，让人们开始从禁锢中走出，大胆地借鉴和学习西方的先进技术，成为改革开放的必然趋势。1978年年初，《北京日报》登载了一篇《以革命导师为榜样努力掌握外国语》的文章，文章中号召大家："努力掌握外国语这个武器，为把我国建设成为伟大的社会主义强国贡献自己的力量。"这对很多人来说无疑是一种惊喜，北京市委的机关报都这样的号召，自然让人们感觉到了一种彻底的解放。而若干年以后，国务院颁发的《关于自费出国留学的暂行规定》，掀起了改革开放以来的第一次出国大潮。在这样的开放大潮的推动下，京城兴起了学外语热，《英语900句》《英语灵格风》，陈琳的《英语》、许国璋《英语》以及《跟我学》（Follow Me）成为京城最热门的外语图书。

"文革"后期极少部分人，特别是一些工程技术人员开始偷偷学《英语900句》，当时还以光华出版社的名义"内部出版"《英语900句》。《英语900句》蓝色封面，厚厚的一本，正文纸选用的颇为考究的字典纸。"文革"结束后，《英语900句》正式出版发行，并将原来的厚厚一册改为多册，成为人们学习英语最早的教材之一。1979年，为了缓解北京地区读者对外语图书的迫切需求，北京外文书店在北京有关部门的支持下，租型印制了15万套、60万册《基础英语》，图书出版后引发了又一轮购书狂潮，外文书店的门前也出现了凌晨排队等候购买这套图书的场景。

与《英语900句》同期颇具影响力的还有《英语灵格风》，"文革"刚结束时北京城内销售《英语灵格风》只有位于王府井北面锡拉胡同内北京外文书店的内部机关服务部，一套书配着几张胶木唱片，凭着县团级以上的介绍信方可购买。

20世纪70年代末的陈琳电视《英语》教学，让人们通过电视学习英语，这对很多曾经被耽误的人来说是一个最好的学习方式。由陈琳主编的《英语》也成为最热门的图书之一，仅1983年一年，陈琳《英语》及与之配套的录音带就在北京地区销售了15万套。而许国璋《英语》更是成为大中专学生的必备英语图书。薄冰、赵德鑫编著的《英语语法手册》也成为那一时期学习英语的必备之书，在年轻人中颇为流行。

1982年年初，电视上开始每天傍晚半个小时播放英语教学片"跟我学（Follow Me）"，京城上下一到傍晚时节，大街小巷响起以往从未听到的那浓厚的伦敦音"Follow Me"。多少年来人们习惯了英语学习最基本的两句话："long live chairman Mao"（毛主席 万岁）和"The spirit of commerade Lei Feng"（向雷锋同志学习），被纯正伦敦音的"Follow Me"一下子彻底地颠覆。以至于很多年"Follow Me"成为人们习惯称"跟着我""看着我"的替代词，很多孩子都会跟着哼哼着"跟我学（Follow Me）"片头音乐。"Follow Me"以一种全新的模式让北京的民众们为之耳目一新，英语还能这么学，节目在电视上热播，引发了人们的学英语的热潮，中国广播出版社同时出版了《跟我学（Follow Me）》一书，累计印刷了3000万册。

随着逐渐地开放，在京城"外语热"的同时，"计算机热"也异军突起，尤其是70年代末国外计算机的广泛应用，也让很多国人开始关注计算机，一些专家和科技人员当时甚至呼吁：没有计算机就没有现代化！作为大都市的北京城，计算机的热潮也席卷而来，人们开始在谈论着计算机使用的神奇，勾画着在未来的时代计算机将无所不能。但是，如何使用计算机，怎么才能让计算机为人们进行服务，倒是大多数人无法解答的。恰恰在这个时候，科普出版社出版了《BASIC语言》一书，它系统地介绍了计算机BASIC程序设计的基本概念和基础的编程方式，让很多学习计算机技术的人像是拿到一把进门的钥匙，打开了计算机的奇妙的世界。这本《BASIC语言》成为我国最早的一本进行计算机编程普及的读物之一，让计算机编程从专业技术人员向一般的民众推广。1980年11月，《BASIC语言》正式出版，这本书一出来，就成为年轻人最为时尚的图书，不管是不是从事计算机工作的，也不管是看得懂还是看不懂，80 年代初北京的年轻人几乎人手一册。这本计算机的专业知识普及图书，在短短的十年的时间里，先后四次修订，共印刷了 68 次，发行了 1250 万册，在我国计算机发展进程中成为标志性的出版物，也成为计算机类图书销售最壮观的读本了。

第二节　改革开放带来的北京出版发展高峰

一、从"伤痕"到"改革"的新时期文学图书带来北京出版崛起

"文化大革命"的结束和"真理大讨论"，让人们内心被压抑了十年的悲愤的情感瞬间迸发出来。人们开始用文学作品控诉十年"文革"带给人们、带给我们国家、带给我们民族的那场灾难。而对于长期被压抑的思想、人性，在解放思想的浪潮的激荡下，瞬间喷发出来，不管是年轻一代，还是人到中年，大家似乎一下子都变成了"文学青年"，人们的那种对压抑的人性的释放和对思想禁锢的反击，促成我国当代文学史上"伤痕文学"的创作出版。最先引起人们共鸣和轰动的是刘心武的小说《班主任》，而作为"伤痕文学"这一名称的来源，源自上海卢新华创作的小说《伤痕》。

1977 年第 11 期的《人民文学》发表了刘心武的小说《班主任》，由此拉开了"伤痕文学"的序幕。而上海《文汇报》发表的卢新华的《伤痕》，成为这一时期揭露"文革"给人们带来的那种历史伤痛的文学作品的代称。虽然这批文学作品大多是短篇小说，而且大多最初发表在一些文学期刊或者报纸上，但后来基本上都结集出版，从 70 年代

末到 80 年代初，几乎每年都出版《全国优秀短篇小说选》，成为当时人们集中阅读这批"伤痕文学"的主导读物。

20 世纪 70 年代末到 80 年代初的"伤痕文学"是作者们"文革"中亲身感受的直接表露，作品大多以真实的历史为背景，用文学的笔触直接揭露了"文化大革命"带给人们的种种灾难性的残害。面对那个特殊的历史时期给人们心灵带来的伤痕以及对"文革"的反思，作品大胆、深刻地予以揭示，这对当时大多数读者而言，"伤痕文学"的读物拨动了人们的心弦，引发了读者内心的共鸣。尤其是作为荟萃天下人才的京城，"文革"带来的冲击更能让读者与"伤痕文学"产生情感上的共振。除了刘心武的《班主任》、卢新华的《伤痕》之外，当时"伤痕文学"的代表作还有陈国凯的《我该怎么办》、王蒙的《最可宝贵的》、陈建功的《飘逝的花头巾》等。叶辛的《蹉跎岁月》、周克芹的《许茂和他的女儿们》两部长篇小说的出版，让"伤痕文学"的阅读发展到高峰，也成为揭露"文革"带给民族、百姓伤痛的更深刻的文学作品。随着对"文革"历史伤痛的揭露和批判，人们开始反思这一场民族浩劫深层次的根源和它所形成的历史的扭曲。鲁彦周的《天云山传奇》、古华的《芙蓉镇》、王蒙的《蝴蝶》、高晓声的《李顺大造屋》、刘真的《黑旗》、张弦的《记忆》等都是"反思文学"的代表作。后来一些小说被改成电影、电视剧，更让这些"伤痕文学"作品深入人心。

当然，人们不会只是沉浸在历史的伤痛之中。随着改革开放的逐渐地深化，必然要求人们从历史的伤痛中走出来，面对即将到来的新的挑战。对历史的反思和对未来的企盼，在改革开放的大潮推动下，人们的目光开始投向对我们旧有体制进行废旧革新的大胆尝试。1979

年蒋子龙的短篇小说《乔厂长上任记》带动起一股新的文学思潮——"改革文学"的兴起。而之后蒋子龙的《开拓者》《赤橙黄绿青蓝紫》《燕赵悲歌》、柯云路的《三千万》《新星》《夜与昼》、张贤亮的《龙种》《男人的风格》、张洁的《沉重的翅膀》、李国文的《花园街5号》等"改革文学"成为人们阅读的新热点。当时往往一批小说陆续在文学报刊发表后，各个文学出版社纷纷出版小说选编。而对于很多读者而言，文学报刊因其定期、定量的局限，反而让收录同类小说的"小说集"成为畅销图书。尤其是当时一年一度的"全国优秀小说评选"活动，出版的各个年度"全国优秀小说选"被人们视为集中阅读文学作品的最佳方式之一，对于出版者而言，出版"小说选"成为当时出版畅销书的重要举措。

新时期文学的发展与时代的脉搏而同步，为时代的主题而讴歌。1983年年初出版的李存葆创作的《高山下的花环》成为当时文学作品中最为火爆的作品。

李存葆的《高山下的花环》是以对越自卫反击战为背景创作的一部军事文学作品。小说塑造了梁三喜、靳开来、"小北京"、雷军长以及赵蒙生等极为生动的人物形象。小说以改革开放初期为大背景，以对越自卫反击战为主线，颂扬了梁三喜、靳开来、"小北京"等英雄人物作为新时期最可爱的人的英勇事迹，同时也对干部子弟赵蒙生的转变施以浓墨。作品大胆地暴露了我们军队存在的问题和与时代变化难以适应的诸多矛盾，对当时存在的丑恶现象进行了无情的鞭笞。作为反映军队题材的文学作品，以往更多表现的是人民军队的英勇顽强，而对我们解放军所存在的问题和诸多矛盾言及甚少。《高山下的花环》在这方面反映的矛盾、冲突，让读者感到更为的真实，也讴歌了我们的英勇的指战员在种种困难和社会矛盾的交织下，依旧为国英勇作战慷慨捐躯，更透示出新一代的可爱的人的光辉形象。尤其是小说中，梁三喜的妈妈和妻子带着烈士极为简陋寒酸的遗物和那一张张欠条离开部队的场景描写，给人们带来深深的震撼。据说也正是因为小说暴露出来的我军诸多矛盾和切肤之痛，引发了人们对我们人民军队所面临的诸多问题深刻的反思，烈士的抚恤、军队干部战士的待遇等等，都成为人们关注的突出问题。2008 年北京新闻出版局在地坛书市举办改革开放三十年图书回顾展，在确定表现三十年出版成就的图书书目时，曾在 38 军任职的韩方海先生对这部小说记忆犹新，他很有感慨地说：就是这部小说，为后来改善部队官兵待遇等问题起到了很大的促进作用。

《高山下的花环》最初发表在 1983 年《十月》杂志，1984 年年初北京出版社将这部小说改为单行本出版，在北京引起了极大的反响。这本小说先后印刷了十几次，发行了 150 多万册。之后，以小说为依据改编的电影、电视剧、话剧、京剧以及歌剧、舞剧等都让人们所感动。这部小说发表出版后，在全国先后有七十余家报纸全文连载，并有九家出版社分别出版了单行本，有人粗略统计，《高山下的花环》总印刷出版量在 1000 万册以上。小说中，梁三喜的妈妈和妻子怀着复杂的心情离开部队，有一段结语："走了……从沂蒙山走来的祖孙三代人，就这样走了。这就是我们的人民！这就是我们的上帝！"①这句话在电影、电视剧中也被作为结束语，在蹒跚而去的梁三喜妈妈和妻子背影远去的画面中深情地回响着，让人们潸然泪下。

---

① 《高山下的花环》，北京：北京出版社 1983 年版。

二、"解放思想"带来的读书反思进一步推动出版发展

1978 年 12 月十一届三中全会的召开，在"解放思想"大潮的烘托下，人们开始重新审视我们共和国发展的历程，开始重新反思和认识我们已经坚持了几十年好像"很正确"的观念。十年的"文革"，数十年新中国的曲折历程，让重新打开国门睁眼看外面的世界的人们突然发现"外面的世界很精彩"。作为在文化、思想上颇为活跃的京城出版业，在这场社会巨变、文化转型的大潮面前，也表现的极为活跃。人们开始在"解放思想"号角的引领下，从旧时的思想禁锢中挣脱出来，人们需要精神上的阅读，需要从精神上寻求理想的方舟。读书，面对着我们的窘状和困惑去读书，成为那一时期很多人的阅读动力。人们不局限于自己的某种专业，而是以一种开放的，但是又是一种极度饥渴的心态去拥抱着知识，尽管在这种阅读的狂热中有不少是一种阅读的盲从，但毕竟是对思想上的一次文化的复兴。

1979 年的春天，《读书》杂志创刊，这本沿用三联书店之一的新知书店所办的《读书》之名的刊物，在创刊号上曾经发表了一篇《读书无禁区》的文章，这篇由当时担任中宣部出版局理论处处长的李洪林撰写的文章发表后，曾引起了很大的争议，但是从这篇文章的标题上就可以看出经历了十年"文革"，读书也面临的重重禁锢。正是因为长期以来的种种禁锢和思想上的压抑，才会有了《读书》创刊第一期就要疾呼"读书无禁区！"。这篇文章针对当时所存在的思想僵化以及极"左"思想的束缚，提出了："在书的领域，当前主要的问题是好书奇缺，是一些同志思想还不够解放，是群众还缺乏看书的民主权利，而不是放任自流。为了适应四个现代化的需要，我们迫切希望看到更多更好的书。应当打开禁区，只要有益于我们吸收文化营养，

有助于实现四化的图书，不管是中国的，外国的，古代的，现代的，都应当解放出来，让它在实践中经受检验。"

尽管这篇文章发表后曾有过争议，当时京城的民众对图书阅读的渴求和对僵化思想的摒弃，带来了一股新的读书风气。从外国经典著作中寻求思想上的探索和反思，这种阅读的反思从 70 年代末开始，一直持续到 20 世纪 80 年代中期。从 1980 年商务印书馆出版的卢梭的《社会契约论》、1983 年宾克莱的《理想的冲突》，1986 年作家出版社出版的《梦的解析》，1987 年三联书店出版的萨特《存在与虚无》，到 1984 年三联书店出版的托夫勒《第三次浪潮》，人们尤其是很多青年人在如饥似渴地阅读着以往从未读过的图书，以至于一段时间好像人们都是学哲学的，西方哲学的著作成为年轻人最时尚的感觉。

谈到改革开放之初的阅读反思，自然不能不谈商务印书馆出版的《汉译世界学术名著丛书》。当时流行的许多西方经典著作都被这套书收录其中，除了上面谈到的卢梭的《社会契约论》，像埃迪耶纳·卡贝的《伊加利亚旅行记》、布朗基的《祖国在危机中》、洛克的《政府论》、孟德斯鸠的《论法的精神》、克劳塞维茨的《战争论》等等，所产生的影响恐怕是最初的出版者也未必能想得到。今天，站在历史的回顾的角度看，商务印书馆的《汉译世界学术名著丛书》在那个时期，对人们的思想的解放，对打破长期以来的思想禁锢所起到的作用尤为突出。

从某种意义上说，此时流行于京城大学校园的西方哲学类图书，与其说是人们在阅读，不若说是在阅读中批判。当然，人们不能仅仅停留在批判中生存，毕竟追求美好是人类共同的趋向。思想的解放、时代的发展，让人们的生活开始出现可喜的变化，追求美不再是"资产阶级思想作祟"，而应该成为人们正常的需要和美好的企盼。而如何追求美，长期禁锢下对美的追求让人们很多都已经淡忘。"文革"中后期，北京曾经流行过一阵子女性的服装上缝缀上一个用线钩织的小花假领，或者把里面的花衬衣翻出来，凡此种种，人还是想追求美的。改革开放让人们开始重新去审视着、去探索着追求美，这其中不仅仅是从意识上的探求，也包括人们非常具体的尝试，所以才有风极一时的带商标的蛤蟆镜、越来越宽的喇叭裤、京城满大街溜达提着收录机的小青年以及曾经被斥为"靡靡之音"的邓丽君歌曲。人们也要思考着，对美的追求，"美学热"顺其自然地就成为读书的一个热点。

1981 年人民出版社出版的王朝闻的《美学概论》、1989 年中国社科出版社出版的李泽厚《美的历程》以及 1980 年上海文艺出版社出版的朱光潜的《谈美书简》、1981 年上海人民出版社出版的宗白华的《美学散步》都是当时在北京颇为流行的美学读物。有人曾经颇为夸张地说：80 年代北京女青年自行车挂的网兜里，放着李泽厚的《美的历程》和西红柿。人们在阅读着这些美学专著时，体验的是人对"美"的渴求和对未来生活的憧憬和规划，人们在读这些图书的时候，并不都是从哲学的层面去研究美学思想及其理论，更多的是从中寻求对美的精神企盼，勾画着自己内心对美的理想境界。

从 20 世纪 70 年代末到 80 年代中期各个出版社推出的一系列文化反思的图书，让京城客观上形成一次阅读反思，为我们后来的改革开放逐步深化奠定了理论思想基础，也成为很多年轻人思想成长的关键转折。从现在的视角看，这一时期的出版带来的读书热潮对我们后来二三十年思想文化的发展和社会的腾飞有着非常重要的意义。

三、改革开放的大潮带来北京出版、发行全面繁荣发展

京城的一波又一波的读书热潮，让这座文化古都飘逸着满城书香，也客观上刺激和拉动北京的图书出版、发行事业的发展。20世纪70年代末到80年代初，在计划经济体制下的出版行业，仍旧以政府宏观调控为依据，京城的读书热浪和全国思想文化大发展的需要，带动了出版、发行的调整和发展。在出版机构、发行系统的大规模调整和发展的大背景下，京城的百姓得到了更多、更实惠的读书条件的改善，这给北京的出版发展创造了更好的文化环境。

1977年12月召开的全国出版工作座谈会，推翻了1971年"文革"中关于出版界的"两个估计"，即："建国以来出版界是反革命黑线专政，资产阶级知识分子占统治地位"。正是有1971年的"两个估计"，北京地区的中央以及地方出版机构被大量的"关门"，人员被下放，编辑队伍流失。"两个估计"的推翻对当时的出版界可谓是迎来的一个新的春天。

首先出现的是一批具有出版传统的老出版社陆续恢复出版工作。1978年6月，北京出版社正式恢复。1979年年初，北京市委为北京出版社等出版单位和个人在"文革"中遭受的不白之冤予以平反。

1978年底中国书店开始恢复木版古籍刷印和古籍影印工作。也是在这一年，中国电影出版社、科学普及出版社等出版机构也开始恢复出版工作。同时还新成立了中国大百科出版社、北京盲文出版社、中国社会科学出版社、气象出版社、海洋出版社等新的出版单位。

1979年，世界知识出版社恢复出版工作，并新组建了书目文献

出版社、中国计量出版社、新华出版社、外语教学与研究出版社、中国农业机械出版社、北京大学出版社、知识出版社、企业管理出版社、中国对外翻译出版公司等出版机构。

1980 年法律出版社、文化教育出版社、中国统计出版社、中国林业出版社、中国戏剧出版社以及宝文堂书店、时事出版社、文化艺术出版社、中国摄影出版社、中国民间文学出版社、中央党校出版社、求实出版社、清华大学出版社、中国商业出版社、北京师范大学出版社、作家出版社、中医古籍出版社等出版机构恢复或新建。

1981 年 1 月北京日报出版社成立，10 月北京科技出版社成立。而这一年中央在京的各个部委及人民团体新组建和恢复的出版机构有：印刷工业出版社、光明日报出版社、农村读物出版社、中国妇女出版社、中国展望出版社、能源出版社、中国金融出版社等。

1982 年人民军医出版社、昆仑出版社、档案出版社、电子工业出版社、水利电力出版社、军事科学出版社、金盾出版社、劳动人事出版社等出版机构先后恢复业务或者完成组建。

1983 年新组建和恢复出版工作的出版社有经济科学出版社、中央党史资料出版社、解放军文艺出版社、高等教育出版社、紫禁城出版社、中国标准出版社、军事译文出版社、对外贸易教育出版社、中国文联出版公司等。

20 世纪 70 年代末 80 年代初集中恢复和新组建的一大批出版机构，为图书的出版创造了一个良好的出版组织基础和出版能力的保障。这一波出版机构的重建，不管是出版单位数量的增加、编辑出版专业队伍扩充，还是图书出版能力提高，都在北京历史上是最为显著的，大大地超过了新中国成立之初出版机构增长的速度。

解放思想带来的不仅仅是出版的快速增长，图书的发行和零售也呈现出可喜的变化，让京城百姓享受到更好的图书选购服务。20世纪70年代末80年代初，北京图书发行领域的变化有两个最为突出的，一是新华书店的开架售书，二是京城书市的出现。

"文革"结束后大批的图书从禁锢中被解放出来，而一大批出版机构的恢复和新组建，让北京的图书出版能力出现了井喷一般的快速飙升。图书出版数量的增加，让京城的百姓有了更多可以选择的精神食粮。但是，当人们涌进书店挑选图书时，发现有一个很具体的问题困扰着人们，就是隔着书店的柜台，远远地望着书架上的书看不清楚，而且还要每挑选一本书，都要经过营业员一本本地拿，要赶上一个服务态度不好的营业员，还不定要受什么气。曾经在北京一家很大的书店出现过一件令人啼笑皆非的事情，一位老者到书店选书，央求年轻的营业员给他拿一本《艾青诗选》，赶上这位营业员既不懂业务、不懂书，把"艾青"听成"爱情"，再加上服务态度不好，用很不屑的口气对老者说："就您这岁数，还看爱情诗选？"老者气得颤颤巍巍地拄着拐杖跑到书店办公室去投诉。书店营业员业务的荒疏，也曾经是京城各书店头疼的难题之一，"文革"耽误了几乎一代人，读书都快成为一种奢侈，所以才有读者到书店询问有没有《钢铁是怎样炼成的》，营业员的态度倒不错，客客气气地说：您去科技组看看。80年代初举办古旧书市，一个营业员拿着上海古籍出版社出版的《古文观止》积极向读者推荐，因为图书封面上《古文观止》的"古"字是行草体，下面的笔画有点连笔，这位营业员又不知道这部书，于是大声地吆喝着："左文观止"啊……"左文观止"，快来买啊……"左文观止"。旁边的一位营业员听到大吃一惊，赶紧提醒他：错了！别喊了，喊错了。这位一听有错，看了一眼封面，赶紧改口大声喊着："右文观止啊"……"左文观止"。闻者几乎惊倒。如今说起这样的事情，大家都觉得这简直是相声段子，其实那时候就是这种水平。尽管这样的业务素质的营业员是少数，但书店的员工素质整体上不高是实事，再加上摆在读者面前的柜台阻挡让读者直接自己挑选，读者选书自然是诸多不便。过去书店从来都是书架前隔着一排柜台，读者只能隔着柜台远远地望着，读书的人视力不好的不少，那滋味可是让很多人为之苦闷。可在特定的年月，没那么多可买之书，远远地望着没几本书，怎么也好一点。一旦陈列的图书多了，而且卖书的人也多了，这样的不便很快就暴露出问题。

1978 年 9 月，《人民日报》刊登了一封《恢复开架售书》的读者来信，来信反映到书店买书，搁着老远的柜台往书架上张望，费尽了眼神还看不清楚。提出了"以前书店是开架售书，为什么现在不能实行了呢"？报纸上还配了一幅华君武先生的漫画"书架太远"。这篇读者来信对书店的图书陈列和销售刺激很大，北京的各个书店陆续打开柜台，实行开架售书。从今天的角度看，北京城的各个书店开架售书没什么新闻价值。但在 20 世纪 70 年代末，作为当时的书店而言，打开柜台标志着书店的服务意识和服务模式的根本性转变，以往那种只顾书店自己所谓的"管理"，开始向"为读者提供便利"倾斜。京城书店率先打破开架售书的屏障，对于读书人来说无疑是一个福音。北京新华书店的老员工曾经说过：我们开架售书，比北京别的行业走得算是早的。

京城读书生活中，另一个图书消费环境的巨大变化是书市的开办。北京的书市是北京文化市场中一项重要的图书销售活动。早在 1957

年 11 月，为了配合庆祝十月革命四十周年，北京市新华书店在劳动人民文化宫举办了北京历史上第一个大型书市。但是，由于政治环境的影响，北京的书市仅仅办了一届就停顿了下来。1979 年，随着解放思想的深入和改革开放的开始，京城读者对图书的购买需求快速地增长，图书的消费需求与出版、发行能力的局限形成了巨大的落差。当时京城的各个书店图书备货品种、数量少，销售能力相对薄弱得多，很难满足读者的购书需求。70 年代末 80 年代初，全国出版新书一般只有 3 万多种，而且由于出版机构排版、印刷能力的技术制约，新书一旦售缺，出版社加印图书最快也需三个月的时间，慢的需要半年甚至更长时间。新书品种少，而且经常售缺，这让图书的供需关系出现了严重的不平衡。为了缓解这样的供需矛盾，北京新华书店在 1979 年 10 月再一次在劳动人民文化宫举办了书市，这次书市在新中国发展历史上是第二次集中进行图书销售的大型书市，书市举办了十一天，接待了 24 万人次，书市期间，著名作家叶圣陶、冰心、丁玲、严文井、秦牧、臧克家、贺敬之、柯岩等先后到书市上和读者见面。其中臧克家 1957 年在第一次书市中就曾经到书市上与读者见面，一晃二十多年。但是这次书市，陈列品种只有 6000 多种，销售额为 58.6 万元。可能是规模有限，再加上只是由北京市新华书店自己开办，所以很多人对这届书市印象有些淡化，甚至在有的文章中把 1980 年的"全国书市"记载为"文革"后的一次书市。

1980 年的 10 月，由新华书店总店、北京市新华书店在劳动人民文化宫举办了"1980 年全国书市"。此次书市，一百余家出版社提供了 13300 余种图书。一时间，书市人头攒动，摩肩接踵。平常读者需要某种书时，往往跑了很多书店，打了很多电话，可是仍旧找不到自己所需要的书。而在书市上，读者可按所需图书的出版单位，轻而易举地找到某家出版社或专业书店，买到所需图书。80 年代中国书店举办"北京古旧书市"，每天清晨，琉璃厂海王村大院外早早就聚满了心急的读者，拥在海王村公园的大门前。那时每天早上开门都是一种"技巧"，开门之人，拉开门闩的一瞬间，必须掉头就跑，不然的话肯定会被蜂拥而入的读者踩倒在脚下。而蜂拥而入的读者，每每都如同百米冲刺般地跑到自己要选书的书摊前，那速度、那情形今天再也看不到了。北京各种书市的举办弥补了京城书店和出版社图书出版、销售能力的不足，在满足了广大读者购书需求方面起到了不可替代的作用。书市已经不仅仅是图书销售的聚集区，它逐渐成为图书销售、出版交流以及文化服务、咨询的综合性的重大活动，构筑了一道独特的京城文化景观。这种图书消费模式一直持续到今天，虽然"书市"的销售和举办的内容不断地更新，出现了"北京图书节""北京图书出版订货会"及"北京国际图书贸易展示会"等多种形式，但集中展示和销售图书的"书市"模式一直是图书销售的主体模式，是北京当代出版发展的重要促进形式，并且已经成为京城综合的文化活动。

第十二章　北京出版多元化时代

第一节　北京开启出版多元化时代

一、改革开放和经济快速发展开启北京图书出版多元化时代

自 20 世纪 90 年代开始到 2000 年，北京的读书生活进入了一个全新的时代，一个与以往半个世纪有着极大的区别的读书时代。这种读书新时代的到来对北京出版发展既是挑战，更是机遇。之所以从 90 年代初开始划分出一个新的时代，主要以读者的阅读需求的巨变和出版格局的变化作为主要的标志。伴随着改革开放的深入，国家经济进入到高速发展期，经济时代的大潮带来的是人们的思想颠覆性的转变，特别是伴随着年轻一代的成长，70 后、80 后在读书生活上逐渐地占据主流地位，北京的图书阅读模式以及阅读倾向都发生了根本性的转变。而从 20 世纪 80 年代末到 90 年代，伴随着各个出版单位的改革的深化，自办发行、出版从数量增长型向质量效益型的转变，图书出版的格局开始发生质的变化。也正是由于这样的变化，北京城内的读书生活开始呈现出明显的裂化，首先是经典阅读被逐渐地淡化，代之而起的是文化快餐式的读图时代的到来。而从图书阅读的内容上

看，多元化、多层面的趋向已经成为京城读书生活的主流，这无疑对出版的传统选题概念及编辑工作模式产生巨大冲击。

改革开放的不断深化，带来了我国经济发展的高速增长期。京城上下，经济快速发展带来的巨大的变化和百姓生活的快速提高，让以往认为不可能的事情一桩桩、一件件地变成了现实。北京城数十年间从二环拓展到三环，旋即又从三环拓展到四环、五环，到今天已经有了六环，甚至出现了被人们戏称为"北京七环"的首都环线高速。昔日胡同口大爷大娘去叫传呼电话，以及后来曾经很热的"有事扣我"的 BB 机、"大哥大"几乎是"瞬间"变成历史的记忆。今天，人人一部智能手机，到处都是"低头族"，到哪儿都得刷卡登记，已经成为人们最最平常的生活形态。

高新技术快速地应用于传媒领域，给我们带来了一个全新的文化环境和社会文化体系。在这样的一个大的背景下我们所面对的图书市场、广大读者以及文化消费走向，已经有了实质性的根本转变，这与我们以往所熟悉的几十年变化缓慢的社会文化形态，形成了鲜明的对照。新时代的读者的文化消费观念发生了巨大的改变，读者不仅仅是单纯被动地接受，而是主动地寻觅自己所渴望的文化知识。尤其是在文化需求的多元化趋向中，这种对文化知识的个性需求和消费就更为迫切。他们已经不是仅仅满足单向的"你告诉我什么"，而是明显地显示出"我需要什么，你是否能提供"。人们的读书生活也开始发生着颠覆性的转变，图书个性化消费已经成为当前众多读者的文化需求的必然趋势。从获取知识的角度看，已经从单纯获取传统学科的基础知识，变为更注重汲取新的知识领域和复合型知识；从文化消遣的视角分析，则更体现出从以往的获取某一领域的知识、提高知识水平，变为通过阅读来扩大知识面、提高文化层次，满足文化消遣的新需求；从图书的内容需求上看，则更为明显地表现出当代民众变被动接受知识为主动寻求阅读热点。以往图书的高台教化的功能明显地被减弱，代之而起的更多的成分是文化休闲的消费行为。

如果说当年的电视广泛普及，使得电影、戏剧的观众重新分流，而新时代的计算机技术以及互联网的普及，不仅仅是使得我们传统的出版、印刷告别了"铅与火"的时代，更重要的是使人们获取知识的渠道、方式以及内容更为丰富。电子图书、VCD、DVD 以及互联网，使广大民众无论是知识的获取途径，还是文化的消费行为等都明显地显示出多元化趋向，这使得图书的消费数量在民众的文化消费总量中的比重发生改变。北京的读书生活伴随着社会生活水平的提高，也在快速地发生不可逆转的调整。人们在文化消费需求上不断增加投入，但与传统的文化消费领域相比，今天的文化消费领域已经不仅仅是传统的图书、电影、戏剧以及电视等，新的文化载体形式，如 VCD、DVD、电子图书和互联网等，毫不客气地从人们增长的文化消费投入中分一杯羹，而且其所"瓜分"的比重将逐步增大，这对传统的图书出版来说，可谓亦喜亦悲。我们在充分地享受高新技术带来的出版技术水平提高、出版能力加强和出版周期加快的同时，高新技术带来的新的文化载体形式也同时在快速促使社会文化消费市场的利益重新分割。人们的文化消费形式向多元化的趋势发展，高新技术的应用和普及在为传统出版业带来新生的同时，也带来了新的竞争对手和新的挑战。

20 世纪 90 年代以来读书群体的变化，客观上左右了北京出版领域的发展，极大地促进了北京出版改革的进一步深化和新的历史条件下对图书阅读出版的探索。随着 70 后、80 后逐渐地成为社会的消费主流，新生代个性的张扬，以及其所受的教育的影响，阅读生活中的诸多传统的习惯也在受到新的挑战。生活节奏的加快、知识更新速度的提高，使"快餐式阅读""读图时代"的阅读成为 20 世纪 90 年代以来的一种风气，而这样的阅读风气反过来又作用于图书的出版。尤其是当图书的思想教育功能被弱化、文化休闲及娱乐性的强化，让昔日社会整体性思潮被多元化分解。人们的思想空前的活跃，追求个性化的社会生活成为当今的社会潮流。图书的出版自然也随之而呈现出多样化的发展趋向，但是也出现了明显的社会浮躁心态。这样的变化，使得这一时期北京的图书出版与阅读与以往 50 年代以来半个世纪的北京读书生活有着天壤之别，当年四九城流行读某一种书的时代早已经结束，如今人们聚在一起，相互交流着都读什么书的时候，会发现不同的群体、不同的时间，人们读书的内容是那样的丰富且具有很大的差别性。而这样的丰富和差别比明显的阅读恰恰反映出这一时期京城出版业的转型成果。

二、京城波澜起伏的读书热潮留下的历史记忆

20 世纪 80 年代以后，北京地区的图书出版及图书销售整体规模和水平的大幅度提升，为京城百姓的读书生活提供了坚实的物质基础和丰富的图书资源，也带来了一波又一波的阅读热潮。从 20 世纪 80 年代到 90 年代，北京城先后涌现了"公案小说热""朦胧诗热"以及武侠热潮中的"金庸热""梁羽生热""古龙热"等图书出版与阅读的文化潮流，而港台言情小说热流行下的"琼瑶热""三毛热"，以及席慕容、汪国真的诗歌热读，也更加凸显了北京图书阅读的多元

化、个性化的发展态势。作为提供精神食粮的出版机构自然在这样的历史时期成为读书多元化、个性化的有力保证者。

早在 20 世纪 80 年代初期，北京就悄然兴起了《七侠五义》《施公案》《包公案》等公案小说热潮，《岳飞传》《英烈传》等也跟着火爆起来，特别是广播电台的长篇评书连播，大大地刺激了这类图书的阅读。这样的读书热点拉动了一批演义小说的出版。公案小说在我国古典小说中，因其塑造的清明廉洁又料事如神的大清官而深受一般民众的普遍欢迎，在历史上就是满足人们精神享受，特别是满足人们对"青天大老爷"的憧憬上有着极为突出的精神慰藉作用。清代后期到民国期间，老字号书局宝文堂就曾经大量刊刻公案小说单行小册子，然后由雇请的说书人到京郊各地和周边的河北省各个县免费说书，所说的内容就是这些公案小说，只不过每一次都是只说个开头，"要想知道后事如何……"可不是"且听下回分解"，而是"且请掏您的荷包……"20 世纪 80 年代京城的"读书热"也不仅仅都是古典文学名著、现当代经典名著和外国人文科学典籍，也有很多的一般读者需要通俗易读且具有传统演义的读物。于是公案小说和旧武侠小说成为热门图书，1980 年开始，《七侠五义》《儿女英雄传》《施公案》《包公案》等相继出版，立刻受到读者的热捧，很多出版社也争相出版，刚开始还是几万册印刷，慢慢地就是 10 万、20 万地印制，以至于最后有关方面不得不明令加以适当的控制。

20 世纪 80 年代初，香港金庸、梁羽生等人的武侠小说红极一时。1984 年，金庸的武侠小说《书剑恩仇录》由科普出版社出版，这是有正式版权记录第一本在大陆地区出版的金庸武侠小说。金庸原名查良镛，他撰写武侠小说时选用笔名，将其姓名中最后一个字"镛"一分为二，名为"金庸"。金庸作为香港《明报》的创始人，是一个新闻人、文化企业家和社会活动家，他所创办的香港《明报》被视为"香港的泰晤士报"。然而，让金庸成为妇孺皆知的还是他的那十五部武侠小说，从1984年《书剑恩仇录》开始在科普出版社出版以后，大陆地区出版金庸的武侠小说风靡一时，当时还没有今天这么明确的版权保护意识，各个出版社争相出版，仅《射雕英雄传》就出版了七个版本，这还不包括一些早期的书商私下里印刷的。随后，《倚天屠龙记》《笑傲江湖》《鹿鼎记》《神雕侠侣》《雪山飞狐》《碧血剑》《飞狐外传》《连城诀》《天龙八部》《侠客行》《鸳鸯刀》《白马啸西风》等金庸的十五部武侠小说陆续出版，人们争相传阅，"武侠热"席卷四九城。

人们对金庸武侠小说的痴迷和狂热，是很久以来未曾出现的文化现象。对于"金庸热"的狂潮，当时颇有非议，以至于《新闻联播》还对此多有指责，认为武侠小说"泛滥"成灾。最后，一些中央领导的谈话曾经把金庸的武侠小说称为"成年人的童话"，经过媒体的广泛传播，武侠小说的"地位"才有了"合法性"，指责之语逐渐地消失。后来人们经常可以听到的北京交通广播电台所做"长书联播"的广告，一个男中音不厌其烦地吟诵着一个对联："飞雪连天射白鹿，笑书神侠倚碧鸳"，其实就是金庸武侠小说每个书名的第一个字组成的对联。金庸的武侠小说在北京的影响，完全可以专门撰写一本专著，所涉及的也不仅仅是阅读上的影响，包括电影、电视、网络以及漫画等各个方面，甚至由于对金庸的武侠小说的痴迷和喜爱，形成了"金庸迷"的社会群体。

与金庸的武侠小说同时热遍京城的，还有梁羽生、古龙、卧龙生、柳残阳、温瑞安等人的武侠小说。曾经与金庸同为香港《大公报》"三剑客"之一的梁羽生的武侠小说,也曾经让京城武侠小说迷友如醉如痴。梁羽生作为与金庸齐名的新武侠小说的大家,所创作的《女帝奇英传》《大唐游侠传》《龙凤宝钗缘》《慧剑心魔》《飞凤潜龙》《武林天骄》《还剑奇情录》《狂侠诽旖痉魔女》《鸣镝风云录》《风云雷电》《萍踪侠影录》《散花女侠》《联剑风云录》《白发魔女传》《塞外奇侠传》《七剑下天山》《江湖三女侠》《冰魄寒光剑》《冰川天女传》《云海玉弓缘》《冰河洗剑录》《风雷震九州》《侠骨丹心》《游剑江湖》《牧野流星》《弹指惊雷》《绝塞传烽录》等三十五部武侠小说,也让人们痴迷。如果说金庸的武侠小说以西方电影画面一般的艺术表现形式展现着武侠小说的魅力的话,梁羽生的武侠小说则是以浑厚的中国古典文化的韵味而折服了京城的武侠小说迷。

伴随着改革开放和市场经济的导入,中国的经济驶入快速发展轨道。商品经济的大潮带来的是人们的物质生活开始丰富,但是,也开始出现传统意识与现代化之间的矛盾与冲突。在这样的社会环境下,台湾作家琼瑶的小说带来了一阵清纯的温馨,瞬间席卷京城。琼瑶的小说将传统的诗情画意注入到人物的生命之中,温柔、善良、清纯的女性人物将传统的唯美意识与现代社会生活有机地结合起来,让人们看到了一个物质发达的经济社会依旧存留的那种中国传统文化中柔美的韵味。小说中大量运用的传统诗歌的意象化,让人们感受到唯美意识的浸透。特别是小说中的人物姓名、性格、语言以及小说人物的价值观念、行为准则,甚至有些凄美的人物命运,显示了中华文明的唯美境界,这让京城读者享受到那种情意绵绵的琼瑶式唯美。在琼瑶的小说中,主人公的情感世界总是不断地经历着跌宕起伏,一波未平一波又起,男女相恋不仅是两个人,三角恋爱、甚至四角、五角都出现过。20 世纪 80 年代伴随着思想的解放，人们渴望着去寻求那久违的、甚至内心想去追求而不敢追求的男女爱情世界，这使得琼瑶的小说成为京城读者的爱情的童话剧。尽管有人从文学创作的角度评价琼瑶的作品人物类型化严重，而且小说的情节也有很明显的公式化倾向，大多是俊男靓女一见钟情，之后或是彼此的误会，或是两代人的恩仇，导致相爱的人之间痛苦、思恋，矛盾的跌宕、情感的冲突等等，最后是一个大结局。但对于京城的百姓而言，并没有那么高的兴致去探讨她的小说是不是有这样那样的文学问题，更关注的是赶紧拿过来、赶紧看。对很多人来说，一旦读着琼瑶的小说，自己的思想历程和情感的起伏也就往往跟随着小说的人物命运的起伏而起伏。琼瑶的每一部小说，女性的那种细腻的笔触，凄美哀婉的故事情节，让一般的阅读者早就忘记了这是在读文学作品，而是伴随着情节的深入而把自己带入到小说情节之内，甚至可能读者把自己的情感波折与小说的人物命运起伏结合起来，小说不再是小说，而成为情感的讲述或者爱情幻想的模拟剧。于是，《窗外》《却上心头》《聚散两依依》《梅花三弄》《烟雨朦胧》《月朦胧鸟朦胧》《几度夕阳红》《彩云飞》《心有千千结》《雁儿在树梢》《在水一方》《彩霞满天飞》等四十余部琼瑶的小说让许多读者，尤其是女性读者如醉如痴，拿着手帕读琼瑶成为京城的文化一景。很多女孩子还自己给自己改名为"如烟""雨雯"。媒体上，"我好喜欢""好快乐，好好激动啊"竟成为时髦的表述。

"琼瑶热"的同时，"三毛热"也在京城快速兴起。三毛原名陈平，是 20 世纪 80 年代台湾红极一时的女作家，80 年代中期，三毛的作品《雨季不再来》《撒哈拉的故事》《送你一匹马》《温柔的夜》《谈心》《背影》《我的宝贝儿》《滚滚红尘》《梦里花落知多少》等，让京城读者领略着一个女性作家凄美、忧郁的笔触。一个纤柔的女性用她特有的情怀，将自己的家庭观、爱情观以及嗜好、信仰、心态、修养向读者真实地袒露，征服了京城的读者群体。三毛在她的作品里展示着自己的率真、演绎着她的自信，她相信自己、不相信传统，她不愿意被传统的概念中的家庭所约束，她宁可去选择逃避。她不停地去追寻着、探索着，去远游，美洲、欧洲、非洲五十多个国家以及我国的北京、上海、浙江、四川、新疆、西藏等地都留下了三毛的足迹。三毛在这种浪迹天涯中书写着自己的心声，所以她的书成为人们寻找自己的心迹历程，从中激活自己内心的隐秘情感的载体。一个为了自己的情感而去浪迹天涯的女性，用她那种浪漫的气质征服了人们。大多数人自然不能像三毛那样去远游，去逃避着自己所不喜欢的，去寻找着自己所钟情的，但是人们却可以从三毛的书中去伴随着她的笔触在精神上远游。于是，"三毛热"自然成为京城读书生活中的一个激荡的浪花，用今天的话说，很多人是三毛的粉丝。80年代后期，三毛到北京观光，曾经到琉璃厂的中国书店买书购画，接待她的书店在年底总结中还念念不忘地提及曾经"接待台湾女作家三毛"云云，足见人们心目中三毛的影响。

第二节　图书阅读热潮下北京出版全面市场化开启

一、多元化、个性化阅读下图书出版"热风"

正是由于20世纪90年代以后北京读书生活的新时代的到来，昔日的那种一波又一波的读书热潮被多元化的阅读兴趣和"读书快餐化"的发展一步步地瓦解，代之而起的是时常在北京出版业开始刮起来的一阵阵的"图书热风"。

20 世纪 90 年代初期，京城曾一度很流行余秋雨的《文化苦旅》。余秋雨作为学者，以文化散文的形式记述了他经历万里考察人类文化遗存的经历和文化感触，以全新的文风给京城读者带来了一缕清新的文化气息。这让《文化苦旅》很长一段时间在京城各大书店中一直占据着销售状元的位置。

很长一段时间，对于清代重臣曾国藩的评价一直是作为反面的人物，一直是讲他残酷地镇压了太平天国运动。而唐浩明的小说《曾国藩》让皇城下的百姓特别是年轻一代突然发现这个曾经的大清朝的重臣还有他的另一面。唐浩明在湖南岳麓出版社承担《曾国藩全集》的编辑出版任务，这让他全面接触到有关曾国藩大量的文献资料，在这个基础上他创作了小说《曾国藩》，书出版后在北京引起了很大的影响。昔日天子脚下的北京城的新的一代年轻人突然发现过去历史中那个"曾剃头"还有那么多让人不知的一面。而这本《曾国藩》带动了以后的"曾国藩热"，北京各个出版社纷纷组织出版有关曾国藩的图书，《曾国藩家书》《曾国藩日记》《曾国藩点评古籍名著》《曾文正公诗文集》《曾文正公全集》一下子都冒了出来，以至于有的学者和出版管理机构一再呼吁，对曾国藩的图书的出版不要一窝蜂。

伴随着市场经济的建立和发展，人们开始重新审视着我们所面对的全新的经济大潮。人们发现市场经济下的社会结构与往日的差异是那么的巨大，新的社会经济带来了人们的新的价值观念，恰恰在这个节骨眼上，梁凤仪的小说《豪门惊梦》《花魁劫》《九重恩怨》《尽在不言中》在北京城刮起来"梁旋风"。梁凤仪的小说，塑造的主人公基本上都是刚刚步入现代商场的柔弱女性，从刚刚涉入商圈，历经磨难，再加上财经豪门的情变和情感的波折，最后成为成功的商界女强人。也许从文学的角度评价，梁凤仪的小说和琼瑶的小说同样有着某种程式化的东西，但是对于京城的许多时尚青年而言，梁凤仪的小说几乎成为现代职场的"参考资料"和理想的追求，很多人无论是行为做派，还是情感追求，无不模仿着小说里的情节。无怪乎有人曾经开玩笑地说：梁凤仪的小说应该作为公司女性职场奋斗的入门教材。

国门开放后的留学热，很快在读书生活中也开始有了反应，1992年出版的《北京人在纽约》《曼哈顿的中国女人》让这时的京城为之兴起一股留学文学作品热风。改革开放之初，留学的热潮让很多年轻人看来是一种极为羡慕的，甚至出现了"洋插队"之说。当莘莘学子迈出国门，迈进一个新的世界，而且还是一个资本主义世界，他的命运该如何，他能够如何，这对于很多人来说都是很想知道的。1992年出版的《北京人在纽约》以及《曼哈顿的中国女人》出版后，让很多怀着好奇和观望的人们立刻把这两部小说作为近距离了解和认识"洋插队"，了解和认识西方世界的最直接的读本。特别是《北京人在纽约》被改编成电视剧，姜文扮演的王启明那一口的京腔，更让北京的读者忍不住捧起这部小说认真地读下去。人们原想象的一旦迈入了美国就会如何如何，被这两部小说所反映的真实的情节所打碎。但是，人们又同时看到了在那个环境下，艰辛的创业所得到的收获，知道了在高度发达的市场经济社会下应该如何立足和生存。那句"如果你爱他，请送他去纽约，因为那里是天堂；如果你恨他，请送他去纽约，因为那里是地狱……"被视为人们描述西方世界的一种复杂而矛盾的名言。而《曼哈顿的中国女人》用一个纤柔的女性在美国的创业历程，给人们勾画出一个海外奋斗的美好意境，以至于有的人出国前非要先看看这本书，看看人家是怎么在那里立足和创业的。不过最让京城读者感到一种新观念的引进，是这部小说里的"一个人事业的成功，只有百分之十五是由于他的专业技术，另外的八十五要靠人际关系和处世技巧"。这让很多人多少年来都笃信无疑的"学会数理化，走遍天下都不怕"的"唯专业论"在市场经济的社会时代面前变得那么苍白无助。

也许就是从这个时候开始，人们更关注在新的社会环境下如何搞好人际关系，如何去处世，特别是在市场经济下的商业时代，如何在奋争、向上的过程中，构筑起新的社会人际关系，成为人们特别是刚刚步入社会的年轻人亟待要寻求的答案。于是应运而生的是一批励志图书的热风，具有代表性的是卡耐基的《语言的突破》《林肯传》《人性的弱点》《美好的人生》《伟大的人物》《人性的优点》《快乐的人生》等"卡耐基丛书"。随后，美国的希尔的《成功学》《思考与致富》《成功的资本》也成为年轻一代步入职场的必备读物。而到了新世纪开年出版的《谁动了我的奶酪》，用可爱的寓言故事为职场的群体讲述了寓意深远的为人哲学和处事原则。人们看着这本只有四万多字的小书，心里在思索着、勾画着自己的那个"奶酪"。当时有人曾经对职场群体以此为热门图书不以为然，甚至认为是一种阅读的"退化"。实际上，对于每天处在快节奏状态下的高度紧张的职场群体而言，这部小书在轻松、简洁的寓言中让人们去理性地梳理自己所面对的每一天，梳理自己所面对的一件件工作和有时颇为复杂的人际关系，面对着新的挑战去寻找自己新的奶酪。

变幻的社会时代，人们的思想感情和价值观念也随之出现了波澜。一本《廊桥遗梦》像一阵微风，在京城许许多多的中年人内心搅动起了微微的波澜。美国作家罗伯特·詹姆斯·沃勒的《廊桥遗梦》将罗伯特·金凯与弗朗西斯卡两个中年人相逢、相恋、相别的一段婚外恋情展示在人们的面前。他一方面淋漓尽致地表现出中年男女情感世界的深邃和柔美细腻的爱情表露，另一方面也毫不回避地揭示了人到中年婚外恋的伦理冲突。小说出版后，引起了人们的关注和深思，毕竟这部小说所反映的婚外情是我们今天不可回避的社会问题。人到中年，平静的情感生活或多或少表现出一种平淡，也许在以往的社会中这样的平淡显不出那么尖锐的矛盾，而且是一代又一代人就这么平淡地走过来的。但是，在变幻的社会时代面前，人们内心的那种平静总会被外界的诸多因素所搅动，现代化的大都市人与人之间的异性交往，往往会诱发出人们对于沉闷的婚姻的隐隐不满。《廊桥遗梦》用优雅、细腻的笔调为一对相恋的中年男女勾勒出来一幅情感波澜的画卷，但又在浪漫而缠绵之后，让两个主人公回到了各自的家庭之中。这种既讴歌了情感跌宕的热烈，而又维系了传统道德伦理的回归的情节构思，让很多内心充满了憧憬的中年人着实地过了一把情感的欢聚瘾。尽管这部小说吹动了中年群体平静如水般的内心，但也只是泛起微微的波澜。

　　然而，毕竟我们所面对的这个时代是一个开放的、充满了变幻和多元化需要的时代，人们的情感世界自然也会伴随着社会的多元化裂变而产生相应的分解，家庭、婚姻、情感的裂变在北京这样的一个日趋国际化发展的大都市中，已经成为人们不容忽视的一个社会化问题。安顿的《绝对隐私》以口述实录的形式，记述了当代都市中人们的情感裂变过程。这本书出版后，受到人们的极大的关注，也引发了一波争论。也许这么公开化地记述着人们情感、婚姻的裂变，对于国人而言还有很多不适应，但《绝对隐私》所带来的深远的意义，则是不容忽视的。

城市在变，人们的思想在变，对于事物的关注也在变，20世纪最后的几年，北京兴起的一阵又一阵的图书热，确实有些让人们眼花缭乱。这股热风表现得最为经典的是明星出书，一股旋风一般的热浪，从赵忠祥的《岁月随想》、杨澜的《凭海临风》到姜昆的《笑面人生》、倪萍的《日子》，连续几年京城图书市场刮起一阵"明星书"的热风成为当时出版的热门内容。毕竟今天的图书阅读也罢、出版也罢，文化休闲性是当今图书的一个极为显著的特性。而明星的生活历程，对于很多民众而言，既好奇又神秘，人们渴望着去窥视着、效仿着，而且这样的阅读又让人感觉到放松和单纯。随之而起的一些名人口述，也时不时地让人们红火一下。

作为新生代，在一波又一波的读书热潮中，自然也不愿意放弃自己的展示机会，2000年少年韩寒创作的小说《三重门》被作家出版社出版后，在年轻一代读者中掀起了一轮新的读书热。在短短的几年中，这部小说先后印刷了40多次，100多万册。

二、世纪之交的新纪元让北京出版开始迎合市场快速发展

世纪之交，北京的文化大发展、大繁荣，让北京的出版也迎来了一个全新的时代。尤其是20世纪90年代以后，我国的文化生活从过去单一的文化传播媒体向多元化传播方式转换发展之后，北京的出版也更加的活跃。实际上，从20世纪80年代以后，北京出版把选题的出版投放到人们关注的文化热点之中。一旦电视台播出某一题材的电视剧，出版行业也随之而动。1986年的电视剧《西游记》、1987年

的电视剧《红楼梦》，以及 1994 年的电视剧《三国演义》、1998 年的电视剧《水浒传》每一次播出，京城的出版社都闻风而动，或再版原有的中国古典名著，或重新安排新的校点本古典名著。而北京各个书店也开始集中进货，在醒目的位置摆放陈列这些古典名著。电视与出版有形无形的共同"联动"，成为 20 世纪 90 年代北京出版界的一种积极拉动北京民众文化需求和面向图书市场出版举措。这种互动演绎到极致，是中央电视台《百家论坛》的热播和其带来的京城出版热潮。随着中央电视台《百家讲坛》热播，易中天、阎崇年、于丹成为社会文化名流，他们的图书成为各个出版社热追的出版选题，易中天的《品三国》、阎崇年先生的《正说清朝十二帝》和于丹的《论语心得》《庄子心得》都是当时最热销的图书。尽管上述几种图书是在 21 世纪以后开始出版发行的，从时间段上不属于本书所阐述的内容。但是京城出版界的这种与其他传播媒体形成互动，形成市场化的"共赢"是从 20 世纪 90 年代古典名著改编电视剧热播以后，逐渐形成的一种互动。这种互动表明北京出版界已经非常主动地去开拓市场，用出版的优势资源寻求出版的大发展。

回顾当代北京出版发展，从昔日的出版、发行大一统为主线，发展到 20 世纪 90 年代以后的多元化、个性化出版，这是一种思想进步、文化开放、出版繁荣的表现。在这样的一种出版繁荣发展的基础上，进入 21 世纪以来，北京的出版已经形成高度市场化的出版态势。无论是出版管理体制、出版运行机制以及图书市场销售的蓬勃发展，北京的图书出版、发行成为我们的文化建设、文化繁荣重要的生力军。

后 记

　　北京作为文化古都，其悠久的历史和丰厚的文化底蕴在中国传统文化发展历程中占有极为重要的地位。北京古代时期的出版发展，虽然没有形成全国出版中心的地位，但是却是天下聚书之地。北京特有的都城地位及其都城文化的辐射作用，使得它的出版发展在中国出版史上留下了浓墨重彩。尤其是新中国成立以来，北京作为首都，它所拥有的文化中心地位，让北京出版成为中国出版发展的主要标志和典型代表。因此，研究北京出版史，既是北京文化史研究的重要课题之一，也是中国出版发展史的重要内容。

　　萌生撰写《北京出版史》缘于当年我研究北京书肆史。北京古代的书肆发展，是北京古代出版发展史的重要内容之一。而且在全国图书刊行历史中，北京书肆的诸多活动，始终与当时我国各地出版活动相呼应。北京古代书肆的变迁及发展，本身就是北京出版史的一部分。2008年，受老友委托我开始撰写《当代北京阅读史话》，将新中国成立以来北京的出版发展脉络较为完整地梳理了一遍，更加感受到北京出版发展对北京城市文化发展的深远影响。后来在《北京文化史·清代卷》一书的写作过程中，再次对北京古代出版发展史进行系统的研究，对北京出版发展在全国出版史的地位、作用及其影响有了更为深刻的认识。北京出版发展历史，不仅仅是不同历史阶段北京文化发展的重要标志和文化表现，其本身也是北京历史文化的重要组成部分。探讨和研究北京出版史，一方面是对北京历史文化发展的梳理和总结，另一方面对我们今后出版发展的谋划也是重要的历史参考借鉴。正是由于这样的认识，我开始有意识地进行北京出版史方面的研究和资料积累，做了一些前期的科研准备工作。

2016年，北京市启动"北京市宣传文化高层次人才培养资助项目"，我作为北京市首批"四个一批"人才和首批新闻出版领军人物，提交了"北京出版史"的研究课题，得到北京市委宣传部的首肯和大力支持，有幸获得"北京市宣传文化高层次人才培养资助项目"的资助。这部《北京出版史》就是这一课题的最终成果。

应该承认，毕竟自己学术能力和水平有限，再加之大量的编辑出版事务工作，利用业余时间进行北京出版史研究，既有学术方面的压力，也有诸多事务缠身而出现的进度影响，这个项目陆陆续续地做了四年，到2020年底才交出书稿。在这个过程中，得到亲人及诸多好友的理解和支持。每每看到我有些懈怠之时，太太陶玮总是鼓励我坚持下去，还时常对我的研究提供参考意见。中华书局的徐俊年兄专为我的小书题写书名，让拙著登时若"煜煜上层峰"。再如万晨小友及中国书店的张东晓老弟、辛迪小友等，也都给与我极大的理解和支持，从各方面给予便利。书稿交稿后，中国书店出版社的赵文杰小友承担这部书的责任编辑工作，从内容到文字细心雕琢，倾注了大量的心血。出版部的任晓亮小友也为这部小书的版式、装帧及印制等积极筹划。若不是亲朋好友的理解和支持，若不是诸位同仁的关心和帮助，很难想象出来我能顺利地完成这一项目。在此一并表示感谢！

希望这本小书能让大家对北京出版发展历史有更多的关注，更希望人们把北京出版发展史放在北京历史文化进程中更加深入的探讨，不断促进和提高对北京出版与北京文化发展的历史规律的深入研究。

马建农

辛丑年初秋于三省草庐